［日］阿部谨也 ——

著

陈云 ——

译

极简德国史

何谓德国特色

中国出版集团　东方出版中心

图书在版编目(CIP)数据

极简德国史：何谓德国特色 /（日）阿部谨也著；
陈云译. —上海：东方出版中心, 2018.7
ISBN 978-7-5473-1245-2

Ⅰ.①极… Ⅱ.①阿… ②陈… Ⅲ.①德国-历史
Ⅳ.①K516.0

中国版本图书馆CIP数据核字（2018）第002751号

上海市版权局著作权合同登记：图字09-2017-1050号

MONOGATARI DOITSU NO REKISHI
BY Kinya ABE
Copyright © 1998 Kinya ABE
Original Japanese edition published by CHUOKORON-SHINSHA, INC.
All rights reserved.
Chinese (in Simplified character only) translation copyright © 2018
By Orient Publishing Center
Chinese(in Simplified character only) translation rights arranged with
CHUOKORON-SHINSHA, INC. through Bardon-Chinese Media Agency, Taipei.

极简德国史：何谓德国特色

出版发行：东方出版中心
地　　址：上海市仙霞路345号
电　　话：（021）62417400
邮政编码：200336
经　　销：全国新华书店
印　　刷：杭州日报报业集团盛元印务有限公司
开　　本：890mm × 1240mm　1/32
字　　数：248千字
印　　张：10
版　　次：2018年7月第1版第1次印刷
ISBN 978-7-5473-1245-2
定　　价：45.00元

前　　言

欧洲中的德国

打开欧洲地图我们就会发现：德国位于欧洲的心脏部位，周围与荷兰、比利时、法国、瑞士、奥地利、捷克、波兰、丹麦等国接壤。日本没有陆地相连的邻国，其实，邻国关系的复杂性超乎我们的想象。

我曾在慕尼黑一家宾馆的餐厅吃饭，女服务生热情好客，我就和她攀谈起来，因为想知道她是哪国人，就下意识地问了句："你是波兰人？"女服务生闻之色变，露出无辜躺枪的表情，糟了！悄悄问了其他人才知道，女服务生来自西班牙。

我们日本人对此类问题普遍迟钝，我们对德国的对外关系也知之甚少。在欧洲，国籍一直是个微妙的问题。

德国人和法国人的关系不算融洽。历史上，德国和法国交战频繁，特别是二战中达到了惨烈的程度。法国人和意大利人在气质以及社会习惯方面颇为相似，但两国在二战前却相互讨厌得一塌糊涂。跟法国相比，德国人对意大利人比较友好，即使有时会说些坏话，但基本保持了友好关系。

要了解今天的德国和邻国的关系，二战是决定性因素。比如，就德国和波兰的关系来说，波兰领土被瓜分的历史是一道伤痕。波兰裔德国人的社会地位也是重要问题。德国和英国的关系也很微妙。

1

赫尔曼·利维（Hermann Levy，1881—1949）说英国人有德国崇拜情结，也许吧，但在普通民众层面，情况并非如此。德国和法国的关系是最复杂的，被压抑的心结至今还没有完全打开。

德国位于欧洲的心脏部位，与多国接壤，历史上冲突不断。描述德国史，需要分而述之。目前，德国面临着一件大事，那就是欧盟的成立。十二国结成了欧洲联盟，即将使用统一货币。欧盟成员国的市民在欧洲旅行从此不需要护照了，而像我这样的日本人明显就成了"外人"，心里还真有点羡慕。欧盟内已经可以自由移居，往日的国界正在淡化。

这个进程会给民族情感带来什么变化？一个伟大的历史实验正在展开。欧盟的成立会彻底改变历史上形成的民族情感吗？在德国史中我们看到，欧洲各国间的民族情感在历史的关键时刻都起了举足轻重的作用。本书的一大目的在于：在德国史中我们是否可以发现一些让欧洲走向欧盟的关键要素？如果有的话，那又是什么？

中世纪的庇护权和现代庇护权

在中世纪的欧洲，存在一种庇护（Asylum）制度。这一制度可以追溯到古代。某些特定的空间或时间被认为拥有神圣的力量，人们置身其中，就可以暂时解除身上担负的世俗责任。例如，避入雅典基罗尼坦神庙的嫌犯，只要身在神殿，就可以获得神的庇护。被追捕者甚至可以在神像上绑上绳索，手持另一端走出神殿外——在绳子所及的范围内，他是自由的。

在古代，这样的庇护所一般是指森林或其他特定的空间。到了中世纪，教堂、房屋、桥梁、渡船、墓地等都有可能是庇护所，避入其中可以暂免世俗权力追捕。后来，由于警察权的扩张，房屋之类的庇护资格逐渐虚化了。

到了近代，庇护的理念转化为了避难制度，这具有重要意义。中世纪末期，伊拉斯谟（Desiderius Erasmus，约1466—1536，尼德兰哲学家、人文主义思想家）就曾因为思想和信仰问题辗转欧洲各地避难。在德国史中，这方面的例子不胜枚举。

例如，1938年2月16日，托马斯·曼（Thomas Mann，1875—1955，德国作家）携妻从法国瑟堡逃往美国。几天前的2月12日，希特勒发出指令，要求奥地利政府允许纳粹在其境内自由活动，这意味着奥地利事实上被德国吞并。曼一度回国居住，之后不得不再次出走，亡命美国。在曼之前，斯蒂芬·茨威格（Stefan Zweig，1881—1942，奥地利作家）已逃往英国。赫尔曼·布洛赫（Hermann Broch，1886—1951，奥地利小说家）、罗伯特·穆西尔（Robert Musil，1880—1942，奥地利小说家）、艾利亚斯·卡内蒂（Elias Canetti，1905—1994，保加利亚裔犹太作家、思想家）、西格蒙德·弗洛伊德（Sigmund Freud，1856—1939，奥地利精神分析学家）等纷纷避难国外。

除了思想和信仰原因的流亡者，近代以来，也有许多德国平民避走美国。虽说他们出走的直接原因是生计所迫，（但如果我们看到背后存在的压迫因素）他们跟因为思想和信仰流亡的人之间没有多大区别。例如，迁徙到德意志的罗姆人（起源于印度北部，后散居全世界的流浪民族，又称吉普赛人）本来一直在德意志安稳度日，中世纪末期发生了针对罗姆人的迫害运动，他们和犹太人一起成了迫害者眼中的猎物。

日本历史中也有庇护制度。不少学者对中世纪欧洲的庇护制度和江户时代日本的庇护制度进行了比较研究。遗憾的是，至今还没有一位中世纪史的研究者对现代庇护制度发表见解。在现代德国，与庇护权相关的法律得到修订完善，远古的精神至今健在。本书的第二大目的在于：回顾庇护制度的历史，聚焦那些曾经遭受歧视和迫害的人。

何谓德国特色

本书第三个目的是想和大家一起思考何谓"德国特色"？大畑末吉写过《何谓德国特色》的论文，高岛善哉写了回应文。这些研究谈到了德国的内向性问题，以及德国哲学的深刻性在语言层面的表现等。

笔者认为，研究德国史离不开音乐。各国都有值得骄傲的音乐天才，比如，法国有著名作曲家埃克托尔·路易·柏辽兹（Hector Louis Berlioz, 1803—1869）、夏尔·弗朗索瓦·古诺（Charles François Gounod, 1818—1893）、夏尔·卡米耶·圣桑斯（Charles Camille Saint Saëns, 1835—1921）、莱奥·德立勃（Léo Delibes, 1836—1891）、乔治·比才（Georges Bizet, 1838—1875）、朱尔·埃米尔·弗雷德里克·马斯内（Jules Emile Frédéric Massenet, 1842—1912）、克洛德·阿希尔·德彪西（Claude Achille Debussy, 1862—1918）等，俄罗斯和波兰有弗里德里克·肖邦（Fryderyk Franciszek Chopin, 1810—1849）、彼得·伊里奇·柴科夫斯基（Peter Ilyich Tchaikovsky, 1840—1893）、阿图尔·鲁宾施泰因（Arthur Rubinstein, 1887—1982）、莫杰斯特·彼得洛维奇·穆索尔斯基（Modest Petrovich Mussorgsky, 1839—1881）、拉赫玛尼诺夫（Sergei Vasil'evich Rachmaninov, 1873—1943）等，意大利有朱赛佩·威尔第（Giuseppe Verdi, 1813—1901）、彼得罗·马斯卡尼（Pietro Mascagni, 1863—1945）、普契尼（Giacomo puccini, 1858—1924）等。

但就音乐天才的数量而言，这些国家都不能和德国相比。德国作曲家曾在英国大放异彩，他们的音乐广为传播。其中，海顿（Franz Joseph Haydn，1732—1809）和门德尔松（Jakob Ludwig Felix Mendelssohn-Bartholdy，1809—1847）与英国的渊源最深。19世纪后半期的英国还没有专门的音乐家协会。当时，年轻的英国音乐家们前往德国交流学习，加入当地的音乐协会，大受裨益。

要直接回答"何谓德国特色"其实很难。事实上无论在哪个国家，个人面对社会时，总会在社会角色和自己珍视的价值观之间左右为难，这是很自然的事。（与其他国家相比）德国人的这种苦恼并不轻易随着时间流逝，而是一直纠缠不休。这也许反映出了德国这个国家其实还相当年轻吧。

在日本，青春期的苦闷一般会随着成长而被淡忘，忘不了的人会受到周遭的嘲笑。日本人认为苦恼是年轻人特有的心理特点，谙习世故的大人应该与之诀别。但在德国，无论谁、无论何时，个人的苦恼总能得到周遭的理解，德国的艺术充分体现了这一点。

音乐是其中的代表，舒伯特的作品最具典型性。德意志音乐的发展，与宗教改革以来德意志城市的发展密不可分。中世纪末期，城市以及市民在领邦权力（王权弱化，大小诸侯在领地上实际行使主权）的缝隙间得以喘息，他们和高高在上的国家之间并没有深厚的联系。身处狭小的城市中的人们寄情宇宙而生息。这时，音乐出现了，它沟通了天上和人间，也成为地上人类秩序和谐性的一大表征。从这个意义上说，德意志音乐和德意志观念论哲学之间有着千丝万缕的联系。城市与覆盖德意志大地的森林相隔离。在中世纪，森林和泉水一直是传统生活的象征，而这些在城市中已不复存在。

声声叹息，于是在音乐和哲学中弥散开来。在近代化过程中，德国似乎一直背负着某种咒语在奔跑。一方面，这个国家发挥自身特殊的能力，在现代化的道路上处处领先；另一方面，对那些与传统生活息息相关的符号，德国人一直不能忘怀，怀旧情绪一有机会就会冒头。在纳粹势力的崛起过程中，我也仿佛窥见了这样的底色。

因此，本书的目的还在于：在德国历史中找出这些符咒，看它们是如何在近代社会中延续的？同时我们也要思考，随着欧盟的发展，德国特色将面临怎样的变化？无疑，这个问题一直指向遥远的未来。

目　录

第一章 德国历史的开端

德意志民族形成之前

大家请看图 1。这是加洛林时代 [1] 的中欧：在东部，不但奥得河、多瑙河周边的斯拉夫民族处于查理大帝（即查理曼）的统治下，克罗地亚、塞尔维亚也同样如此。塞尔维亚在此后再没有被划入西欧的范畴。粗线包围的范围是查理大帝统治下的法兰克王国。

看这幅地图我们就能理解，所谓"欧盟一体化是查理帝国的再现"这种说法是颇有几分依据的。我们还注意到：北边的丹麦没有被纳入查理曼的帝国。如后所述，在 19 世纪德国侵略丹麦领土之前，丹麦未曾处于德意志的统治之下。在欧盟一体化初期的 1992 年 6 月，丹麦在初次全民投票中否决了《马斯特里赫特条约》（但第二年获得通过），其根源也许可以追溯到这一时代。

在这一阶段，德意志民族还未形成。撒克逊人、阿勒曼人、伦巴德人（long beard，作为罗马雇佣军时获得"长胡子"的绰号）等日耳曼诸部族定居在这片以后被称为德意志的土地上，处于查理曼的统治之下。查理曼死后，根据 843 年签订的《凡尔登条约》，王

---

[1] 查理大帝的拉丁文是"Karoli"，历史学家由此把墨洛温王朝之后的新王朝命名为"加洛林王朝"。墨洛温家族的克洛维于 486 年创建法兰克王国，508 年克洛维建立墨洛温王朝。751 年，丕平家族通过政变夺取王位，新王朝被历史学家称为"加洛林王朝"。

北 海

丹麦

波
罗
的
海

弗里斯兰

萨克森

斯 拉 夫 人

奥斯特拉西亚

索布人

索德反

纽斯特里亚

东法兰克

波希米亚

摩拉维亚

阿勒曼尼

巴伐利亚

克恩滕

潘诺尼亚

阿 瓦 尔 人

勃艮第

伦巴第

克罗地亚

多瑙河

意 大 利

亚
得
里
亚
海

塞尔维亚

科西嘉

罗马

撒丁

第勒尼安海

西西里

▬▬	查理大帝时代的法兰克王国
▨	查理大帝时代斯拉夫人领地
▧	秃头查理的王国
▥	洛塔尔的王国
⁙	德意志人路易的王国
▤	教会国家

843年的《凡尔登条约》使法兰克王国一分为三

0 _____ 400 km

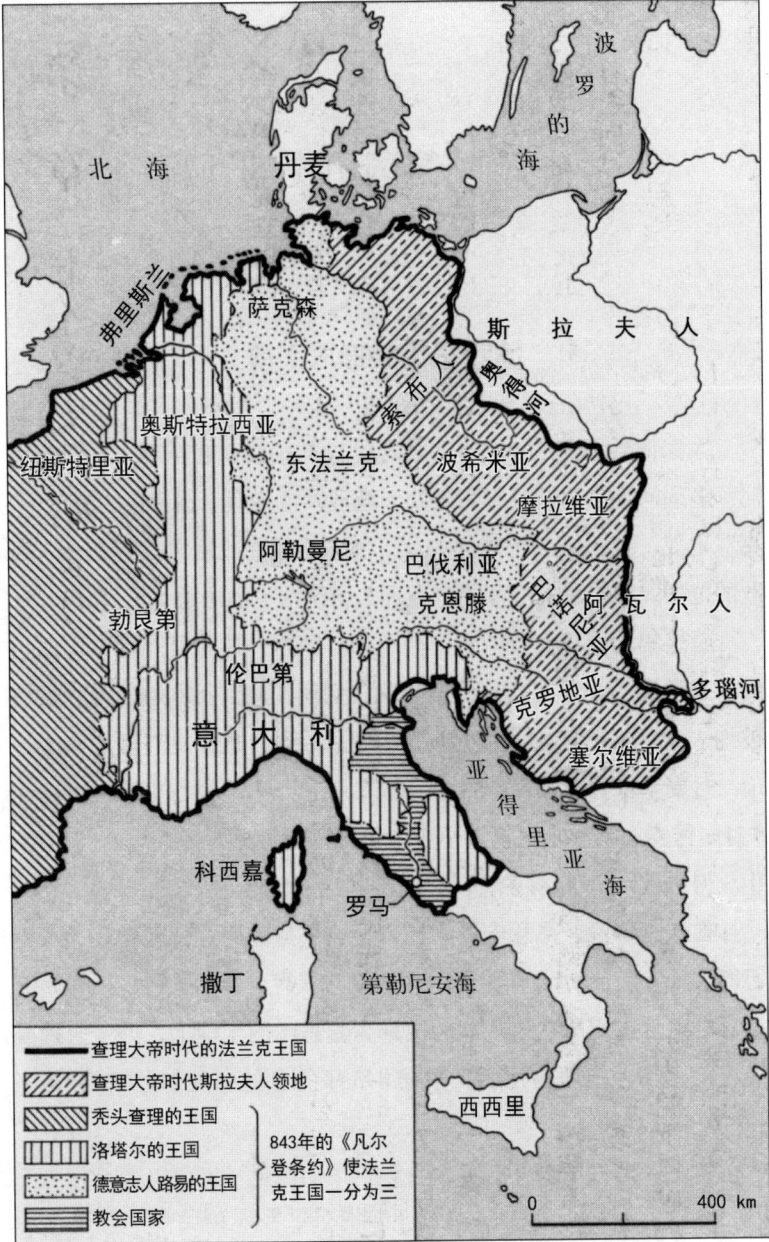

图 1　加洛林时代的中欧

国被三分。德意志人路易（路易二世）分得莱茵河以东地区，称东法兰克王国，即图1中白底黑点的部分，这是以后德国的雏形。

德意志民族在欧洲众多的民族中具有自身的特性。首先，它的国土处于欧洲中心部，这是一个可以左右欧洲命运的地理位置。

德意志民族的特性不止如此。欧洲各国的语言名称基本上都是由国名或者民族名演化而来，比如西班牙人和西班牙语，法国人和法语，撒克逊人和撒克逊语，意大利人和意大利语，等等。但德国并非如此。先有德语，国家和民族的名称反而是从语言标识中衍生而来的。我们知道，德意志民族发端于日耳曼诸部族，和德意志这个标识没有直接联系。

"德意志"的登场

关于"德意志"这个标识的起源，语言学家和历史学家争论不休，这里简单介绍语言学家莱奥·魏斯格贝尔（Leo Weisgerber，1899—1985）的观点。

"德意志"一词的原型最早出现在786年的亚眠（Amiens，法国北部城市）教区的主教格奥尔格给罗马教皇阿德里安一世的书简中，信中说，在教会会议上，"用拉丁语和theodiscus朗读了决定事项"，这里的theodiscus就是"德意志"一词的原型。围绕这个词语，学界的讨论处于白热化状态。这个词语是在日耳曼语的"theudo-volk"一词（表示"民众"）的基础上，加了表示出生、起源、所属意思的尾缀iska，意思转化为"民众的"、"属于民众的"。"lingua theodiscus"的意思是"民众的语言"。

根据魏斯格贝尔的描述，更为具体的来龙去脉是这样的：克洛维一世（Chlodwig I，466—511）创建法兰克王国之时，该国北部使用法兰克语和罗曼语（romance，原意是"罗马的"，中世纪以后，成为与代表正统古典文化的拉丁语相对的存在，有"民众的"之意）两种语言。法兰克人说法兰克语，高卢罗马人说罗曼语。最初法兰克人占据优势，高卢罗马人处于劣势。不久高卢罗马人崛起，并采用罗马的法律制度。这在加洛林家族掌握统治权的时期最明显。魏斯格贝尔评论道：语言分界产生了民族间的对立，法兰克人逐渐意识到自身有被罗曼语化的危险，在这种情况下，一部分法兰克人为了强调"我们的语言"，开始重视 lingua theodiscus。

魏斯格贝尔的说法很有意思，但未必有说服力。为什么？语言作为显示民族差异性的一大表现，自然引人关注，但那个时代情况并非如此。我们需要确认一点：当时，theodiscus（即后来的德语）是在罗曼语和法兰克语以外非常重要的民众的语言。在查理大帝的时代，它是与拉丁语相对的包括日耳曼语系各种语言的一个统称。世界虽然很大，但把"民众的语言"当成名号的国家，独此一家。

如前所述，8 世纪末，theodiscus 这一表示特定语言的拉丁语词语诞生了，并沿用下来。不久，这一词语开始用来表示特定地域和人群，诞生了条顿德意志（teutonicus）一词，但过程怎样，至今不甚明朗。已经弄清的是：意大利人把阿尔卑斯山以北说日耳曼语系语言的人称为 theodisci、theutonici。不管怎样，真正的德意志史在整个历史谱系中展露身姿，那要等到 9、10 世纪以后了。加洛林王国瓦解时，住在其东半部的人，根据他们使用的语言，开始被称为"德意志人"。

接着我们来看图 2。和加洛林王国时代相比，形势已有所变化，西侧的国境还是一样的，东南部发生了改变。在图 1 中，加洛林王国只延伸到意大利半岛的中部，而这时候，除了阿普里利亚、西西里、卡拉布里亚之外，德意志王国的统治范围已经延伸到了意大利半岛的全境。虽然克罗地亚、塞尔维亚没包含在内，但它们以北的斯拉夫民族地区，包括波希米亚在内，都被收入了德意志王国的囊中。

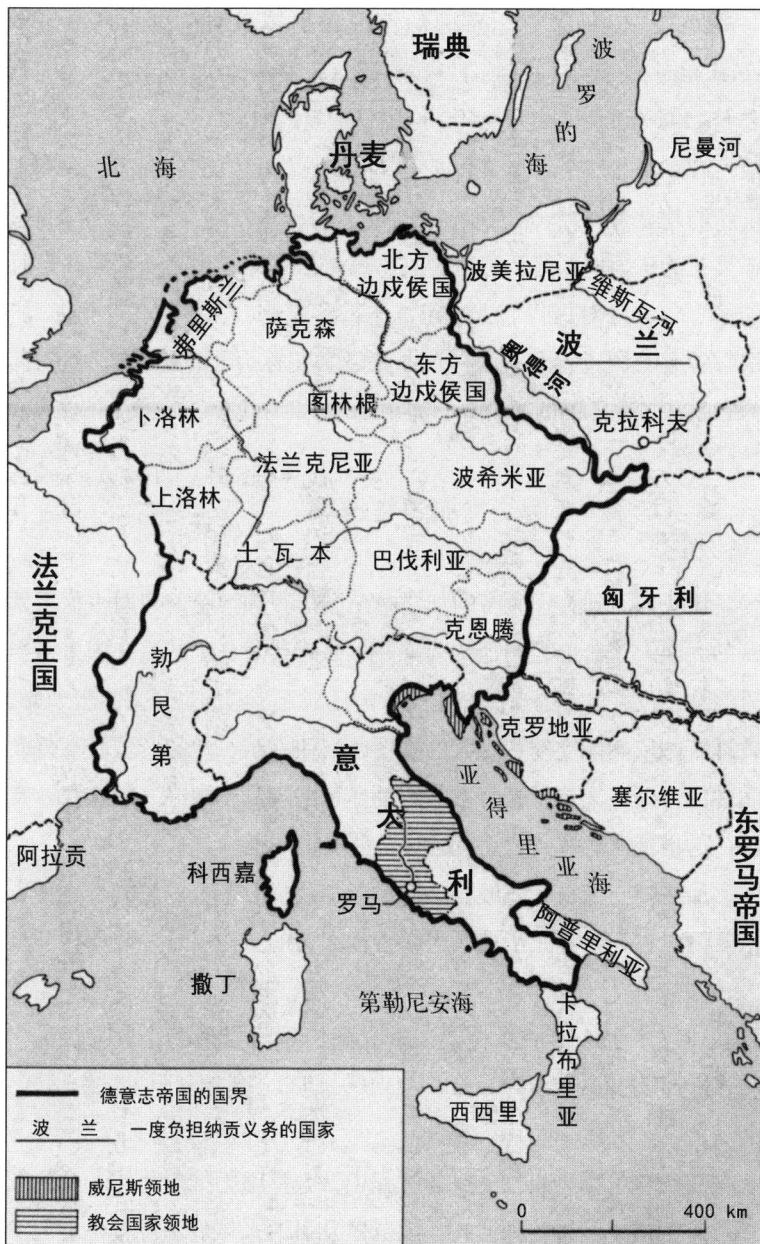

图 2　萨克森、法兰克尼亚王朝时代的德意志

对这一时期德意志王国的情况作比较详细记载的是弗赖辛（Freising）主教奥托（约1112—1158）。根据他的《双城史——至公元1146年的世界历史编年史》，查理曼的血脉断绝后，萨克森人、捕鸟者亨利在919年当选为国王（亨利一世，约875—936，萨克森王朝的建立者），从此德意志王国正式替代了法兰克王国。但据说，在奥托的认识中，德意志王国只不过是法兰克王国的一部分。当时的德意志王国对巴伐利亚、士瓦本、萨克森、图林根、弗里斯兰、洛林等各公国进行了统合，这一全域奥托称为teutonicum。奥托认为它是法兰克王国的一部分，而不是德意志王国，这是为何呢？

加洛林王朝

让我们回到查理大帝的加洛林王国。查理大帝的帝国占据了西欧的大半，这恰恰表明他的国家并不是近代意义上的民族国家。当时西欧还没有像样的道路，他的帝国还缺乏足够的官员。尽管如此，查理帝国依然能支配那么大的版图，秘诀在于，他的帝国是基督教属性的，即一个按照基督教的罗马皇帝的理念构建起来的基督教帝国。这也是加洛林文艺复兴运动的实质性内容。

加洛林文艺复兴一般被认为是对古代文化艺术的复兴，这种看法本身没错，但不止于此。当时查理大帝的身边多是异教徒日耳曼人，很少有人对古代的文化艺术感兴趣，查理大帝自己也不能读写拉丁文。那么，加洛林文艺复兴到底是怎么回事？来听听瓦尔特·乌尔曼（Walter Ullmann，1910—1983，奥地利中世纪史学者）的见解：

在和法兰克王国打交道的过程中，教皇强力推行他的一系列意识形态，试图通过各种仪式、规范以及用语来体现基督教化了的罗马宇宙观。在教皇看来，8世纪50年代之前欧洲政治版图的改写意味着历史进程正在向教皇信奉的目标靠近，具体表现为法兰克人的欧洲化。而法兰克王权是推动这一历史进程不可或缺的力量，其强大的源泉来自罗马-拉丁谱系。实际上，法兰克人是教皇实现自身政治意图所能利用的唯一部族。

查理大帝支配了东起易北河，北至北海，南到意大利中部的广大土地，并统治了除英格兰、斯堪的纳维亚半岛以外的所有日耳曼民族。查理大帝用军事实力征服这些土地后，开始展露他更大的抱负：遵从教义传播基督教，对法兰克社会实施变革。

"这时，西欧社会才开始按照特定的教义和基督教规范来开展建设。"查理大帝为此从各地广揽学者，艾因哈德（Einhard，770—840）、阿尔昆（Alcuin，约735—804）、奥尔良的狄奥尔多夫（Theodulf d'Orleans，755—820）等纷纷集聚到他的麾下。查理大帝致力于把教会的学问作为治理国家的理念导入世俗政府的中枢系统，实现传道。

查理大帝俨然成了全欧洲的传道士。从现代意义上讲，学者一般都倾向于文化艺术和政治权力的分离，加洛林文艺复兴强调古代文化艺术的复兴，但要在中世纪实现这一点，有赖于政治的支持，同时，宗教也无法和政治分离。查理大帝的文艺复兴正是这样一场以政治为载体、以传道为目的的"学问的运动"。

政治和神职人员

位居加洛林王朝权力中枢的神职人员以圣经为蓝本开展王国建设，政策非常大胆。那些以敕令形式推出的政策要求对日耳曼民族的传统习俗和行为规范进行合理化改造，具体包括：严守祭日和休息日规定，并对审判、斋日、伪证、结婚、利息等宗教和日常生活作出详细规定。为了改造日耳曼人的传统生活习俗，王国新设了教区，仅在东法兰克（以后的德意志）就有 3 500 个。为了对自由民以及非自由民的子弟实施教育，设立了小教区学校。这些措施并非很成功，但确实是非常大胆的改革尝试。

在这里，我们无须对加洛林文艺复兴进行更细致的描述，只要明确一点：加洛林文艺复兴是一场带有宗教理想主义色彩的运动，它打破传统、习俗，要求基于基督教的理性主义对生活进行重新设计。这是西欧首次尝试在圣经和教义的基础上对社会进行改造，这场运动对后来的德意志王国产生了深远影响。欧洲理性主义萌芽在此时已经显露端倪。

在政治史的意义上，带有这种属性的加洛林王国和之后出现的德意志王国之间的关系又如何呢？

奥托的登场

911 年，拥有法兰克血统的东法兰克国王路易死后，领土一度可能与西法兰克合并。为了避免这种情况，东法兰克的公爵们选出康拉德（Konrad，881—918）公爵为王。康拉德于 918 年死后，萨克森公爵亨利一世当选国王。亨利一世虽说是法兰克王，但他并非法兰克人，也不拥有加洛林血统。亨利一世的当选在萨克森人和加洛林人的关系中很特别。为什么？当年为了征服萨克森人，查理大帝曾经苦战良久，而今，被征服的萨克森人的公爵成了法兰克的国王。关于国王选举，一开始只有萨克森人和法兰克人参加，后来巴伐利亚、士瓦本、洛林也加入了选侯团。亨利的儿子奥托一世于 936 年当选国王时，五大部族都参加了选举。

奥托当选的背景是：加洛林境内诸王的势力弱化，对 9 世纪以后诺曼人的入侵和马扎尔人对匈牙利的进攻束手无策。这是欧洲的"黑暗"时期：北边有诺曼人的入侵，东面有马扎尔人的进攻，城镇和教会遭到掠夺，人们在恐惧和战栗中惶惶不安。就在这时，德意志诞生了强有力的统治者。933 年，亨利一世在图林根的里阿德附近击溃了马扎尔人，他的儿子奥托一世（Otto I，912—973）于 955 年在奥格斯堡战役中再度击败马扎尔人，取得决定性胜利。此后，除 14、15 世纪塔塔尔人的进攻之外，欧洲再也没有受到外敌的侵扰。

奥 托 大 帝

仅靠这些胜利，奥托一世还不足以巩固自身的地位。巴伐利亚人一直在反抗。为此，936 年奥托在业椟作为国土即位时，宣布将继承加洛林传统。

为了让独立性很强的各部族服从，奥托选择与教会这一和各部族无关的势力结盟，把自己亲信的神职人员任命为大主教、主教。通过让神职人员担任国家行政部门的职务，防止职位的世袭化。精通文墨的神职人员提高了行政效能，有助于行政的全覆盖。这一制度被称为帝国教会制度，是贯穿萨克森和萨利安两朝的基本政策。奥托以后的诸王对这些政策的沿用也和他们的意大利政策有关。19、20 世纪的德国历史学家批评奥托以及其后的德意志统治者们为求加冕而兴师南下，在意大利经营上花费了太多精力，他们认为德意志的东方更值得关注。

962 年，奥托一世在教皇约翰十二世的主持下加冕为神圣罗马帝国皇帝。由此既继承了加洛林传统，也巩固了其作为德意志国王的地位。奥托以后诸帝的意大利政策也被放在了和东方政策同样重要的位置上，因为这是与周遭势力维持平衡关系的基础。如果他们不求加冕、不远征意大利，就难以维持德意志王权的稳定。

奥托并非不关注东方。居住在易北河和萨勒河之间的斯拉夫人在 10 世纪表示臣服，但 983 年斯拉夫人起义，该地区重新失去。968 年，作为东部经营的据点，奥托兴建了马格德堡大主教区，使之成为这一地区的中心。973 年，奥托死去，奥托二世继位，983 年，年仅 28 岁的奥托二世也去世了。年仅 3 岁的奥托三世（Otto III，980—1002）继位后，母亲狄奥凡诺摄政，在美因茨大主教威利吉斯（Willigis von Mainz，940—1011，担任奥托三世的家庭教师）的帮助下，王位得以维持。

奥托三世时期，1000 年设立格涅兹诺大主教区，这促进了波兰的基督教化进程。1348 年设立布拉格主教区。在北方地区，汉堡、不来梅大主教区成为面向斯堪的纳维亚半岛的传道据点，1104 年，隆德主教区设立。12、13 世纪，德意志民族开始向东方挺进，他们跨越易北河和萨勒河开展拓殖，挺进到二战后德意志民主共和国的地区，之后，其势力范围进一步延伸到斯拉夫人居住区。

现在，让我们把目光投回德意志国内。奥托三世于 1002 年死去，继承者亨利二世也于 1024 年死去。萨克森人统治的时代就此结束。同年，萨利安人出身的康拉德二世被选为国王。康拉德二世之后登场的是亨利三世（Heinrich III，1017—1056，1039 年当选）——此时，历史即将拉开对后世影响深远的叙任权斗争（Investiture Controversy）的序幕。

教会和王权

说到这里，我们必须要关注一下教会和王权的关系了。

德意志国王把主教区和帝国修道院当成他自己的私有物，根据国王的意志任命主教和修道院长。那个时候，国王没有固定的首都，他会经常带着数千家臣、扈从巡游全国，驻跸在帝国领地、修道院领地或主教领地上。

比起世俗贵族的领地，当时的修道院和主教领地文化色彩浓郁，经营状况良好，完全可以安顿国王带来的数千家臣扈从。对此，国王的回报是：不但赐予土地，还赐予特权。

近代以前，主教区和修道院获得了很大的特权。11 世纪，法国以及勃艮第的教会以"教会自由"为口号，兴起了摆脱贵族压迫的改革运动。教皇利奥九世呼应这样的改革声浪，他召集优秀人才到罗马商量对策，表示谴责买卖神职（Simony）、神职人员娶妻蓄妾等现象。但当时的德意志教会情况不同。如前所述，对德意志的教会来说，国王的统治绝非压迫。德意志国王对发生在法国的教会改革运动反而是支持的，并表示要引进以克吕尼为代表的法国修道院的系列改革措施。

在德意志，国王不是"俗人"，他拥有神圣性。人们相信国王拥有王位是因为神的恩宠。国王是被涂油者（Christus Domini）[1]，是近乎神的存在，被视为神在地上的代理人。相比之下，当时的教皇却没有这样的权威。教皇在意大利以外没有太大影响力；即使在意大利，也经常要在贵族们的争斗中腾挪躲闪，忽左忽右地站队才行。

因此，要理解教会改革和德意志国王的关系，必须理解德意志国王的这一特殊属性。国王不同于一般贵族，他可以凌驾于神职人员之上，拥有神圣性。"基于神的恩宠的王位"这句话不是虚言，而是现实的反映。国王是被神涂油者，拥有和基督同等的尊荣。

德意志国王亨利三世介入了围绕教皇尊位的斗争，他先后废黜了三位教皇，1046 年，他任命班贝克主教（德意志人苏伊德格·冯·班贝克）为新教皇，称克莱芒二世。克莱芒二世后来被毒杀。在 1056 年前，有四名德意志人相继成为教皇，在他们的影响下，罗马的教会改革得以推进。1073 年，格列高利七世（Gregory

---

[1] 油代表圣灵。涂油礼是基督教的神圣仪式，曾被作为信徒入教的基本仪式。后来演变为一种赋予少数人以特殊政治身份和权力的典礼。

Ⅶ，约 1020—1085）就任教皇以后，冲突发生了，教皇把亨利三世的儿子亨利四世从教会开除（破门律），围绕主教任命权的"叙任权斗争"爆发。

间奏曲 1：日耳曼民族

德国人被认为源自日耳曼语系。在英语中，德国被称为 Germany，和日耳曼的意思接近。另外，日耳曼民族也被叫作"条顿民族"，意思与德意志接近。但实际上，德国人和日耳曼民族是有区别的。日耳曼民族是印欧语系民族的一支，公元前 5 世纪在瑞典南部、丹麦半岛以及德意志北部定居，内部又有北日耳曼（达纳人［Daner］、诺曼人［Normanean］等）、西日耳曼（盎格鲁人、阿勒曼人、撒克逊人、法兰克人等）、东日耳曼（东哥特人、西哥特人、汪达尔人、勃艮第人）之分。公元前 2 世纪前后开始迁徙，有部族到达了黑海沿岸以及莱茵河地区。根据希腊历史学家波塞多尼乌斯的记载，公元前 80 年前后，辛布里人和条顿人入侵高卢。375 年，东日耳曼的哥特人受到来自亚洲的匈奴人的攻击，开始迁徙，日耳曼人的民族大迁徙开始了，各地陆续建起了许多日耳曼人小王国。

公元前 71 年，斯维比人从莱茵河上游进攻高卢，被恺撒击退。公元 9 年，罗马总督瓦鲁斯在条顿堡森林之役（Battle of the Teutoburg Forest）中被舍鲁斯奇人的首领阿尔米尼乌斯（拉丁名 Arminius，日耳曼名 Cherusker，即赫尔曼）打败，此后，罗马人在莱茵河中游到多瑙河上游沿线建起了防御性工事，即著名的国界墙（Limes），时刻防备日耳曼人的入侵。

　　有关日耳曼人的记载，首先要提到的是恺撒的《高卢战记》（成书于公元前52—前51年前后），而写于公元1世纪的塔西佗的《日耳曼尼亚志》也留下了珍贵资料。此外，冰岛史诗《埃达》（Edda）、诞生于冰岛和挪威一带的故事集《萨迦》（Saga）以及撒克逊人的长篇史诗《贝奥武夫》（Beowulf）（英格兰）等也是了解日耳曼人生活的重要史料。斯捷布林-卡缅斯基（Mikhail Steblin-Kamenski，著有《萨迦的心灵：中世纪北欧的世界》）分析了《萨迦》一书后，对日耳曼人的生活方式作了这样的判断：《萨迦》中没有个体，团体决定了个体的存在位置。这一点很重要。要了解中世纪以后的德国人的生活方式，有必要通过研读包括《萨迦》在内的古文献，对古日耳曼人的生活方式展开具体分析。

第二章　叙任权斗争的时代

中世纪最广为人知的事件之一是叙任权斗争。要了解这一事件，必须先了解当时教会所处的优越地位。中世纪的教会握有古代末期以来被授予的种种特权，教会的财产和土地事务不容世俗权力介入，神职人员和教会的财产免税，教会可以不遵从世俗的审判和法律。

但在现实中，和教会财产、神职人员相关的事务还是会受到世俗权力的干涉。比如，世俗领主可以把自己的家臣任命为村落里的神甫，主教不得反对。领主之所以能这么做，是因为这些教堂是领主私有的。领主的领地变更成教堂财产后，土地上的各项收入足够神甫生活，领主也借此获得了对教会的警察权。

德意志国王和主教区、帝国修道院的关系类似于领主和私人教堂之间的关系。前面说过，德意志国王没有固定的首都，经常带着数千部下和宫廷扈从在国内巡行，驻跸在王城普法尔茨、主教区、帝国修道院。修道院和教会的领地相比俗界贵族，经营状况要好，文化氛围也高。修道院和教会不但拥有领地，还享有种种特权，它们对这些富饶的领地的支配权一直延续到近代之前。国王经常任命自己的亲信担任重要教区的主教、修道院长。

卡诺莎的屈辱

有强力改革意愿的教皇格列高利七世上任以后，于 1074 年至

1075 年发布教皇敕令，禁止俗人进行圣职的叙任（任命）。在德意志王国，亨利三世疑似被下毒而死之后，继任者亨利四世无视教皇的敕令，在德意志和意大利继续进行主教的叙任。对此，格列高利祭出"破门律"，把亨利四世从教会除名，废黜其帝位，并宣布臣下对他的忠诚宣誓无效（等于免除他们作为臣下的责任）。叙任权斗争的大幕开启。

　　所谓叙任权斗争，是指围绕主教叙任权展开的一系列斗争。教皇这边一直强调：关于主教的叙任权，国王和其他俗人不得染指。但从德意志的传统上讲，国王不能被视为一般俗人。国王是 Christus Domini，即接受圣灵涂油者，处于比任何人都高贵的神圣地位。因此，教皇主张国王也是俗人，因而不拥有主教叙任权之说，不但侵蚀了国王的权利，还直接冒犯了国王的神圣性。

　　面对亨利四世被教会开除这一事态，德意志的贵族们讨论后表示：如果到一定时间点（一年之内）还不能恢复身份的话，就将废黜他的王位。迫不得已，1077 年 1 月 24 日，亨利四世携妻子和 2 岁的幼子康拉德求见当时巡行至意大利北部卡诺莎（Canossa）的格列高利，国王在雪中单腿下跪表示改悔，请求教皇收回成命，终于得到允许。这一事件历史上称为"卡诺莎的屈辱"。格列高利之所以敢做得这么绝，是因为在德意志王国内，有不少诸侯赞同教皇改革修道院的主张。他们进而希望选举自己中意的莱茵菲

卡诺莎的屈辱

尔登的鲁道夫为国王，驱逐亨利四世。教皇显然利用了这些势力。

亨利四世并非等闲之辈。他在 1080 年召集主教会议，宣布废黜格列高利的教皇尊位，任命拉文纳（意大利北部城市）主教基贝尔特乌斯为新教皇，称克莱芒三世（Clémens Ⅲ，?—1191）。亨利四世并于 1084 年占领罗马，接受了克莱芒三世的加冕。被驱逐的格列高利于 1085 年在萨莱诺孤独地死去。之后，继承格列高利衣钵的乌尔班二世（Urbanus Ⅱ，1088—1099）返回罗马，亨利支持的克莱芒三世败下阵来。重新掌握了罗马的乌尔班二世在克勒芒公会议上呼吁进行收复圣地的十字军讨伐。教皇的权威在他的手中得到了恢复，亨利四世的计划失败。

叙任权斗争的胜利方到底是谁？看起来似乎教皇获胜了，但事情没这么简单。这时候的欧洲迎来了大动荡时期，新的社会势力正在抬头。让我们把目光从政治舞台转向当时的社会，看看当时发生了什么。

德意志人口的增加

1000 年前后，在德意志和斯堪的纳维亚半岛只居住着约 400 万人。11 世纪以后人口急剧增加，14 世纪达到 1 150 万人，如果没有谷物产量的相应增加，如此庞大的人口增加是难以维系的。事实上，在 11、12 世纪，欧洲各地陆续开垦荒地，连湿地都开垦成了耕地，耕作面积大增。中世纪初期的小的定居点如今都变成了村落。这一时期，两圃式轮耕制（土地分成两块，轮流耕作）的土地几乎都变成了三圃式轮耕制（土地分成三块，其中一块休耕），收获量大大增加。而铁锹和马匹牵引具等工具改良也促进了农业产量的提高。

在德意志，耕地面积的增加不只是源于内陆开发，东部拓殖的作用也很大。图 3 中，渡过易北河的德意志骑士和农民向东进发，

图 3　14 世纪的德意志

在斯拉夫人居住区和波罗的海沿岸扎下根。波罗的海沿岸的普鲁士、波美拉尼亚、勃兰登堡、波希米亚、施蒂里亚、克恩滕（卡林西亚）等地都有德意志人的踪迹。就此，近代德国的版图基本形成，东部地区被纳入德意志的势力范围。

对东德意志的拓殖不但扩大了德意志版图，还有其他影响。在以后的历史发展中，东德意志的边界有很大变化，但留在那里的德意志人一直不少。比如，波兰境内至今还有不少德意志人的后裔，多数住在西里西亚地区。从正式记录来看，1988 年，此地的德意志人口不过 2 500 人，但德国统一后希望移居德国的申请人数却达到了十几万人。虽说这些人并非全是德意志人，但德意志人的人口规模远超登记人数，这是事实。

苏联境内的伏尔加德意志人的情况稍微有些不同。他们是 18 世纪后半期应德裔叶卡捷琳娜二世之邀而来的德意志人的后裔。俄国革命后的 1924 年，根据民族自决原则，他们建立起"伏尔加德意志人苏维埃社会主义自治共和国"。第二次世界大战中，这些德意志人遭受了迫害和流放的厄运。1989 年，戈尔巴乔夫主政时期，他们的名誉得以恢复。

此外，罗马尼亚境内也有德裔。他们也是在向东德意志拓殖过程中迁入的德意志人的后代，主要居住在特兰西瓦尼亚(Transilvaniei)。1930 年，德裔人口占该地总人口的 4%。1976 年，当时的联邦德国政府与齐奥塞斯库政权签订协议，联邦德国同意为愿意移居回德国的人支付每人 1.1 万马克的费用，出国人数激增。目前，该地还留有 4 000 人左右德裔。

新城市和统治的变化

11、12 世纪，欧洲各地涌现了不少城市。在欧洲东部，主教区、边远商人居住区和修道院周边等出现了城市型聚落。这一时期的城市和以前的城市在法律意义和经济意义上都不同。以前的城市里居住的是自由商人和非自由民的手工业者。城市居民并未构筑起特别的共同体，在法律上和农村居民差异不大。

在新出现的城市里，居民拥有了独立的法律，并藉此构筑起了封闭的共同体。城市里的居民在人格上是自由的，不负有纳贡的义务，只需要向城市领主支付一定的税即可，而税收事务也是城市自己在管理。这一切说明：这时候的城市已经诞生了自治的原则。

市参议会是城市自治的象征。城市被城墙守护起来，逃入其中的非自由民，无论是谁，只要能待满一年零一天，就可以获得自由。城市的繁荣是建立在农村人口流出的基础上的，因此这样的法律对城市来说十分必要。同时，这也可以看成是庇护制度（Asyl）的新形态——农村的非自由民逃避苦难来到城市，经过一段时间后就能获得自由，这种设计和古代的庇护制度相通。新的城市兴起后，这种庇护制度成了城市法制体系的有机组成部分。

建设城市以及垦荒的主体是国王以及圣俗两界的诸侯。他们拥有对大项目进行投资的资本，也可以对建设中的城市实施军事保护。正是这些诸侯在此后德意志的历史舞台上日益向权力中心靠近。

这一时期，德意志的统治形态发生了变化。在以前，国王与直属领地以外的自由民的关系需要通过当地领主（诸侯）来连接，实行的是间接统治，这种统治形态被称为"人的结合"，即通过等级制度来实行统治。而今，伴随着对新开垦的土地以及城市的统治权的争夺，以"领域"（领地）为中心的新的统治形态走向了台前。贸易商们丰厚的财力、手工业者生产的精美产品都使得城市的经济重要性日益增加。于是，统治城市、主导开垦的诸侯们作为新的"领域君主"，开始登临德意志政治舞台的中心。

这些诸侯原则上居住在城堡里，其属下有大量非自由民的家士。家士们骑马作战，提供军事保护，也管理关税和市场，是诸侯和领主不可缺少的帮手。而这原本是贵族（特别是低级贵族，即骑士）承担的工作。贵族们根据报酬法[1]履行自己的职责，并获取相应的报酬。如今，他们的工作转移到了家士手中，骑士和家士的区别消失了。

骑士文化的时代

在12、13世纪的欧洲，这些家士不只是战士，他们还创造了独特的伦理和文化——骑士文化的时代到来了。作为战士，他们要和敌人周旋；同时，他们要保护老弱妇孺，对人礼数周到——这些都彰显了骑士伦理。

法国首先兴起了恋爱题材的新的诗歌形式。吟游诗（Troubadour）传入德意志后，风格大多转为歌颂理想之爱的爱情诗（Minnesang），并流行开来。海因里希·冯·莫伦根（Heinrich von Morungen，？—1222）、瓦尔特·冯·德尔·福格尔魏德（Walther von der Vogelweide，约1170—1230）等是著名的骑士歌手。

在这里，我们必须注意骑士具有两面性。一方面，他们是终日征战的战士；另一方面，他们守护老弱妇孺，写抒情诗，把爱的赞歌奉献给心仪的女性。在罗曼蒂克的宫廷诗歌和类似于《特里斯坦与伊索尔德》（*Tristan und Isolde*）这样的爱情叙事诗的影响下，这种新型的爱情诗逐渐成为欧洲文学的一大主题。以后，文学创作的接力棒交到了市民阶层手中，这样的爱情抒情诗由"匠人歌手"

---

[1] 骑士以其勤务和诚实，从领主那里接受土地等报酬（Lohn），以这种关系为基础形成的封建法律关系就是报酬法。

（Meistersinger）们继续传唱了下去。

国　王　选　举

让我们再度把目光投向政治舞台。

亨利四世的儿子亨利五世即位时，叙任权问题迎来了最终局面。沙特尔主教伊沃想到一个解决办法：通过明确区分教会具有的神圣性和世俗性，来分别落实教皇的主张与德意志国王的主张。

亨利五世于 1110 年赶赴罗马，和教皇就各自的权利展开谈判。谈判的重要成果是：教皇同意把特权（法兰克时代以来，国王专有的铸币权、关税征收权、护送权、矿业权等高阶位的权利）返还给国王。因为要和教皇谈判以及接受教皇的加冕，亨利五世不得不长时间离开德意志。在德意志，诸侯特别是教界诸侯（主教、修道院长等）认为放弃上述教会特权等于是放弃了教会的财产权，大为不满，起来反对亨利，并要求教皇裁决。这轮斗争的结果是，1122 年签订了《沃尔姆斯宗教协定》，皇帝承认教会的叙阶权（按资历或功绩提升职阶的权利），教皇则承诺德意志主教的选举必须在皇帝的见证下进行。

1125 年，亨利五世没留下子嗣便死去了。在美因茨进行的国王选举中，萨克森公爵洛塔尔当选。教皇方面一直希望和主教选举一样，国王也应该经由自由选举产生，这一目标终于有了实现机会。洛

封建社会的臣从誓约仪式。主人托住家臣合十的双掌

塔尔在 1137 年死去，没有子嗣，结果，在 1125 年的选举中败北的士瓦本公爵康拉德的兄弟（斯陶芬家族）当选为国王，称康拉德三世。但是康拉德三世遭到实力雄厚的巴伐利亚公爵等的抵制，没能作为皇帝在罗马加冕，而奥托一世以来的历代德意志国王都在罗马加冕。康拉德三世统治期间，韦尔夫家族和斯陶芬家族争斗不止，在意大利各城市中，皇帝派和教会派对立加重，凡此种种，王权遭到削弱。

1152 年，康拉德死去，选出的是斯陶芬家族的弗里德里希一世（Friedrich I Barbarossa，约 1122—1190，1152—1190 年在位），绰号巴巴罗萨（即红胡子）。如果说康拉德三世的统治给德意志带来的是黯淡的景象，那么巴巴罗萨的登场则开启了德意志历史辉煌的一页。在描述他的生涯之前，我们有必要先概观一下十字军的历史。

一般认为，十字军是克勒芒公会议上，根据教皇乌尔班二世"夺回圣地"的呼吁而集聚起来的骑士队伍。其背景是，东方的君士坦丁堡教会和西方的罗马教会自 1054 年以来断绝了来往。君士坦丁堡不断受到伊斯兰教徒的攻击，圣地耶路撒冷被伊斯兰教徒的军队占领，1072 年罗马教皇收到了拜占庭皇帝的军事求援信。

如前所述，欧洲已通过内陆开发以及东部拓殖来扩大耕地，城市总人口快速增加，形成社会压力。骑士阶层也希望通过夺回圣地来获得新土地，成为新土地

巴巴罗萨的头像。收藏于卡普芬堡城

上的领主。因此，十字军也可以说是欧洲社会快速膨胀的一大结果。对教皇来说，这是恢复在与皇帝斗争中丧失的权威的好机会。十字军的理念在这些社会矛盾消失以后的近代依然留有痕迹，比如，有人通过追溯"十字军东征"这段历史，来分析现今发生在欧美和亚洲之间的一系列争斗。

那么，德意志的诸侯和国王与十字军有何关系？德意志诸侯与以戈德弗鲁瓦·德·布永（Godefroy de Bouillon，约1060—1100）、诺曼底公爵罗伯特为首的法兰西、西西里的诺曼贵族们一起参加了1096年的第一次十字军东征，并初步达到了目的。德意志国王康拉德三世和法兰西国王路易七世参加了1147年的第二次十字军东征，但未取得多大成果。

1189年，皇帝巴巴罗萨决意参加十字军东征，同年5月11日从雷根斯堡出发，从陆路向圣地挺进，军队人数超过10万。1190年3月末抵达小亚细亚，随后越过安那托利亚高原。同年6月10日，在小亚美尼亚王国（今土耳其南部）附近，巴巴罗萨在横渡萨列夫河时意外落水溺死。皇帝的突然死亡使得军心大乱，诸侯们纷纷各自带兵回国。不曾料想的是，巴巴罗萨的意外死亡，无意中提高了他的声望。巴巴罗萨死后，江湖传说不断，人们还把他和他的孙子弗里德里希二世的事迹搞混了。人们说，在位于哈茨山地的屈夫霍伊瑟山洞中，"沉睡的皇帝"巴巴罗萨至今还在睡梦中等待着东山再起的机会。这是一则关于德意志的帝王的著名传说——后面弗里德里希二世登场以后，我们还会提到这个传说。

骑士修道会和汉萨同盟

第三次十字军东征时，吕贝克和不来梅的市民们在阿卡（Acre）郊外支起帐篷救助伤者，成为骑士修道会的发端，时间是1190年。

这个修道会得到了教皇的认可。阿卡陷落后，修道会撤退到塞浦路斯岛。之后他们应匈牙利国王安德烈二世之邀为该国提供防卫，但国王察觉到他们有野心，终将他们驱逐。

在第四代团长赫尔曼·冯·萨尔扎的时代，骑士修道会参与到对波罗的海沿岸普鲁士地区的传道中，获得了巨大的领地支配权，并在那里建立起了高效的行政组织架构。骑士修道会被认为是后来的"普鲁士精神"的原点。德意志骑士修道会（条顿骑士团）对该地的支配一直持续到1525年。

几乎同时，北德意志的城市结成汉萨同盟（the Hanseatic League），在跨波罗的海、北海的贸易中日趋活跃。1369年，根据《斯特拉尔松德和约》，他们在丹麦国王的选举中发挥了政治影响力。

汉萨同盟不只是商人的同盟，它还拥有军事力量，政治上也很活跃，实力与南方的意大利诸城市相当。全盛时期，势力扩展到比利时的迪南（Dinant）、爱沙尼亚的日瓦尔（Reval，塔林的旧称），囊括了波兰的布雷斯劳（Breslau）等160个城市，并在诺夫哥罗德（俄罗斯）、卑尔根（挪威）、隆德（瑞典）各处设立了商馆。汉萨同盟构建起了从伦敦和布鲁日（比利时）到诺夫哥罗德的广大的经济圈，俨然成了一大经济共同体。

十字军的犹太人迫害

十字军东征后，对犹太人的迫害开始高涨。

犹太人是中世纪唯一的异教徒和外族人。那时候，欧洲全境都在强迫异教徒改宗，甚至加害他们，那么，为何犹太人没有改宗还能存活下来？总体上说，出于某些原因，基督教社会对犹太人采取了包容态度。

对犹太人的这种态度和耶稣是犹太人有关。起初，基督教会努力想让犹太人改宗，但很困难。而如果抹杀犹太人的话，那么，耶稣的民族——犹太族信仰耶稣教的机会就会丧失。出于这种考虑，教会把犹太人置于教区教会的外围，以期让他们保留对基督的信仰。

同时，在 11 世纪之前的欧洲，商人还不多，犹太人是重要的替代性存在，因此，各地对犹太人都采取了相对宽容的政策。

但在十字军东征以后，情况发生了改变。如前所述，十字军号称是为夺回圣地而进行圣战的组织，其中，有些人是怀着虔诚的信仰参战的，但毫无纪律约束的放浪者群体也不少。他们从德意志出发时粮食就没备足，免不了就会去袭击犹太人的村落，很快这变成了日常性的行为。莱茵河沿岸城市都发生了惨烈的迫害犹太人事件，很多犹太人不得不逃往东欧。1096 年，在施佩耶尔（Speyer，或译施派尔）郊外，十字军袭击了犹太人的礼拜场。沃尔姆斯也发生了袭击犹太人事件，原因是犹太人拒绝洗礼。

1215 年的拉特兰公会议制定了歧视性规则，要求犹太人佩戴上特殊标识。

这一时期，犹太人遭受歧视和迫害的另外一个重要原因是：各大城市中，更为广泛的商人阶层开始形成。

中世纪初期，商业是一个卑贱的职业，一般都交给外国人——特别是犹太人来经营。城市的诞生使得商人可以专心从事商业活动，到处活跃着精明能干的犹太人的身影。犹太人处于欧洲封建社会的外围，他们没有禁区，可以自由地要求利息。而基督教徒要成为商人，立刻就会面临"禁止收取利息"的教义束缚。一直到 12、13 世纪，教会承认"炼狱"的存在，才把基督教徒从束缚中解放了出来。

具体说来，在 13 世纪以前的教义中，死后的世界只有地狱和天堂两种。后来，对于那些在现世不能充分赎罪的人，逐渐出现了"炼狱"这样的净化场概念（在基督教教义中，"炼狱"是人死后通往天堂的必由之路，在这个净化场里，个体需要经受种种痛苦的考验）。这在雅各布斯·德·佛拉基涅（Jacobus De Voragine，1230？—1298）的《黄金传说》（*Legenda Aurea*）中有充分描述，1274 年得到了里昂公会议的承认。这样，即使进行高利贷活动，基督教徒死后也有可能去往天国了。

当然，犹太人的职业未必限于金融业，他们也从事葡萄酒交易或经营缝纫店等。

弗里德里希的不死传说

回到巴巴罗萨的话题。

巴巴罗萨在十字军东征前已经六次远征意大利，占领米兰，接受加冕，展开他的强势统治。为此，意大利各大城市结成了伦巴第城市同盟进行抵抗。巴巴罗萨和教皇结成统一战线，这为之后的弗里德里希二世在意大利的统治奠定了基础。

在巴巴罗萨全力展开他的意大利政策时，北德意志的韦尔夫家族的狮子公爵亨利在大力兴建吕贝克，醉心于自身势力的扩张，实力几乎与国王相当。

更过分的是，狮子公爵违抗巴巴罗萨的命令，拒绝远征意大利北部。巴巴罗萨最后把他推上了审判席，狮子公爵黯然下台。

巴巴罗萨死后，继位的亨利六世在 32 岁那年也死去了。围绕王位继承权，混乱再度发生。结果，斯陶芬家族的士瓦本公爵菲利普（Philipp von Schwaben，1177—1208 年在位，亨利六世之弟）和韦尔夫家族的奥托四世（Otto Ⅳ von Braunschweig，1198—1218 年在位）分别被选为国王，德意志出现了"双王"的局面。两大家族的争斗对意大利也产生了影响。教皇、英国国王、法国国王都卷入其中，皇帝派和教皇派的对立愈演愈烈。

亨利六世的儿子（即后来的弗里德里希二世）当时还是个孩子，他对斯陶芬家族的遗产有继承权，同时因为母亲的关系，他也有西西里王国的遗产继承权。

教皇英诺森三世（Innocent Ⅲ，1198—1216 年在位）是法学家出身，他试图对德意志国王的选举发挥影响力，为了对抗不听话的奥托四世，教皇表态支持弗里德里希。

神圣罗马帝国皇帝弗里德里希二世

菲利普被暗杀后，1211 年，斯陶芬家族重新拥立弗里德里希二世，并于 1212 年（在美因茨）戴冠为王。在 1214 年的布汶战役中，奥托四世大败于法军（这直接导致奥托四世被废黜）。弗里德里希在亚琛重新戴冠，并把德意志王位让给了他和阿拉贡公主康斯坦丝所生的长子亨利七世。弗里德里希二世回到意大利，在 1220 年加冕成为皇帝。1225 年，弗里德里希和耶路撒冷国王约翰·德·布里耶纳的女儿伊莎贝拉结婚，顺势把耶路撒冷的控制权拿到手中。

弗里德里希二世会说几国语言，并著有"猎鹰"方面的著作，是一个学识渊博、颇有领袖魅力的人物。对于教皇三番五次的出兵要求，弗里德里希二世并不急于遵命，但一旦出兵就有奇效。他事先和埃及苏丹达成交易，兵不血刃就获得了耶路撒冷的统治权，并自任国王。他控制下的西西里，建立起了当时最先进的官僚政治制度，并在 1231 年公布了中世纪最早的国家法典《皇帝书》（*Liber Augustalis*）。

但是，他在意大利的统治遭到了教皇和各城市的反抗。在格列高利九世（Gregory Ⅸ，1227—1241 年在位）和英诺森四世（Innocent Ⅳ，1243—1254 年在位）时期，矛盾升级。弗里德里希两次被处以"破门律"逐出教会，但弗里德里希二世依然和教皇针锋相对。1250 年，弗里德里希突然去世。很多人不愿相信，民间出现了关于弗里德里希的不死传说。而在 1284 年，科隆竟冒出一个假的弗里德里希，在一段时间内像模像样搞了一个伪宫廷。

诗人吕克特（Friedrich Rückert，1788—1866）的叙事曲被到处传唱，其中，"屈夫霍伊瑟山（位于图林根）的红胡子王"这一原本属于弗里德里希二世的传说，不知何时被嫁接到了巴巴罗萨（弗里德里希一世）的身上，可谓阴差阳错。

国内和平令的成果

弗里德里希二世死后，康拉德四世继承了王位，但他统治为时甚短。1254 年，斯陶芬家族的时代彻底结束。那么，斯陶芬时代给德意志留下了什么遗产呢？

弗里德里希二世除了 1235 年和 1237 年为了对付几个儿子的反叛，回到德意志之外，其一生都是在意大利度过的。

这期间，德意志的诸侯在不断巩固自己的势力。他们开垦荒地、建造城市，强化对各自领地的统治。也就是说，皇帝不在期间，德意志的诸侯都在扩张自己的势力。他们还通过签订"世俗诸侯与教会诸侯的协约"、"关于诸侯利益的协定"等，巩固领地上的主权。也就是说，后世"王权荡然无存"的状态，在这一时期就已埋下了伏笔。

但是，斯陶芬家族出身的皇帝也给德意志留下了一大遗产，那就是国内和平令（Landfrieden）。

加洛林时代以后的德意志一直都没有进行新的立法，皇帝主要靠特许状来施政。所以，自己的权利靠自己维护，这成了惯例。同时，允许私斗的习俗自古存在，这引发了持续不断的社会混乱。国内和平令起源于 10、11 世纪的法兰西，当时，教会为了保护某些特定人员，规定在某些时期禁止私斗，这被称为"基于神的和平"。一百年后，它的影响扩散到了德意志。

当时，和法兰西国王相比，德意志国王的地位比较稳固。德意志国王于是替天行道，颁布了国内和平令。据此，自 9 世纪以来一直中断的国王的立法活动重启了。

国内和平令的目的是限制私斗。在中世纪，国家的警察权无法成为民众的依靠，个人得靠自己的力量维护自己的利益，即自力救济。当然，复仇也是义务。如果亲人被杀，人们就要担负起复仇的责任，这种冤冤相报会没完没了地循环下去——前面提到过庇护制度，它的产生和这样的社会情势密切相关。

被复仇的对象势必逃匿。这时候，如果某户人家允许他进入，即使是公权力也要暂时止步。于是，房屋成了暂时的庇护所。

此外，特定的树木、墓地、教堂，以及渡船、桥梁等也可能成为庇护所。庇护制度与相信巫术的古代传统习俗有关，出于对那些"神圣的地方"（比如森林等）的恐惧心理，人们不敢轻易踏足。随着基督教的普及，古代巫术的习俗被驱逐，这时，庇护事宜就必须仰赖教会体系来进行调节，基督教会驱逐了从前的巫术性的庇护所，将教堂设定为新的庇护所，而庇护制度的设定权转交到了主教手里。

国内和平令的意义

斯陶芬家族出身的皇帝颁布了国内和平令，力图把庇护制度纳入国家权力体系中。早在 1152 年，巴巴罗萨就宣布全面禁止私斗，意在实现国家对暴力的垄断，这已经和近代社会的原则相通了。但事实上，在德意志并不存在超越领地国家之外的行政执行机关，这一努力最终以失败告终。

德意志国内和平令发布后，私斗原则上只有在特殊情况下才被允许，即在司法机关（法院）不能发挥作用的时候作为辅助手段登场。事实上，只有诸侯、贵族等被允许私斗，农民和市民没有这种权利。私斗在 1495 年的国内和平令中被进一步禁止，除了仅有的例外（贵族的决斗权保留到了 1918 年），私斗在法律上被认定为是犯罪。

如前所述，德意志逐步走向了"领地国家"体制，国王在直属领地之外不拥有行政执行机构。12、13 世纪，国王竭力推动国内和平令的背后，有改变这一尴尬局面、强化国家体制的目的存在。

12、13 世纪，欧洲全境的各种习惯法开始成文化。在意大利，罗马法复苏，1140 年前后，教会的各种法规被编撰成《格拉蒂安教令集》。德意志的立法动向也属于这个潮流中的一支。

13 世纪，社会对成文法的需求大增，萨克森贵族艾克·冯·雷普戈（Eike Von Repgow）整理了各种习惯法，完成了德意志最早的法律书《萨克森之镜》（*Sachsenspiegel*）。

《萨克森之镜》中的一些条文留传下来，被保留在 1900 年的德意志民法中。《萨克森之镜》展现了中世纪德意志的法律特色，即对条文的描述非常细致。例如在中世纪，人们骑马出行，这就需要经常给马喂饲料。如果骑马人的一只脚踏在路上，他可以免费取得那些他伸手可以采摘到的谷物；但如果他不当场喂给马儿，则该行为视同盗窃。我们看到，在中世纪的法律中，法律的尺度不是抽象的，人的身体是活动的衡量尺度。

间奏曲 2：教会和修道院

耶稣死后两百年左右，地中海沿岸的城镇中，神甫会带领全体市民登上山顶，因为他们确信耶稣复活降临的日子临近了。这一时期，地中海沿岸盛行着这样的信仰。耶稣死后，以东地中海为中心，耶稣的教诲广泛传播，末世论的社会气氛尤其浓厚。由于相信最后审判日临近，为此做准备的信徒纷纷沐浴更衣、素斋度日。人们清心寡欲，回避男女之事，只为保持身体的清洁。年轻人中甚至有给自己去势的。

对神灵降临的期待之高，这个时代是空前绝后的。地中海沿岸城市中，虔诚的人们来来往往，他们传播福音，身体力行，拒绝世俗的交往，过清贫的日子，并教导他人。基督教徒中拒绝结婚的人增加。这样的情况并没有持续很长时间，但这一时期人们对神灵的虔诚期待对中世纪产生了巨大影响。没有什么知识和社会地位的庶民满怀虔诚的信仰，实属罕见。他们的信仰成了后世的信仰标杆。

本书并不专门写古代史，具体不再赘述。我们知道，在向中世纪转型的过程中，产生了新的神职人员和修道士，他们算得上是这些古代地中海沿岸追求神圣信仰的人的后裔。

中世纪社会是基督教教会和社会妥协的产物。地中海世界的居民期盼的神圣的世界太过于虚无缥缈，这阻碍了基督教徒的再生产（生育），也和他们的期待存在内在矛盾。（后来发生的）教会和世俗社会的妥协，成就了罗马国教的诞生，基督教得到官方的正式承认，与此同时，基督教也失去了反社会性。也就是说，通过和现世妥协，基督教获得了在现世生存的基础。

但是基督教的教义没有改变，神圣的祈愿也保留下来了——这一使命交给了修道院。人们一度期待神甫承担起这一神圣的职责。但是不要忘记，神甫不仅仅是教会人员，他们也是国家行政人员，无法体现神圣性。于是，为了守护中世纪的人们在现实中无法承担的这份神圣使命，修道院登场了。其实，这一使命是无法完成的，但当时的人们怀有这样的心愿，这一点不能忘记。

修道院是中世纪一种特殊的存在。本来，教士应该完全基于教义而生活，他们应该严格禁欲、保持节制、沉默寡言，在祈祷中度过每一天，以体现基督教的理性主义精神。但因为教士们有大量空闲时间，利用这些时间，教士们誊写、阅读和整理了大量古代文献。事实上，在中世纪，只有他们这个群体是能阅读和写作的。他们所经营的农场，技术水准相当高。在中世纪的农园特别是庄园经营中，修道院经济是非常出色的存在。从这个意义上说，修道院可以看成是遗落于中世纪的古代文化的孤岛。

浪漫主义风格的本笃会修道院：玛丽亚·拉赫修道院（1093—1230年建造）

第三章 个体的诞生

个体是如何诞生的

这一时期，欧洲文化出现了新特点，历史上称为"12世纪的文艺复兴"。其主要表现是：和中世纪初期大量使用混乱错误的拉丁语不同，这一时期拉丁语的准确率大大提高；出现了一批能够深刻自省的新型知识分子。他们一边阅读古典（古代社会）盛世到崩溃期诞生的各种经典著作，如西塞罗（Marcus Tullius Cicero，前106—前43）、塞内加（Lucius Annaeus Seneca，约前4—65，古罗马的政治家、哲学家）的作品，波伊提乌（Anicius Manlius Torquatus Severinus Boethius，480—524/525，意大利哲学家、政治家）的《哲学的慰藉》（6世纪）等，一边在十字军东征所开辟的新天地中，思考起国家和个体的关系。

在12世纪的文艺复兴中，"个体"居于核心位置。一般认为，在14、15世纪的意大利文艺复兴中，个体才真正诞生，但是最近的研究表明，在12世纪的欧洲，个体已经诞生，最好的例子是《阿伯拉尔[1]与海洛伊斯通信集》这一作品。那个时期风头正健的人物，还有：阿伯拉尔学说的反对者、克莱尔沃隐修院院长圣贝纳尔（St.

---

[1] 彼得·阿伯拉尔，又名埃布尔拉德（法语：Pierre Abélard，1079—1142），法国著名神学家和经院哲学家，开创了概念论之先河。

Bernardlde Clairvaux），圣维克多的雨果（Hugh of st. Victor）和彼得·伦巴德（Peter Lombard，1100—1160）等。

"个体"到底是如何诞生的？回答这个问题要回到基督教。我们在这里不详述经过，且看典型事例吧。

在写于780年前后的《希罗尼穆斯的典籍》中，十字架上的耶稣被勾画成一个大写的T字形。870年的《梅斯的典籍》中的耶稣形象与此相似。耶稣伸展双臂，圆睁双目，露出威严的神态。这样的耶稣像当时很普遍。1050年之前的耶稣像大致就是这样的造型。其透露的内在信息是：耶稣是世界的支配者、最高权力者，他战胜死亡，君临一切。

但这种姿态的耶稣像在1050年前后消失了，取而代之的是我们现在常见的、在十字架上表情苦闷的耶稣像。这个变化意味着什么？15世纪的德意志画家格鲁内瓦尔德（Matthias Grünewald，本名马蒂亚斯·戈特哈尔德·尼多哈尔，约1470/1475—1528）所创作的十字架上的耶稣像具有代表性。他画的耶稣表情苦闷，格鲁内瓦尔德的绘画要表达的是在人们眼中"耶稣也是人"这一崭新的认识。瞻仰这幅"作为人的耶稣"的画作时，人们凭借的是各自的人生体验，也就是说，通过自己的体验去理解耶稣的内心世界。

遭受磔刑的耶稣像。为黑森的洛尔施修道院而作（980年前后，引自《洛尔施的典籍》）。收藏于法国尚蒂伊的孔代美术博物馆

12世纪催生"个体的诞

生"的另一个原因，是城市的发展。各地陆续兴建的大学也对个体观念的树立有积极意义。耶稣画像中表现出来的"个体"的自我觉醒是所有这些运动的基础，这一点最值得关注。

为了考察个体的内心世界，我们有必要先回顾1215年第四次拉特兰公会议制定的相关条款。

个体诞生的原点（赎罪守则）

拉特兰会议除了决定犹太人必须佩戴特殊标识外，还做出了对欧洲历史产生重大影响的决定，这就是第八一二至八一四项的规定：信徒有告白的义务，神父有严守秘密的义务。"无论性别，所有信徒每年至少一次，要向听罪神父告白自己所有的罪孽，尽力完成神父指示的救赎方案，并且至少在复活节的时候要参加弥撒，并恭敬地领取圣体……"信徒如果怠慢，"死后会被拒绝举行基督教的葬礼"。以前对西洋史的研究完全忽略了这一事项，实际上它意义深远。

米歇尔・福柯（Michel Foucault，1926—1984，法国哲学家、思想家）对这个问题的重要性是这样论述的："作为个体的人，长期以来都是从他者那里寻求标准的，或者通过和他者的关系（家族、忠诚、庇护等）来确认自己的位置。但只有当他开始自我表述或者被要求自我告白时，他者才会承认他。自我告白，出现在权力型塑个人的一系列社会化手段的核心之中。"（『知への意志』，渡边守章译。中译版书名为《认知意志》）

欧洲个体形成的原点在此，即近代个体是从这里出发的。欧洲的个体和日本的个体之间有根本性区别。

那么，推动个体形成的这一潮流在德意志又是如何表现的？公元3世纪以后，欧洲各地陆续制定了神父听取信徒告白的守则，最早是在爱尔兰，后来普及到欧洲大陆，称为赎罪守则。12世纪前已有很多版本。里面列举了成年男女必须告白的各种罪行，如反叛罪、杀人罪、近亲相奸，还有其他林林总总的罪行。其中，沃尔姆斯主教布尔夏德（Burchard of Worms，950/965—1025）所撰写的赎罪守则尤为特别，值得关注。

布尔夏德死于 1025 年，该书写于 1008 年至 1012 年间，是他在美因茨的圣维克多修道院期间完成的。这期间，他完成了 20 卷本的教令集编纂工作。和其他守则相似，在布尔夏德的赎罪守则中，与性有关的罪名占了一大半，不过它的特点突出表现在对迷信和某些习俗的禁止中。看几个例子：

第六〇章

你有没有向魔法师求助，邀请他来你家，让他施加魔法预防灾难？有没有遵从异教的习惯，邀请巫师来你家，为你占卜，期待他能为你呼唤来你所期待的什么？或者让巫师念诵咒语，占卜未来，预知吉凶？如果你这样做了，必须在指定的祭日里，进行为期两年的赎罪。

第六一章

你是不是保持着某些异教的传统？是不是习惯于借助恶魔的力量，仿佛这是世代相传的某种权利？比如父亲们把某些神秘的数字及其力量告诉儿子，对着各种元素、月亮和太阳、星象、朔日和月食等表达内心的崇拜？你相不相信通过高声呐喊，你的力量可以帮助月亮恢复光辉？你相不相信上面这些元素可以帮助你，你可以从它们那里获得力量？你在选择建造房屋或者结婚的日子时，是不是也要观察月亮的盈亏？你必须做到：你所做的事情，无论是言语还是行为，都要依耶稣基督的名而动。

以上只是几个例子，其中谈到了结婚选择吉日等民俗习惯。今天的我们与其说是真的相信，不如说是把它们作为一种古老的习俗来继承而已。但 1 000 年前的欧洲已经试图要打破这些迷信了。此外，守则禁止对咒语、泉水、石头、树木等的信仰，以及奉纳供品，也禁止和巫师交往。在传统的信仰体系中，日耳曼大地上存在各种神灵，比如斯忒律基（Strigae，夜行的幽灵，常发出凄厉的叫声）、霍尔达（Holda，异教女神，云的人格女神）等等，它们是民间神话故事（Marchen）中各色女巫的原型。重要的不在于这些民间信仰受到律法的禁止，而在于对它们的信仰被视为个体的罪恶，必须通过告白来救赎。

根据教会守则，信徒必须日常性地向教区神父告白，这成了信徒的义务。告解，是把个体的内面向他人进行展示的过程，因此在个体意识的形成上有重大意义。把迷信、风俗习惯规定为个体罪行的赎罪守则，由此具有了极其重要的意义。

和其他赎罪守则相比，布尔夏德的赎罪守则在向迷信和风俗习惯开战方面独树一帜。这和布尔夏德自身的思想有关，同时也和德意志当时的社会形势有关。就像海涅在《诸神的流放》中描述的那样，在日耳曼的古老习俗（如对古树、泉水的信仰）十分浓郁的德意志，基督教的普及遭遇了很大困难。赎罪守则是为克服这些困难而制定出来的。但是，对民俗、传统习惯进行全盘否定谈何容易，教会的策略在实践中并不十分奏效。

生生不息的民间信仰

基督教会强行推动的新教规招致了人际关系和社会关系的扭曲。比如，巫师和女巫原本是居住在村落外围的隐者，他们有丰富的药草知识，对村民来说是重要的存在。如今这些人受到基督教会的排斥和打压。基督教会在推动理性化的人际关系上确实取得了一些成功，推动了近代意义上的个体意识的觉醒，但它也撕裂了传统的生活方式。

基督教教义认为，从天地创世到末日审判，世界历史是线性发展的。这期间发生的各种事情都处于神的支配之下，看起来令人费解的事情背后，都有深刻的神的旨意。从古日耳曼时代起，居住在德意志大地上的人们认为树木、泉水、山川各有其灵，即信仰万物有灵。他们无论是进山伐木，或是下河捕鱼，都要遵守一定的仪式，通过这些传统，他们和神灵的世界建立起某种互酬关系：人们对神灵有所供奉，然后就可以得到神灵的护佑。

古日耳曼时代的人际关系，简言之，是一种互酬关系。没有无偿的赠予，有来有往才是礼仪。这种关系本身就带着浓重的巫术气息，随着基督教的普及，它面临着解体。天主教会以赎罪守则的方式规定：迷信、对古老习俗的信仰是禁区，要求教徒对此进行忏悔和救赎。不过，它的最终解体要等到宗教改革之后了。

社会歧视与基督教

巫术信仰被基督教全面禁止，具体的禁令在赎罪守则中都有描述。但是不只是早期日耳曼人，中世纪德意志人的生活中也广泛存在对巫术的信仰，全面禁止并不容易。

当时的死亡仪式有一部分流传至今。比如，人死的时候，家人要紧闭窗户；把死者从屋子里抬出的时候，死者眼睛要朝外；对死者生前用心饲养的牲畜，要告诉它们主人已经换了。另外，死刑执行在中世纪初期是由高级神职人员来主持的，而这一时期产生了专业的行刑人。和剥皮业者、浴场主、羊倌、守林人、磨坊人等职业一样，行刑人也是一个巫术盛行的职业。其他类似的职业还包括亚麻布织工、道路清扫人、捕快、掘墓人、理发师、接生婆、外科医生、鞣制皮革工、妓女、陶工、艺人等。

从事这些职业的人遭到歧视的原因在于，由巫术支撑的古日耳曼宇宙观在和基督教的一元宇宙观的对决中败下阵来，从事上述职业的人于是失去了他们的立足之地。

这些人是 12 世纪以来文化变革的牺牲品。直到 18、19 世纪，他们还是受歧视的对象，而此类歧视的发端正是基督教世界观的确立。

基督教是 11、12 世纪城市建设和大学建设的动力源，促进了理性的人际关系的形成。同时，基督教基于独特的天地创造学说，认为自然是神创造的产物，自然应该为人类服务。这样，西欧诞生了独特的人与自然、人与动物的关系。美国科学史研究者林恩·怀特（Lynn White, Jr., 1907—1987）指出基督教自然观的这一特殊禀性，认为基督教观念体系是现代环境破坏和公害问题的元凶。

关于这一点，德意志与其他欧洲国家稍有不同。就像我们看到的那样，布尔夏德的赎罪守则对迷信和习俗提出诸多禁令，这反过来说明：德意志的民俗文化中的迷信或民间信仰即使在基督教的强大压力之下，也依然生生不息地存续着。正因为这样，在基督教宇宙观和巫术性的古日耳曼宇宙观的缝隙间，那些被视为贱民的职业产生并且存在下来了。

贱民现象世界各地都有，就欧洲而言，德意志的表现最为显著，这与上述事由有关。针对基督教倡导的理性主义，德意志人一直抱有怀疑，于是，这块土地上诞生了宾根的希尔德加德（Hildegard von Bingen，1098—1179）、埃克哈特（Meister Johannes Eckhart，约 1260—1327）、海因里希·佐伊泽（Heinrich Seuse，1295/1300—1366，埃克哈特的弟子）等众多神秘主义者。总之，德意志与法兰西不同，它并没有沿着理性主义的指引直线前进。

城市法和同业团体

前面提到，这是一个城市大发展以及东部拓殖的时代。现代德国的代表性城市基本上都是在这个时代建立的。

城市给生活带来了前所未有的改变。在一个被城墙包围、没有多少树木的城市空间里，放眼望去，到处是与传统村落的自然景观完全不同的人工景观，人际关系也异于传统人际关系。城市起初是作为贸易商人的居住地建立的，并在商法的基础上一步步构建起城市法，由此形成了崭新的生活秩序。

城市法的执行主体是市政部门，一般由 12 名德才兼备的优秀人才来担任主要职务。城市管理模式有多种，有的处于城市领主的直接管理下，有的由被称为"斯库尔西斯"（Schultheiss）的领主代理人管理，还有的脱离宗主管理，实现了城市自治。城市法制定的原点是前面讨论过的庇护制度，即城市是一个和平空间。

城市法中也有针对犯罪的惩罚措施。对他人进行言语或者行为攻击造成伤害者要受到处罚，说明这一时期市民的基本权利已经有了。针对城市官员，有禁止贿赂的条款。

城市的主要产业商业和手工业成立了基尔特（Guild）、"聪福特"（Zunft）等同业团体[1]，主要负责商品定价和品质管理。

这些团体由师傅、帮工和徒弟组成，只有师傅享有市民权。对师傅及其下属的帮工和徒弟，各有行规约束，从这一点看，行业管理的理性化程度较高。

基尔特和"聪福特"等行会组织可以追溯到古日耳曼的宗教结社，拥有宗教性内核。到了中世纪，这样的组织逐渐被基督教会取

---

[1] 其间，还出现了手工业者同业组织向商人同业组织要求市政参与权的斗争。

代，但是从宴会的形式、有身份象征意义的舞蹈、日常用语、礼仪、服饰等，还可以看出古代结社的遗风。各行会组织施行对外垄断、对内平等的原则，组织与组织之间有严格的等级序列。祭典时，围绕谁在前谁在后的出场顺序，常会发生争执。老资格的组织对新组织常常采取排斥、歧视的态度。

比如，北德意志的文德人不被允许加入行会组织，死刑执行人、剥皮业者的子弟也不能加入，这助长了社会歧视的风气。这种情况一直持续到近代。近代以后，个体的自由营业权得到承认，此类手工业行会组织也解体了。

中世纪和近代的手工业行会组织拥有大量匠人，按规定，匠人们要去欧洲各地进行游历修行，一般要花上一两年甚至更长时间。这种游历实习制度使得欧洲在整体上保持了相对均衡的技术水平。另外，它也增加了欧洲各地普通民众之间的交往。游历匠人还是传播各地民间传说的媒介。目前在德国实施的手工业技能水平资格认定制度（Meister）一直可以追溯到中世纪，这一制度对直至近代的手工业的发展产生了深远而积极的影响。

东德意志的拓殖

11、12 世纪，骑士和农民跨过易北河来到东部，拓殖运动开始了。在拓殖承包人的带领下，从德意志本土领主的压迫下逃离出来的农民移居到德意志东部，他们一般可以获得较长时间的免租税待遇。那些在德意志本土争夺领地失败的不得志骑士也陆续来到东部，获得土地后就开始招募农民。一开始，拓殖者的村落和波兰人的村落相安无事，但到后来，移民们就开始骚扰波兰人的村落了。不过，除了德意志骑士修道会在普鲁士的特例之外，拓殖基本上是以和平方式进行的。

德意志人对易北河以东地区的拓殖活动，范围包括现在的捷克、斯洛伐克，远至立陶宛、爱沙尼亚、拉脱维亚、罗马尼亚、匈牙利和俄罗斯边境附近。随着拓殖运动的展开，近代德意志的版图基本形成。通过拓殖，德意志的国土扩大了三分之二。德意志农民到东部来的主要原因是为了逃避本土封建领主制的压迫，向往去到一个"流着蜂蜜和牛奶的国度"。这一运动在结果上缓和了德意志本土领主和农民之间的对立，延缓了社会矛盾的爆发。

东德意志诞生的新村落起初以低赋税来吸引农民，但殖民扩张结束前后，新领主稳固了统治权后，就转向了比本土更严厉的压迫。那时候，针对刚起步的市场经济，领主们纷纷采取直营方式，农民被迫与土地分离，成为承担赋税和劳役的农奴，这就是农场领主制（Gutsherrschaft）[1] 的发端，它是容克 [2] 地主经营的先驱。就像大家知道的那样，这块新获得的土地大致相当于后世的德意志民主共和国的范围。

德意志艺术的诞生

这一时期在德意志的文学和艺术史上留下了浓墨重彩的一笔。前面提到，12 世纪，德意志人已经可以创作拉丁文作品，12 世纪后半期，更是出现了不少优秀德语作品。

骑士文学和宫廷文学方面，有哈特曼·冯·奥厄（Hartmann von Aue，约 1160—1210）的《埃雷克》（通过它，亚瑟王的传奇故事第一次进入德国）、沃尔弗拉姆·冯·埃森巴赫（Wolfram Von Eschenbach，约 1170—1220）的《帕齐伐尔》（*Parsifal*）。而戈特弗

---

[1] 西德意志的封建领主制由于农奴解放，其生产是以人格自由的农民为基础的；而东德意志的农场领主制驱使人格不自由的农奴从事劳动，其生产一开始就面向市场需求。

[2] 容克的本义是指贵族子弟，泛指近代以后东德意志的农场领主。后来成为普鲁士的高级官僚和将校的出身阶级。

里德·冯·斯特拉斯堡（Gottfried von Strassburg，约 1170—1210）的长篇叙事诗体小说《特里斯坦与伊索尔德》（*Tristan and Isolde*）取材于中世纪的英格兰。以上作品都有鲜明的德意志文学的特点。

1200 年前后，《尼伯龙根之歌》诞生，几乎在同一时期，瓦尔特·封·德尔·福格尔魏德的作品也问世了。福格尔魏德的作品是对霍亨斯陶芬王朝末期的统治事迹的歌颂，他立场坚定地站在皇帝士瓦本公爵菲利普以及弗里德里希二世一边，经常受邀去斯陶芬的宫廷，在众人面前唱诵作品。看得出，这一时期的文学和政治关系密切。

这一时期，德意志文学的核心主题是斯陶芬王朝，建筑风格也形成了鲜明的斯陶芬王朝的特点。今天，我们徜徉那些建于 12 世纪后半期的建筑，如纽伦堡王宫，温普芬、埃格尔（Eger）等地的王宫，你就会知道当时的国王在宫殿建造上是多么地煞费苦心，这些宫殿都是邀请当时最优秀的建筑师设计建造的。

不只是王侯，领主们也致力于创出自己的风格。不伦瑞克的狮子公爵亨利的城堡、图林根边区伯爵（Landgraf）的瓦特堡城等是代表。世俗君侯之外，教界诸侯也建造了不少美轮美奂的建筑，比如美因茨大圣堂、班贝克和瑙姆堡的大圣堂等。其中，雕刻在瑙姆堡圣堂正殿西侧内壁上的边区伯爵埃克哈特与妻子乌塔的夫妇像 [1] 手法庄重细致，堪称中世纪德意志教堂雕像艺术的杰作。

建于 13 世纪前半期的这些建筑的风格是罗马式的。此后的哥特式建筑无论是在外观上还是在建造方式上都翻开了新篇章。过去，担任建筑设计师和现场指挥的都是神职人员，从哥特式建筑开始，职业建筑师出现了。

---

[1]　该大型雕刻共有 12 个人物，他们都是这座教堂的捐助人，因此该群雕又被称为"捐助人"。创作于约公元 1250—1260 年。

间奏曲 3：中世纪音乐的世界

查理大帝向欧洲全境派兵，征服了相当于后来整个欧盟版图的广袤地域，在他的军队里有随军神甫，格列高利圣歌（Gregorian Chant）随之传遍了欧洲大地。

当时加洛林王国内还有异教徒团体，因此需要在帝国境内不断传教。王国各地建起的巨大教堂吸引了人们的视线，教会演奏的圣歌营造出超凡脱俗的奇妙氛围，诱导着人们的信仰之心。在中世纪基督教的世界里，音乐是一种非常强有力的传道手段。

这个时代，基督教会以外并非没有音乐。各种形式的世俗音乐，特别是罗马时代的民谣在中世纪也同样流行。

如同人们知道的那样，格列高利圣歌是单声部音乐，后来，以格列高利圣歌为母体诞生了多声部音乐，直至发展出欧洲独特的交响乐。但在这之前的阶段，中世纪有三个音乐的世界。

基督教普及后的中世纪存在三个"音乐的世界"：天上的音乐、人间的音乐以及地上的音乐，分别对应不同的演奏乐器，比如演奏天上的音乐时，用的是竖琴。

基督教普及之前，音乐分为两类，即大宇宙（Macro Cosmos）音乐和小宇宙（Micro Cosmos）音乐。小宇宙指的是人们日常的生活单位，这是一个以家为中心，包括菜园等在内的小范围的世界。大宇宙是指包裹着小宇宙的外部世界，范围广大。

在小宇宙的生活单位里，人们以灶为中心，小心翼翼地守护着从大宇宙取回的火种，并保留着一整套仪式。人们还从河里汲取生活用水或者通过水渠引水入户，因此，水也是一个从大宇宙引入小宇宙的要素。

基督教把由大小两个宇宙组成的世界一元化了，并试图通过格列高利圣歌来实行统治。为了完成这个使命，音乐就不能一直停留在单声部。通过不断从民谣那里汲取营养，多声部音乐诞生了。

作为抄写员的诺特克·巴尔布鲁斯
（1025 年前后的作品）

在众多创作者中，有一人特别值得一提，他就是圣加仑修道院的诺特克·巴尔布鲁斯（Notcerus Balbulus，约840—912），他以西昆斯（叙抒咏，拉丁语：sequentia）形式创作了很多作品。同一修道院的圣休提罗（Saint Tuotilo，约850—913）以创作特洛普斯（变唱咏，拉丁语：tropus）见长。特洛普斯在单声部的基础上加上新的旋律制作而成，是多声部音乐的原型。

在基督教统一大、小宇宙的过程中，曾经活跃在大宇宙的妖怪们的形象也在悄然发生改变。过去，人们认为大宇宙里游荡着各种奇怪的生物，比如双头人、狗头人等，就像我们在博斯（Hiëronymus Bosch，约1450—1516）、勃鲁盖尔（Pieter Bruegel，1525—1569）的画作中经常可以看到的那样。

随着基督教对两个宇宙进行一元化改造，这些怪物的样貌变了。今天，它们伫立在大教堂的台阶以及排水口等处，完全是一副被禁锢者的形象。高村光太郎在"雨中唱歌的教堂"中描绘了装饰在教堂屋檐上负责收集雨水的滴水兽（Gargoyle）的样子，它原本可是地下之神……是的，那些装饰在罗马式建筑上的妖怪们，在过去是异教诸神。

在中世纪，它们遭到了集体镇压。

第四章　神圣罗马帝国

选侯选举国王

弗里德里希的后继者康拉德四世 1254 年死去，德意志迎来了"大空位时期"（1254—1273）。这么叫并不是因为这期间没有国王。教皇宣布废黜弗里德里希二世的皇位时，另立了荷兰伯爵威廉（Wilhelm von Holland，1227/1228—1256，1247—1256 年在位）为王。威廉死后，对立双方分别选举康沃尔伯爵理查德（1257—1272年在位）[1] 和卡斯蒂利亚的阿方索十世（1257—1284 年在位）[2]为国王。

但实际上他们都和德意志没多大关系 [3]。这期间，德意志的国王

---

[1]　理查德被与英格兰关系密切的莱茵伯爵等选侯推选为神圣罗马帝国皇帝。康沃尔位于英格兰西南角，目前是威尔士的一个郡。约公元前 1000 年，一群好战的凯尔特人来到这里，并带来了冶铁技术，他们是现代康沃尔人的祖先。公元前 55 年，罗马人占领了不列颠岛南部的大片领土，但对康沃尔影响不大。罗马人放弃不列颠岛后，康沃尔受到撒克逊人的入侵。诺曼人在军事上征服了英格兰之后，康沃尔第一次真正成为不列颠岛的一部分，以后，康沃尔由与诺曼人和金雀花王朝有亲属关系的继承者来统治。

[2]　卡斯蒂利亚王国（1035—1837）是伊比利亚半岛中部的封建王国。由西班牙西北部的老卡斯蒂利亚和中部的新卡斯蒂利亚组成。它逐渐和周边王国融合，形成了西班牙王国。现在西班牙的君主就是从卡斯蒂利亚王国一脉传承下来的。

　　1257 年 4 月，在法国国王支持下，特里尔大主教等选侯另选西班牙国王阿方索十世（霍亨斯陶芬家族出身的弗里德里希一世的曾孙）为神圣罗马帝国皇帝。由英法两国国王分别支持的两个外国人同为皇帝的局面出现了。

[3]　理查德虽到过德意志，但实际上未曾管理德意志事务；阿方索十世则从未到过德意志。

选举发生了很大变化。亨利六世 1197 年去世后，新国王的选举过程中形成了特定集团，这就是选侯（Elector）集团。

1273 年的国王选举时，选侯制度确立起来。有选举权的是美因茨、科隆、特里尔三大教区的大主教，以及波希米亚国王、莱茵-普法尔茨伯爵、勃兰登堡边区伯爵、萨克森公爵这四大世俗诸侯。按地区分布看，莱茵河两岸分别有西德意志的四名伯爵和东德意志的两名伯爵，稍显特别的是波希米亚国王 [1]。如果考虑领地规模的话，奥地利公爵和巴伐利亚公爵本应包括在内。这些选侯选出的德意志国王到底是怎样的存在呢？

斯陶芬时代特别是到了弗里德里希二世时期，德意志的诸侯变得相当有实力，原本属于国王的特权不再专属国王。

国王的特权指的是征收关税权、铸币权、地下矿藏权、城塞构筑权等，其中意义特别重大的是审判权。领主们获此特权，就可以防止包括国王在内的外部势力介入领地。国王的特权中还包括对犹太人的保护权——这里面包含了对犹太人的特别征税权。

斯陶芬时代国王对诸侯的一系列让步，使得原来属于国王的诸多特权落入领主之手，这对德意志王国意味着什么？我们重点来盘点一下帝国观念和大小领主支配下的领地之间的关系。

和其他欧洲国家相比，德意志有一个显著特点：它自我标榜是"神圣罗马帝国"的担纲者。这个名称的最早使用者是弗里德里希二世的对立国王荷兰伯爵威廉。后经康沃尔的理查德时代，在后述哈布斯堡的国王文书中也有使用。

但这个名称并非名副其实。中世纪的国王们都把自己当成加洛

---

[1] 维特尔斯巴赫家族同时握有巴伐利亚和莱茵-普法尔茨两地的统治权，但在 1253 年分成了莱茵-普法尔茨长系和巴伐利亚幼系两支。其余选侯坚决不同意一个家族占据两个席位，只能在莱茵-普法尔茨和巴伐利亚之间选择一个。结果，不在德意志境内的波希米亚国王得以成为选侯，维特尔斯巴赫长系替代幼系成为选侯。

林王国查理大帝的后继者。查理大帝自称是法兰克人和伦巴德人的王，同时获得了"统治罗马帝国的皇帝"的称号。以此为依据，查理大帝拒绝位列君士坦丁堡的拜占庭皇帝之下，转而选择以西方天主教会为基础来经营自己的帝权。

帝国和天主教会的联合

如前图1显示的那样，查理的帝国（也就是法兰克王国）包括了高卢、日耳曼尼亚、意大利等广袤地区。和一般意义上的国家不同，他的帝国采取了和天主教会联姻的方式，在版图方面，他的帝国和天主教会的势力范围并无二致。

查理的帝国后来摇摇欲坠，是因为受到了来自四面八方的威胁。北方有诺曼人，东面有马扎尔人，南面有萨拉森人，帝国在夹击之下几乎分崩离析。不过在萨克森和萨利安（也称法兰克尼亚王朝，1024—1125）两朝治下，帝国一时间找回了过去的荣光。

奥托一世被尊为"威严的皇帝"（imperator augustus），加冕后更是成为"威严的罗马人的皇帝"。就如称谓所反映的那样，奥托一世梦想着重建罗马帝国，他的皇帝印玺上刻着"罗马帝国的复兴"（renovatio Romani imperii），就是证明。在那以后，德意志的国王们都沿用"罗马人的王"这一称呼。

前面提到过，德意志的国王任命神职人员作为官吏来进行统治。在加洛林改革时期，查理大帝试图用基督教的教义来改造国家，他把帝国主教和帝国修道院纳入自己的支配之下，至少在萨克森和萨利安两朝，皇帝获得了实质性的控制权。叙任权斗争（格列高利改革）时期，帝国和教会之间产生了很大裂痕。到了亨利四世时代，帝国濒临崩溃。

斯陶芬时代，皇帝们承接了罗马法，通过神化查理大帝，全力提高皇帝的权威。弗里德里希一世的时候开始使用"神圣帝国"（Sacrum Imperium）的名称（1157 年）。面对叙任权斗争后分裂的帝权和教权，皇帝希望用这个称号来宣示帝权和神祇是联结在一起的。

11 世纪，帝国统治范围包括德意志、意大利、勃艮第公国；斯陶芬王朝统治时期（12 世纪），帝国的疆域西至尼德兰、洛林、弗朗什-孔泰（Franche-Comte），东达奥地利、勃兰登堡、波美拉尼亚。在南面，除瑞士外，囊括了从蒂罗尔到特伦托的广大地域。至于其他地区，比如对米兰的封主权等，那不过是形式上的。弗里德里希三世的时候，开始使用"德意志民族的罗马帝国"的称号（1452 年）。

帝国和领地

帝国的称号变化前面介绍过了，但领主封地的形成和属性与此完全不同。领主封地基本上是在部族的基础上形成的，虽然经历了聚散离合，不断整编，但至今还是德意志人的基本生活单位。如果说帝国和基督教实现紧密结合的背后有对古典时代的憧憬，那么，领主封地的存续和经营则是对部族时代生活样式的缅怀。

民族大迁徙以后，阿勒曼人、巴伐利亚人、萨克森人等部族被法兰克人统一，它们是部族公国的基础。在法兰克王国，形成了萨克森、士瓦本、洛林、法兰克尼亚、巴伐利亚 5 个部族公国。

前三个的基础是部族。部族这一实体是历史形成的，与查理大帝的改革，即基于基督教会的国家建设理念没什么关系。查理大帝实施的加洛林改革瞄准的目标就是：把像部族这样基于传统习俗的纽带形成的社会结构改造成为基于基督教教义的理性的社会结构。

查理大帝的帝国建设方案是理想主义的产物，但领主封地是与这样的理想主义无关的历史实体。

弗里德里希二世在1220年和1231年、1232年分别发布了被称为"诸侯法"的两个法令。国王大权中的相当部分让渡给了诸侯。前面提到过，其中最重要的是帝国审判权的让渡。据此，国王的审判权无法踏足诸侯们的封地，领主们在各自的领地内拥有了和皇帝一样的地位，成了邦君（Landesherr）。

在11世纪，一种崭新的领地支配权（Landesherrschaft）诞生了，它的主人是公权私权一把抓的贵族阶层。贵族们以土地领主制为基础，以城堡为中心，掌握高级审判权，形成了一元化的统治模式——对土地和人（Land und Leute）的同时支配。

领地支配国家（领邦）

在今天的德意志联邦共和国，教育制度、司法制度、历法等等还是以州（Land）为单位制定的。很多德意志人终其一生在州（Land）中度过。古老的领地转变成现在的样子是近代以后的事情，其发端是弗里德里希一世在1156年发出的一个"小特许状"。特许状允许奥地利作为巴奔堡家族的新的公国从巴伐利亚独立出来，奥地利公国还从国王那里获得了新的特权，可以有效抑制领地内的独立势力。

这样，新诞生的奥地利公国就与之前的公国有了不同的性质，它新增了有利于领地支配的各种权力，领地有了新特点——德意志的领地从部族支配体制走向了地域支配体制，从"人的结合型国家"走向了一元支配型国家。

奥地利之外，新型公国还有维尔茨堡、施蒂里亚、威斯特伐利亚（现在的明登）、莱茵-普法尔茨、图林根等。这些新型公国就是今日德国的州（Land）的原型。在 13 世纪以后的德意志，具有实体性国家性质的不是帝国，而是进行领地支配的领邦（Land）。1356 年的《金玺诏书》保证了自治领主（Landesherr）在其领地内的至高权力，领邦（Land）完成了从帝国的独立。

哈布斯堡家族和卢森堡家族的争斗

介绍了以上这些之后，让我们再来看政治舞台上正在发生着什么。

大空位时代之后，选侯们于 1273 年选出哈布斯堡家族（Habsburg-Lothringen）的鲁道夫一世（1273—1291 年在位）为国王。哈布斯堡家族的根基在今天的瑞士西北部和上莱茵一带，领地面积狭小，丧失了特权的国王唯一能做的就是扩大家业，以此作为与诸侯抗衡的资本。

鲁道夫一世打败了大空位时代以来日益强大的波希米亚国王奥托卡尔二世（Přemysl Otakar II，约 1230—1278），夺回了奥地利，进而把施蒂里亚收入囊中。可见，鲁道夫的政策重心在德意志的东方，他获得的这些领地为此后哈布斯堡家族的强盛奠定了基础。

但鲁道夫时期哈布斯堡家族的势力扩大过于迅猛，选侯们在鲁道夫死后拒绝选举他的儿子阿尔布雷希特为新国王，而是把出身小邦的拿骚伯爵阿道夫选为国王（即阿道夫一世，1292—1298 年在位）。但哈布斯堡家族的实力强大，阿道夫很快被废，阿尔布雷希特一世如愿登上王位（1298—1308 年在位）。1308 年，阿尔布雷希特一世遭到暗杀，卢森堡家族的亨利七世继位（1308—1313 年在位）。

亨利七世和鲁道夫一世一样，热衷于扩大家业。普热梅希尔王朝绝嗣，亨利七世通过政治婚姻，把波希米亚纳入自己的统治范围（家族的世袭领地）。亨利七世在罗马作为皇帝加冕，成为继弗里德里希二世以来实际完成加冕的第二个皇帝。加冕仪式由诗人但丁先导，教皇亲自主持加冕仪式。他最后客死在意大利南部。

这时的德意志已经形成了哈布斯堡家族和卢森堡家族分庭抗礼的局面。双方各自选举国王，背后跃动着教皇约翰二十二世（John XXII，1316—1334 年在位）和法国的身影（教皇是法国籍）。卢森堡家族这边选举维特尔斯巴赫家族出身的上巴伐利亚公爵为国王，称路易四世（Ludwig IV der Bayar，1314—1347 年在位）。

国王选举过程中，路易四世和教皇明争暗斗不断，他还与教会内部批判教皇的势力弗朗西斯科派结盟。教皇宣布废黜路易四世，路易针锋相对，另立弗朗西斯科派的会士尼古拉五世（Nicholas V，1447—1455 年在位）为对立教皇。路易四世邀请了早期人民主权论的主张者、帕多瓦的马西利乌斯（Marsillo da Padova）以及奥卡姆的威廉等杰出思想家，听取他们的治国建议。但是理论和现实的落差太大，要实现这些宏大抱负十分困难。

针对教皇要求废黜国王的干涉行为，选侯们共同发表了"伦斯声明"，强调按照选侯制度选出的国王的合法性。路易不满足于一纸声明，祭出帝国法（Licetiuris，1338），声称教皇不得干预皇帝选举。事态发展到后来，路易遭孤立，并在 1346 年被废。选侯们重新选举波希米亚国王约翰的儿子、卢森堡家族的查理四世（Karl IV，1316—1378，1346—1378 年在位）为国王。

黑死病和迫害犹太人

查理四世的时代，饥荒和黑死病大流行，之前的人口增长态势受挫。在德意志，1348 年黑死病流行，人口锐减到原来的三分之一，危机重重。黑死病在 1356 年卷土重来，一直持续到 14 世纪末。薄伽丘（Giovanni Boccaccio，1313—1375，意大利作家）在《十日

谈》中描写了遭受黑死病侵袭的佛罗伦萨的惨状，德意志的情况也
差不多。

黑死病造成欧洲全域 3 500 万人的死亡。人口增加的时代结
束，东方拓殖运动止息，内陆垦荒停止，荒废的村落数量激增。农
村萧条败落，而城市还在吸引农村人口的流入，城市经济并未停
滞。同时，由于城市的薪金高而且生活费便宜，城市成了人们的憧
憬对象。

当时的人们对突如其来的危机无法理性认识，认为饥荒和黑死
病大流行是因为触怒了圣灵，必须自我赎罪。人们鞭打自己的身体，
出现了不少苦行苦修的团体。这是一种集团性的歇斯底里。

自我鞭打、进行苦修的人是少数，大多数人认为苦难来自某些
人的阴谋。不知何时起，大量死亡的原因是因为犹太人在井里下毒
的流言四处传播，14 世纪中期，各地的迫害犹太人事件越发激烈了。

位于纽伦堡市中心的后期哥特式建筑玛丽亚圣堂，就是在被破
坏的犹太人教堂的废墟上建起来的，这是 1346 年迫害犹太人的直
接证据。在 14、15 世纪的驱逐犹太人运动的影响下，那些在德意
志繁衍生息了几个世纪的犹太人共同体消亡了。多数犹太人避难到
了东欧，由此，意第绪语（德：Jiddisch，英：Yiddish，犹太人使用
的国际语）也扩散到了东欧地区。

查理四世、迫害犹太人的要因

曾经的国王大权中包含保护犹太人这一项。那么，查理四世的
时代为何会发生那么惨烈的迫害犹太人运动？国王大权中的"保护
犹太人"，是犹太人作为贸易商人活跃时期的事情，当发生针对犹
太人的残酷迫害时，国王可以收取罚金，并纳入自己的囊中。中世
纪初期基本没有基督教徒身份的商人，犹太人对于国王也好，对于

普通人也好，都是必要的存在。

城市大发展以后，新的商人阶层出现，犹太人被限定于从事金融业。不少基督教徒不管教会禁令，加入了贷钱取利的商业活动，对于犹太人在金融业中的强大实力，这些人十分忌恨。

这是导致对犹太人的迫害激化的一大起因。同时，在欧洲全域都是基督教徒的大环境下，犹太人是唯一的异教徒，对于异己分子的仇恨也是重要原因。查理四世默认了四处兴起的迫害犹太人运动，对他来说，这有利可图。

在民间，查理四世的口碑并不坏。初期由于受到教皇的支持，查理得了个"僧侣王"的诨号。以波希米亚国王的强大实力为依托，查理巩固了德意志王权。根据1356年的《金玺诏书》，选侯的特权得到承认，帝国的国王选举办法也成文化了，教皇的干预被排除——这一成果被查理放进了自己的族徽里。1348年，查理四世在布拉格设立了德意志的第一所大学，布拉格的宫廷文化在查理的经营下显得十分繁荣。1355年，查理远征意大利并加冕为皇帝，但他没有答应弗朗切斯科·彼特拉克（Francesco Petrarca，意大利学者、诗人，早期人文主义者）等人希望他平定意大利乱局的请求，还是尽快回国了。在查理四世看来，德意志国家体制的整顿更为重要。

德意志汉萨

在查理四世时期，德意志汉萨从商人组织升级为城市同盟，并随着12世纪以后的东方拓殖运动，确立起在波罗的海的霸权。德意志汉萨基本独占了波罗的海和北海的贸易。根据1369年签订的《斯特拉尔松德条约》，德意志汉萨从丹麦国王那里获得了在波罗的海的航行自由保障。查理四世是把德意志汉萨纳入德意志王权掌控的唯一的国王。他还把勃兰登堡边区作为自家的领地，在北德意志建起据点，这里原本除了戈斯拉尔、吕贝克外，没有帝国领地，因此汉萨十分重要。

查理四世也是自巴巴罗萨以来第二位成功地把王位传给儿子的国王。但是其子文策尔（1378—1400 年在位）和诸侯关系不断恶化，1400 年被选侯们废黜。随后，选侯们选出普法尔茨伯爵鲁普雷希特（1400—1410 年在位）为国王。

维特尔斯巴赫家族出身的鲁普雷希特希望建立一个传统的帝国，但他既没有去罗马，也没有再次踏足被选出之地法兰克福或者戴冠之地亚琛。

总之，鲁普雷希特的时代一切平淡无奇。在他死后，查理四世的儿子西吉斯蒙德（Sigismund von Luxemburg，1410—1437 年在位）当选国王，事态发生了很大改变。

西吉斯蒙德和"不确定的时代"

西吉斯蒙德和匈牙利国王拉约什一世（Anjou I Lajos，1342—1382 年在位）的女儿玛丽亚结婚，并在 1387 年成为匈牙利国王。1410 年，西吉斯蒙德在法兰克福的圣巴尔多禄茂主教座堂（Dom Sankt Bartholomäus）当选为德意志国王。虽然反对派试图拥立对立国王，但 1411 年，西吉斯蒙德还是正式加冕了。

1396 年的尼科堡战役中，匈牙利大败于奥斯曼土耳其。西吉斯蒙德意识到来自奥斯曼土耳其的威胁，对军队编制进行了改革，强化对金、银、盐等的专卖权，并要求教会收入也要纳入国防预算中。1414 年至 1418 年，在康斯坦茨召开的公会议上，西吉斯蒙德先后废黜三位教皇，推举自己中意的新教皇，结束了持续 40 年的教会分裂局面。这算是西吉斯蒙德的功绩吧。

1431 年至 1437 年，巴塞尔公会议召开，讨论了教会改革事宜，教会不同意会议提出的"不得拥有世俗财产"的主张，反对削减教廷收入。教皇尤金四世（Eugene Ⅳ，1431—1447 年在位）解散了公会议，会议无果而终。

约翰·赫伊津哈（Johan Huizinga，1872—1945，荷兰语言学家和历史学家）在《中世纪的秋天》中描写了 15 世纪骑士的生活：骑士的生活混杂着信仰和迷乱、贪欲和名誉。西吉斯蒙德其实就是一个代表，他性好游乐，沉溺美色，无节制的控制欲和消费欲集于一身。赫尔曼·亨佩尔（Hermann Heimpel，1901—1988，德国历史学家）把这个时代称为"不确定的时代"，意思是这个时代的人们在生活中普遍缺乏必要的平衡性和专注力。

西吉斯蒙德在文策尔死后试图获取波希米亚王位。他先是在康斯坦茨公会议上许诺给予扬·胡斯（Jan Hus，1372—1415，布拉格大学校长）安全保证，邀请他前来参加会议，但最后胡斯被捕并作为宗教异端被处死。这下子波希米亚国内大乱，众人都认为西吉斯蒙德难逃责任。对于西吉斯蒙德的王位要求，波希米亚的改革派联合起来表示反对。面对波希米亚境内胡斯派的反对，西吉斯蒙德威胁要动用十字军进行讨伐，但无果。总体上，这一时期的德意志王权基本安泰，教会也没有发生分裂。

在康斯坦茨公会议讨论的议题中，除了如何应对教会分裂和教会改革等问题外，帝国体制的改革也是重点。国王、帝国城市、帝国骑士们结成同盟共同对抗诸侯的方案悄然形成，匿名的改革案被称为"西吉斯蒙德的改革"，但最后只限于讨论而已。

尼古拉·库萨（Nicolaus Cusanus，1401—1464，俗称"库萨的尼古拉"，德国哲学家，罗马天主教会高级教士）把《天主教的融合》的第三部奉献给了帝国城市，他主张，为拯救帝国，沿着"一直在走的路"继续前进为好。哲学、天文学、数学的改革者在政治的世界里都成了保守主义者——亨佩尔评价道。

哈布斯堡-洛林家族的壮大和国家联合

西吉斯蒙德死后，其女婿阿尔布雷希特二世（1438—1439 年在位）继位。阿尔布雷希特二世出身哈布斯堡家族，在这以后，哈布斯堡家族成为德意志皇冠的拥有者。后继者弗里德里希三世（1440—1493 年在位）是中世纪以来历代德意志国王及皇帝中在位时间最长的。在他统治初期，哈布斯堡家族只拥有小块领地，等到他去世时，哈布斯堡家族拥有广大领地，这为马克西米利安一世统治世界奠定了基础。马克西米利安在自己的帝国领地里用上了 AEIOU 这个标语。AEIOU 的意思是 Austriae est imperare orbi universo，即"地上所有一切都是奥地利的家臣"。

稍早前，德意志的北邻和东邻陆续诞生了国家同盟。瑞典、挪威结成同君联合（1319—1343），丹麦、挪威也形成同君联合（1380—1814）。在此基础上，丹麦、挪威、瑞典（包括芬兰）三国结成"卡尔马同盟"国家联合体（1389—1434）。1386 年，波兰和立陶宛结成同盟；15 世纪中叶，波希米亚和匈牙利的联盟兴起。

面对东北方兴起的这些势力，德意志感受到了危机。1410 年，德意志骑士修道会和波兰-立陶宛联盟在坦能堡发生战役，前者惨败。骑士内部爆发骚乱，几近溃散。1466 年，《托伦和约》签订，德意志骑士修道会统治下的普鲁士奉波兰国王为仅次于教皇的第二宗主。

波希米亚和匈牙利的国王拉迪斯劳斯（Ladislaus Postumus，1440—1457）死后，排除王族势力的"民族王朝"运动兴起。波希米亚国王波杰布拉德的格奥尔格（Georg von Podiebrad，1420—1471，1457—1471 年在位）在国内收复了王权，匈牙利王马提亚（Matthias I Corvinus，1443—1490）也夺回了位于东南的哈布斯堡的中心地（1485 年攻占哈布斯堡王朝的维也纳，定为国都）。

在西方，刚勇公爵查尔斯（Charles de Valois-Bourgogne，1433—1477）不断扩大勃艮第的势力范围。在勃艮第之外，逐步控制了佛兰德。查尔斯作为学术、艺术的保护者也是远近闻名，在德意志的诸侯中有许多拥趸。他的宫廷是全欧洲贵族憧憬的地方。

有了这样的地位，查尔斯自然成了弗里德里希三世危险的对手。对抗查尔斯的是瑞士的盟约者团。盟约者团先是夺回了哈布斯堡的中心地，在 1477 年的南锡之役中，查尔斯战死。他没有儿子，为此，勃艮第的大部分特别是富饶的尼德兰落入了女儿的婆家哈布斯堡家族的手中。

崩溃的骑士修道会

前面说了，东北部的骑士修道会处于崩溃边缘，被迫向波兰国王低头。帝国的东北部岌岌可危。尽管这对德意志来说不是好兆头，但是 15 世纪的德意志在外部看来，富饶而先进。

1517 年宗教改革前夜，在南德意志旅行的意大利教士安东尼奥·德·贝亚迪斯对沿途旅店之舒适、环境之优美赞不绝口，并且被当地人的虔诚信仰所深深感动。那些矗立在道旁的十字架、教会里的圣像、高耸的教堂塔尖

德意志骑士修道会的城堡马林堡（东普鲁士）

无不令他动容。他还观察到：礼拜时没有人窃窃私语，大家都专注于弥撒本身，这和意大利的情形很不一样。

意大利教士当时所见的德意志——借用亨佩尔的话说——处于"新旧交替的不确定性"之中。危机已经来临，但被延后了。原因在于，中世纪后期，德意志通过东方拓殖扩大了疆土，西德意志的社会紧张关系通过东部移民得以缓解。另外，城市大发展，向城市移民也部分缓解了农村内部的矛盾。

就这样，德意志的危机被延后了。首先是政治危机看起来没那么紧迫，诸侯们的争执还停留在帝国的框架之内；民众生活的危机则通过一系列令人纠结的二元结构（德意志本国和拓殖地之间的再平衡，以及城市新秩序和农村封建秩序的再平衡）得到一时的缓解。

危机中的"失望"

尽管如此，15 世纪民众生活的危机最终还是来临了。首先爆发的是德意志的信仰问题。在各地，死神的舞蹈如影相随，死亡用露骨的方式诱惑着人们靠近。

十字架上的耶稣曾经被塑造成双目圆睁、双臂伸展的姿态，仿佛一位胜利者，不怒自威。而格鲁内瓦尔德的十字架上的耶稣画像却透露出凡人的苦恼表情。这种和 1050 年前完全不同的新耶稣像越来越普及（格鲁内瓦尔德的十字架像是其中的典型）。这种苦恼的表情反映出那个时代人们心底的苦闷。

亨佩尔在 15 世纪的危机中发现了"不确定性"这一特点。至于危机带来的后果，他使用了失望一词。前面说过，针对这个时代的苦恼，康斯坦茨和巴塞尔的公会议不过就教会和帝国的改革进行了一些肤浅的讨论，这让那些长期以来相信教会是指路明灯的人们感到幻灭。

深刻表现出这个时代人们失望情绪的是里门施奈德（Tilmann Riemenschneider，1460—1531）的作品。里门施奈德 1460 年出生于哈茨山麓的奥斯特罗德（Osterode），之后在维尔茨堡定居。他的木雕作品尤其出色。和中世纪的其他雕刻不同，这些作品深刻而直接地刻画了人物的痛苦和悲伤，尤其是黑尔戈特教堂（Herrgottskirche）里的玛丽亚像（圣母玛丽亚升天）、罗滕堡的最后的晚餐（圣血祭坛雕刻，1501 年）等作品表现出的深切的宗教情怀令人动容，和同时代的其他雕刻家相比，风格独树一帜。他在农民战争中站在农民一边，相传被捕后手腕的筋骨被折断，再也不能从事雕刻活动。第二次世界大战后，托马斯·曼在美国做题为《德意志和德意志人》的演讲时说，里门施奈德是他最尊敬的德意志人。

到了 15 世纪，14 世纪一度肆虐欧洲大陆的黑死病和大饥荒结束了，物价开始下降。但中世纪末期的谷物收获量只有播种量的三倍，饥荒依然日常性地威胁着人们的生活，这种状况一直持续到 19 世纪。15 世纪和 14 世纪相比，社会相对稳定了，但贱民的社会地位却迅速恶化，这是一个对特定职业群体歧视最深的时代。

同时，妇女在劳动力市场上也遭到了排挤。在 14 世纪人口减少的时代，城市里的妇女也可以参加同业组织，还出现了女性的匠人师傅。人口转为增加后，劳动力市场逐渐饱和，女性就成了被排挤的对象。也就是说，在这个时代，对女性的排挤和社会歧视是同时发生的。

15 世纪初，欧洲出现了罗姆人（吉普赛人）的身影。起初他们被当成埃及人，被叫作"Gipsy"。不知从何时开始，这些人走出印度来到欧洲。1407 年，他们首先出现在希尔德斯海姆。一开始，据说持有皇帝的特许状，受到各地欢迎，但好景不长，几乎和迫害犹太人运动同时，他们被当成了可疑的异族人，直到近代都是受迫害的对象。

第五章　中世纪末期的苦恼

宗教改革前

　　15、16 世纪，"德意志民众的苦闷和不满"（Gravanmina der deutschen Nation）达到了顶点。

　　事情可以追溯到康斯坦茨和巴塞尔的公会议。在这两次会议上，高级教士对罗马教廷握有司法审判权的现状以及教士和教会体制展开批评，1456 年出版了《德意志民众的苦闷和不满》一书，这本书后来被马克西米利安一世（1508—1519 年在位）、雅各布·温菲林（Jakob Wimpfeling，1450—1528）、路德、查理五世等各色人物引用，在宗教改革时期受到特别关注。

　　帝国改革方面，斯陶芬王朝的弗里德里希二世颁布了美因茨的国内和平令等。到了马克西米利安时期，1495 年又发布了"永久国内和平令"，民众私斗的权利被废止，也就是说，法律禁止个人开展自力救济，转而要求通过诉讼来解决纷争。为此，德意志设立了帝国法院，并抓紧成立帝国议会。但是帝国既没有军队也没有官僚，其实并没有多大的执行力。

　　宗教改革前夜的德意志到底呈现什么状况？在高级教士抵制罗马的背后，不要忘了，也存在一般民众对教会和教士的批判声浪。15 世纪，德意志一般民众的信仰之心空前高涨，突出表现在对教会的供奉、玛丽亚信仰、巡礼、圣人遗物崇拜、圣人信仰等方面。除此之外，新的信仰（Devotiomoderna）开始在北德意志、尼德兰等地流行，信徒们主要通过自己阅读圣经等来加深信仰。

对教会的供奉方面，从国王到市民、农民，形式各种各样。在城市，有的手工业行会不但供奉圣坛，还负责神甫的薪资；也有的捐赠传教士的酬劳，以及资助弥撒等。

玛丽亚信仰和巡礼制度有不可分的关系，巡礼一般围绕玛丽亚教堂进行。1496年的亚琛巡礼聚集了14万人前往玛丽亚教堂巡礼，信徒奉献的钱财达到8.5万古尔登（gulden，德意志金币名，通行于14—18世纪）。

和玛丽亚信仰同时流行的是圣人信仰，特别是十四圣人崇拜。根据彼得·布瑞克（Peter Blickle，1938—　）[1]的说法，这类似于一种经由教会的保险投资。比如，圣女厄休拉（Saint Ursal）有11 000名童贞女相伴，她们所有的祈祷都会被记录在案，并作为在另外一个世界的救赎。这一时期的德意志人给孩子取名的时候，也多用圣人的名字，这透露出当时的圣人崇拜相当普遍，而日耳曼人特有的那些名字在这一时期反而很少见了。

此外，在纽伦堡等地，死神舞蹈的脚步声愈来愈急促，很多作品描绘了人们在死亡面前的恐惧。

观察中世纪民间信仰的各种表现，大体可以了解基督教在德意志所面临的问题。10世纪末期，基督教反而跟犹太教有所接近。

关于宗教发展，我们把视野放大一些看的话，在古代，各地信徒建立了不少小共同体。罗马后期，人们根据自己的判断，在众多信仰中进行了取舍。发生在小共同体之间的争论对于信仰心的培育有重要意义。

---

[1] 德国历史学者，其主要著作有《1525年革命：对德国农民战争的新透视》《普通人的革命》《从社区宗教改革到普通人的革命》《社区宗教改革》《帝国的宗教改革》等。

En peine ay uefcu longuement
Tant que nay plus de uiure enuie,
Mais bien ie croy certainement,
Meilleure la Mort que la uie.

死神的舞蹈。生的快乐已经结束，生的痛苦也已经结束，和我一起休息吧，死比生要好得多。

10 世纪情况已经开始发生改变。中世纪天主教会没能让圣保罗 [1] 成为教徒的模范 [2]，教派教义有回归旧约圣经的趋势。同时，（在教权和皇权的争斗中）把神所创造的世界的统治权交到皇帝（神的代理人）手中，这一想法和以色列王国接近。到了 10、11 世纪，各种宗教仪式被赋予了更重要的位置。

前面提到过，12 世纪的教会内部产生了对个体的关注。阿伯拉尔与海洛伊丝（Heloise, 1101—1164） [3] 对古代有浓厚的兴趣，同时也演绎了他们非常个性化的人生。这对

---

[1] 圣保罗（3—67），十三门徒之一，传教士。一生中至少进行了三次漫长的宣教之旅，足迹遍至小亚细亚、希腊、意大利各地，在外邦人中建立了许多教会，对早期教会贡献很大。其纪念圣日为 6 月 29 日（与圣彼得联合庆祝）。

　　圣保罗是新约圣经 27 卷中 13 卷的作者。保罗书信是保罗写给各地主教以及来信询问教义的人的回信，解释了基督教教义的疑难问题。第一次君士坦丁堡公会议（381 年）上被确认为正典而编入《圣经》。

[2] 随着宗教改革兴起，圣徒问题引发了争议。新教教派认为，既然圣经中没有提到圣徒，就应该废除圣徒崇拜，因而到处捣毁描绘圣徒的绘画和雕刻。而以罗马教廷为首的天主教会保留了这项制度。

[3] 阿伯拉尔是中世纪哲学家中最有个性和传奇色彩的人物之一。19 世纪初，拉姆萨特在《作为一个人、一个哲学家和神学家的阿伯拉尔》一书中记述了他的不幸遭遇以及与海洛伊丝的坚贞爱情。1877 年，他与海洛伊丝的遗骸被移至巴黎拉雪兹神父公墓合葬，他们的爱情故事成为文艺创作长久不衰的主题。

一般民众来说还是遥远的事，但由于忏悔是宗教义务，一般民众内心的自我觉醒已经不再那么遥远了。

中世纪后期民众的强烈信仰心反映了个体意识在民众中的渗透。供奉、巡礼、圣徒崇拜等行为都是个体通过实践和奉献财物实现的。当时就连普通民众也非常乐于花费钱财招待传教士。

神职者的堕落

对于这样的民众而言，当时的社会和教会又是处于怎样的状况呢？

当时的教会对于民众个体意识的觉醒这一点，可以说反应十分迟钝和教条。神甫在弥撒的时候使用拉丁语朗读，一般民众完全听不懂，这样做的好处是民众不能乱用"圣变化"（面包是耶稣的身体，葡萄酒是耶稣的血液）这套话语体系。

显示"神迹"是弥撒最重要的内容，但怎么想这些都不合逻辑。彼得·布瑞克也谈到"圣变化的魔术性的一面"。关于圣变化，奥地利天主教历史学家弗里德里希·黑尔（Friedrich Heer，1916—1983）说："欧洲人在骨子里是战士。他们满脑子都是战胜敌人、杀死他们，吃他们的肉喝他们的血的欲望。这个欲望'文明化'了以后，就表现为圣体拜领、弥撒的供品。"（『われらのヨーロッパ』，杉浦健之译。中文书名为《我们的欧洲》）

从前的民众当然是没有这种思考力的，但当他们看到身边的低级教士的粗野言行时，也会难以忍受。那些低级教士和代理神甫们既不会拉丁文，日常生活也和一般农民无异。

他们依靠俸禄生活，从各地收取报酬，然而连弥撒都不会做的神甫依然很多。对于低级教士而言，他们的薪水比一般匠人还低，只能靠举办婚礼和葬礼的酬金来筹措生活费。世间对这些教士的印象是物欲横流，他们中整天沉迷酒色的人也不少。

而高级教士中也有不少人拥有情人。有的在几十个教区里获取上千份的神职俸禄，竟然可以拿到 2.6 万古尔登的年收入。城里的妓院每天都有神职人员出入，甚至有神职人员直接经营妓院。这些情况导致了亨佩尔所说的中世纪末期民众的失望情绪。

导致事态发生改变的是赎罪券。赎罪券在中世纪一直都有，并不是宗教改革时期才出现的新事物。所谓赎罪，是指在教会指导下，人们向基督、圣母玛丽亚、诸圣人忏悔来获得部分救赎，余下的罪要靠教徒通过行善和祈祷来救赎。

"善行"的具体内容是教会规定的，它可以是向贫民施舍，也可以花钱赎罪。教会用"来世的救赎"这一符咒，很方便地就从民众和贵族手中收取了不菲的钱财。遇到教堂需要建设、修缮或者需要其他花费时，赎罪券也经常被拿出来贩售。

路德神学的原点

1517 年，法学士马丁·路德（Martin Luther，1483—1546）公开反对萨克森选侯发售赎罪券，并发表了《九十五条论纲》，猛烈批评罗马教会，这一事件成为宗教改革的发端。从结果来看，路德对教会的批判道出了当时人们的心声。其实在宗教改革发展成为一大社会运动之前，路德已经形成了自己的神学理论，整个过程透露出宗教改革耐人寻味的地方。

作为修道士的路德曾经做了各种自我圣化的努力，但都失败了。他发现自己越是严守修道誓约，越觉得自己罪孽深重，他还发现教会所说的神迹其实没有效力。他意识到即使按照教会的指示积善行德也不能自我救赎。他领悟到人的能力是有限的，只有神才有无限的可能。

　　路德信仰的原点是个人的谦逊、谦卑以及良心的不安。神用十字架上的牺牲把自己的全部奉献给了人，因此，人也必须全身心地皈依神，才能得到救赎。他认为"神的义在福音中已经得到了充分阐释：义人因信得生"，提出"义认说"。"只有神的恩宠，只有信仰主，只有圣经"，这是路德重新思考教义的原点。

　　结果路德就和天主教完全站到了对立面。按照路德的思想，实施圣职位阶制的教会已无存在的必要；神迹丧失了其意义，管理神迹的神职人员自然也没必要存在。路德主张的是"万人神甫制"，即人人都可以成为自己的神甫。

　　按照这个逻辑，共同体应该成为人们信仰生活的中心，它拥有招募或者罢免神甫的权利。禁欲是无意义的，修道院在路德眼里失去了存在的价值。行善（即模仿圣人的举动）也无意义。在路德看来，修道院是修士们远避俗世构建起来的一个孤芳自赏的地方，是一个缺乏邻人关爱的组织。考虑到路德所反对的一切对于中世纪欧洲的影响力，路德的主张无疑是一颗炸弹。

　　路德仿佛提出了跟中世纪教会和社会完全不同的一系列主张。那么，路德的观点是如何形成的？

　　回答这个问题要回到路德曾经待过的爱尔福特的奥古斯丁修道院。作为修道士，他曾经认真地做了自我圣化的各种努力，最后走向了"义认说"。也就是说，路德的思想不是从外部新世界、新思潮中诞生的，而是在对中世纪天主教会的核心教义进行了自我挣扎式的思辨后形成的。

　　支撑路德进行艰难思考的是他对信仰问题的执着心，他不想自我妥协，直到能完全说服自己。在传统的中世纪教会，信仰是建立在神迹和教会位阶秩序之上的，个人不可能完整地理解，也不可能说服自己。神迹凌驾于个体理解之上，即使是圣经，也不是每个人都有能力阅读的。

前面提到过，12 世纪以来个体的地位逐渐确立。15 世纪，普通民众在信仰的个体化方面有了新进展。路德其实站在了 12 世纪以来西欧个体形成的大潮之中。以往，路德研究往往看重路德对天主教教会和教义的反抗，这固然不错，但反抗的源泉其实在于 12 世纪以来不断形成和壮大的个体意识。想通这一点的话，其他问题就迎刃而解了。

路德的中世纪国家观

中世纪把握世界和理解自我的方式是在世界中发现自己、理解自己。比如占星术书、被称为"家书画家"（Hausbuchmeister）的无名版画家所绘制的铜版画作"行星和他的孩子们"[1]（所有的职业都在各自的星座支配之下）等，就是例子。包括路德在内，认识新世界的办法是在内心投射出世界的模样，然后揣摩领悟。在这个意义上，路德和文艺复兴时代的思想家们殊途同归。路德是 12 世纪以来的思想家们的同路人，这些思想家包括圣维克多的雨果、彼得·达米安（Peter Damian，1007—1072，意大利克吕尼修道院院长），诺让的吉伯特（Guibert de Nogent，约 1053—1124）以及阿伯拉尔等。

12 世纪以来，在个体形成的过程中，忏悔给了人们自我意识觉醒的契机。个体从一开始就是以一种极为内省的方式产生的。路德继承了这种方式，这也决定了他的思维模式。

比如，从路德关于国家的思考中就可以看到这种痕迹。《给罗马人的信》的第十三章第一节，有这样一段："要遵从凌驾于所有人之上的那个权威，世上所有权威都依赖主，世上所有权威都是在主的意志下建

---

[1] 德意志南部的沃尔夫埃格家族（Waldburg-Wolfegg）世代相传的羊皮书上的版画，作者不详。

立的……"自古代末期以来，以德尔图良（Quintus Septimius Florens Tertullianus，约160—225，拉丁神学鼻祖）、奥古斯丁（Aurelius Augustinus，354—430，基督教思想家）的思想为代表，基督教国家理论的基础是原罪意识。即人类的祖先亚当和夏娃原本在上帝的乐园里受到恩宠，但由于打破禁忌犯了罪，被发怒的上帝赶出了乐园。从此，世界成了他们的牢狱，痛苦和死亡成了人类的宿命。然后，统治就诞生了——国家的统治，是被从乐园中驱赶出来的人类的原罪招致的结果。但是在教皇格列

被称为"家书画家"的无名版画家所绘制的插图"行星和他的孩子们"中的"木星和他的孩子们"

高利一世（St. Gregory Ⅰ，约540—604，590—604年在位）看来，人类之所以处于国家的统治之下，与疾病和死亡不同，不是由于对神的反抗而招致的惩罚，国家权力的目的在于实现人与人之间的平等，并最终消灭国家权力本身。

　　路德没有就国家进行详细全面的论述，但他表达了以下基本观点：现世的秩序是人类犯下堕落之罪的结果，人类有原罪。因为人类的原罪，上帝创造的事物都受到波及，人间形成了权力型国家。这个权力型国家的结构首先是家长对家的统治，随后，国家模仿家的结构形成统治结构。国家统治者犹如父亲，家臣要像服从父亲一样服从统治者。

持这种观点的路德是"领邦君主制"的支持者。在他的观念里，国家秩序不是因时而变的，而是普遍的、恒定的。就这点来说，路德的国家观没有走出中世纪——和在现实中导致激进运动的他的教会批判相比，是相当保守的。

路德不承认对国家的抵抗权，这一点也没有越出中世纪国家观。他的教会批判是在对中世纪教会的原罪观进行深刻反思的基础上形成的，尽管和近代意义上的个体的形成呼应，但在一开始就具有内向性特征。

路德基于内省而诞生的思想成了宗教改革的导火线，那么，到底为什么一个修道士的自省式体验可以撼动世界？事实上，路德的思想和中世纪以来特别是叙任权斗争以来的世俗化运动密切相关，并且，路德的体验和 15 世纪以来民众的体验——尽管层次不同——是重叠的。

路德的同路人

1517 年 1 月 31 日，路德把他写的《九十五条论纲》寄送给了美因茨大主教，但他内心应该没有乐观到大主教会被说服。路德批判的赎罪券问题关系到罗马教会的财政基础，要撤回，绝非易事。

路德在 1520 年连续发表了三篇文章，即《致德意志民族的基督徒贵族书》、《教会被囚巴比伦》和《论基督徒的自由》。路德批判了普通信众只有通过腐败的教会才能救赎的状况，提议由平等、自由的信徒们建立共同体教会。提出这些主张的路德在 1521 年被处以破门律（开除出教会）。

帝国议会对于路德的言行也毫不留情，下令烧毁路德所有的书籍。令人吃惊的是，这个时候，路德的书籍的发行量已经超过 50 万部，这说明路德的主张深得当时人的心，人们阅读路德的书籍，感觉内心透进一束阳光。路德的反抗一开始不过是一介修道士的反抗，但很快超越阶层、身份的人们汇集起来——从市民、商人、手工业者到贵族、农民——形成抗议大潮，路德的学说传遍了大街小巷、城市乡村。

尽管这样，皇帝和王侯的家族成员还没有加入路德派的。后来，皇帝马克西米利安二世（1564—1576 年在位）对路德的福音传播表示了一定程度的理解，但并没有显示更多的支持。唯一的例外是德意志骑士修道会的团长阿尔布雷希特·冯·勃兰登堡（Albrecht von Brandenburg，1490—1568），他把德意志骑士修道会支配下的普鲁士公国的宗教改成了路德派。这对以后的德意志历史将产生重要的影响。因为这位团长是霍亨索伦家族的一员，他很快将成为勃兰登堡朝的显赫成员。

16 岁继承西班牙王位的卡洛斯一世（1516—1556 年在位；作为神圣罗马帝国皇帝，称"查理五世"，1519—1556 年在位）在 1519年被选为神圣罗马帝国皇帝，他的帝国以勃艮第为中心，幅员广阔。在欧洲，包括了从西班牙到意大利东南部的广大地域、德意志和哈布斯堡家族的世袭领地，以及波希米亚和匈牙利等，如果再加上新大陆，俨然是一个"日不落帝国"。

1521 年，查理五世召开沃尔姆斯帝国议会，要求路德撤回其学说，路德拒绝，被判帝国驱逐刑。路德从帝国议会返回的路上，得到萨克森选侯弗里德里希（1453—1525，1486—1525 年在位）的保护，在选侯的瓦特堡隐姓埋名住下来，并在那里把圣经翻译成了德文。

萨克森选侯保护路德有政治上的理由。在德意志，站在哈布斯堡这一边的有巴伐利亚公国、法兰克尼亚以及奥地利，站在路德这一边的有黑森、图林根、萨克森、汉萨、下萨克森（Niedersachsen），以及后来的不伦瑞克和沃尔芬比特尔。

有趣的是，这两大阵营在古代罗马时期分属国界墙的两边。也就是说，宗教改革运动远远溢出了路德起初的设想，逐步发展成为欧洲版图上的政治对立，而这种对立有着深厚的历史根源。沃尔姆斯帝国议会就是在这种紧张对立之下召集的，以异端的嫌疑召唤路德的查理五世许诺，保证他在沃尔姆斯帝国议会上来去自由。

查理五世曾数次与敌对的法国国王弗郎索瓦一世（1494—1547，1515—1547 年在位）在意大利交战，后者与北意大利、奥地利结盟。1527 年查理五世占领罗马（罗马劫掠），双方媾和，1529 年签订《康布雷和约》，查理五世基本确立了在意大利的霸权。查理五世趁势在 1529 年的施佩耶尔帝国议会上获取各阶层支持，并宣布停止帝国宗教改革。

对此，以斯特拉斯堡、纽伦堡、乌尔姆、康斯坦茨等城市为首，帝国西部的城市以及五大选侯结成抗议联盟，由此诞生了一个新名词——"Protestant"（新教徒）。

第二年即 1530 年，路德的盟友梅兰希通（Philipp Melanchthon，1497—1560）起草《奥格斯堡告白》，并在奥格斯堡帝国议会上宣读。这是新教徒们最早的信仰纲领，但是天主教方面拒绝接受。

在这种情况下，1531 年，新教诸侯们在施马尔卡尔登结成了诸侯同盟，以萨克森选侯、黑森边区伯爵为核心，对抗皇帝和天主教方面的势力。对此，皇帝方面组成纽伦堡同盟作为反击。

间奏曲 4：中世纪的家和城堡

中世纪的人们生活在大小两个宇宙中。小宇宙指以家为中心的小环境，而大宇宙指包围着小宇宙的广袤世界，太阳、月亮和星辰、森林、牧野等都是大宇宙的一部分。实际上，生活原则上是在小宇宙中进行的，有时候人们需要去森林里砍柴，去原野放牧，这时候就接触到大宇宙了。大宇宙是一切力量的源泉，决定着命运。在传说（Märchen）中，有时候命运之门会突然打开，幸运者获得无数的财宝；或者，穷人家的女孩和王子幸福地结婚……这些都是大宇宙在冥冥之中相助。在民间传说的研究中，带来大宇宙力量的被称为赠予者。

日常生活主要在家里进行，家是保护人们不受大宇宙伤害的关键。家的中心是灶头，这里精心守护着人们从大宇宙盗取的火种。围绕火种有许多民间仪式，比如，新嫁娘要在火塘边绕三圈，才被承认是这家的人。另外，农家的炕多和墙砌在一起，一成不变。

在中世纪早期，牲畜和人生活在同一个屋檐下，家的周围是菜园，这一切组成了小宇宙。这外边，分布着田地和牧野。

白天还不能说大宇宙支配着一切，但夜晚很明显是大宇宙的世界："森林一直延伸到家门口。"

人们从泉眼汲水到家里，储存起来备用。水原本属于大宇宙，因此取水的时候也要有相应的仪式。

一家之主去世的时候，家人要告诉家畜们"你们的主人死了"。家里发生了犯罪事件，比如出于正当防卫杀死入侵者，需要去法院接受审理的时候，家里的稻草和猫狗们也要一起带去，在它们的见证下提供正当防卫的证词。原因是家畜和稻草也属于家的一部分，因此被认为有发言权。

贵族们居住的城堡基本上也是一样。中世纪初期，城堡一般是木结构的，中期慢慢变成了砖石结构，瞭望塔等也搭建起来了，形成了防卫体系。中世纪初期，在面临外敌入侵时，包括农民在内人们躲入城堡中进行抵抗，因此它并不是一个普通的生活场所。如果是山城的话，生活更加不便，平时只有几个警卫人员驻扎在那里。城堡的规模有大有小，那些大型的、建

中世纪的城堡。圣经的插图

于平地之上的城堡作为居住空间，设施比较完善。

火药发明以后，城堡的防卫变困难了。这时候的城堡与其说是防卫设施，不如说是生活场所更恰当。多数情况下，暖气只是个别房间有，因此有时候家畜也会挤进来和主人一起生活。欧洲有"家如城堡"的谚语，这说明家和城堡一样，是不容他人侵入的特殊场所。

城堡中的生活绝对说不上舒适。厕所一般建造在城壁的外侧，粪便直接从洞孔中往下掉落。冬天会很冷。城堡里还有各种果树、菜地以及草药园。

中世纪的骑士们憧憬成为城堡的主人，为此费尽心机。频繁领兵征战的领主们需要大量优秀的骑士，为此经常举办赛马大会。这时候，领主的夫人们也会盛装出席，她们对招揽骑士颇有功效。

在德意志人的意识中，城堡始终是日耳曼传统的一部分，可以满足不同时代的需要。民族主义时代，情况有所变化，比如建于莱茵河中洲的考布（Kaub）古堡非常有名，但这不是因为中世纪的历史，而是因为1814年解放战争中的渡河战役。

德意志的城堡折射了各个时代的色彩。在欧盟建立之后，城堡的历史地位也会发生改变吧。

第六章　宗教改革的浪潮

改革和贵族

宗教改革后的政治动向确实与路德提出的议题密切相关。但归根到底，宗教改革成为世界史上的重大事件，乃是因为在德意志的大地上，路德的议题引起了人们的共鸣。德意志民众展开的运动远超路德最初的改革设定。换言之，改革激起的浪花取决于社会各界对于改革提议的理解和回应。

1520 年，路德所写的三篇文章中，《致德意志民族的基督徒贵族书》是对包括诸侯在内的贵族们的呼吁。对于神职人员的堕落，文章认为，神职人员的世俗身份要求神职人员必须服从世俗的统治权力。"主通过世俗身份，拯救自己的教会"指的就是这个意思。具体说来，这意味着主张没收那些恶行恶德的神职人员的财产。

考虑到当时贵族们的境地，路德的提案受到他们的欢迎是理所当然的。黑死病导致人口锐减，城市人口相应减少，农产品销售量大幅减少，而且价格下跌，这影响了贵族们的收入。城市人口减少还导致劳动力不足，城市里的工资上涨。在城乡价格剪刀差（农产品价格和工业品价格一低一高，如同剪刀般张开）的作用下，农民涌向城市，贵族们的收益愈发不堪。

在 1315 年的莫尔加滕战役中，瑞士的农民军战胜了哈布斯堡军。这一时期，以步兵为中心的军事技术的新变化也对贵族（骑兵为主）产生了打击。

贵族中有一人值得一提。弗兰茨·冯·济金根（Franz von Sickingen，1481—1523）原本是普法尔茨选侯的一名家士，他通过掠夺和私斗建起了自己一块不算大的领地。宗教改革中，济金根成了福音派的旗手，他在 1522 年向敌视宗教改革的选侯特里尔大主教里夏德·格赖芬克劳（Richard von Greiffenklau zu Vollrads，1467—1531）发出决斗信。济金根阵营中包括了乌尔里希·冯·胡滕（Ulrich von Hutten，1488—1523）、厄科兰帕迪乌斯（Johannes Oecolampadius，1482—1534，瑞士宗教改革家）、布塞尔（Martin Butzer，1491—1551/1552，斯特拉斯堡的宗教改革家）等。当时参与决斗的还有不少南德意志的贵族。结果济金根败北，试图借助贵族的力量用武力推动宗教改革的尝试宣告失败。

城市的动向

在宗教改革中起到很大作用的是城市。那么，宗教改革的声音是如何传达到市民那里的？斯克里布纳（Robert W. Scribner，1941—1998，历史学家）和瓦尔特·卡勒（Walther Köhler，1870—1946）的研究很有启发。

卡勒认为，1500 年至 1530 年间约有 1 万种小册子出版，如果各印刷 1 000 部的话，加起来就是 1 000 万部。当时，能阅读的人口不过占总人口的 5%，也就是说，在南德意志，一年的人均阅读量达到了 30 部至 40 部。

其实也没有必要这么计算。只要有一个人能阅读，他在酒馆里读给大家听，书籍的内容就会传播开去。不识字的手工业者也可以就"三位一体"以及"圣体说"（圣变化）滔滔不绝地演讲，酒馆发挥了媒介作用。

城市里宗教改革的成败取决于以下几点：城市是否掌握神职人员的任命权？是否拥有对教会人员的征税权？能否没收修道院的财产？纽伦堡在这方面的尝试获得成功，成为法兰克尼亚最早导入宗教改革的城市。

中世纪后期的城市未必拥有自主审判权。神职人员不服从城市的审判，市民在婚姻和什一税方面还是需要听取教会的裁决。宗教改革过程中这些矛盾激化，人们对神职人员提出了征税要求。

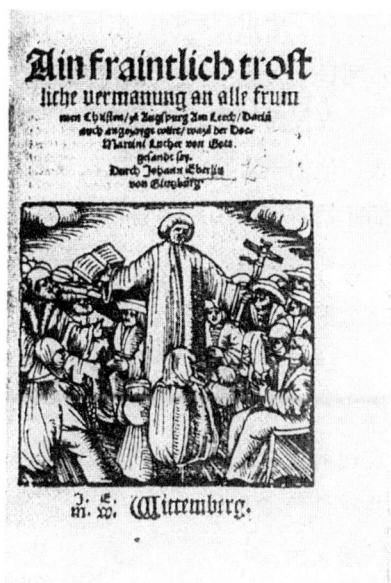

在民众面前演讲的传教士（1823 年出版的书籍的封面）

城市的主张呼应了路德的"万人神甫制"，以及废除神职人员特权、建立共同体教会等主张。宗教改革的理性要求和城市经济体的理性要求在同一个波段上，宗教改革说出了城市的心声。

农民的作用

在宗教改革中农民起了什么作用？无疑，宗教改革和发生在1525 年的农民战争有密切关系。我们先来考察当时的农村。

整个中世纪，农民都被束缚在土地领主制里。他们只有耕地的使用权，领主拥有所有权。中世纪中前期，农民每周必须在领主的直营地里工作一两次作为劳役，后来允许付钱代替，劳役减少了。另外，农民结婚须经领主的许可，而且没有迁徙的自由。

到了中世纪后期，农民在村落共同体中有了自主审判权，逐渐走向自立。村落用地纷争等事宜由村落通过立法和裁判协调解决。

农民希望和教士、贵族、市民一样，向领邦议会派出自己的代表，他们一直在寻找强化自身政治发言权的机会。也就是说，农民的政治意识以共同体为轴心在不断提高。因此，路德的学说在农民中快速传播是当然的事。农民们也随即提出改革主张，要求拥有村落里神甫的任免权，废止教会的审判权。

1493 年发生在阿尔萨斯的"鞋会"起义，以及 1513 年发生在施佩耶尔的约斯·弗里兹起义中，农民们的这些主张就有提出。农民起义提出了废除所有的封建统治权，废除贡赋、地租，开放共有地等激进要求。1514 年，维腾堡公国爆发了"穷康拉德"农民起义。

农民要求的体系化要等到 1525 年。乌尔姆和肯普滕周边的农民在总结了上士瓦本农民遭受的苦难后，提出了著名的《十二条款》。

该纲领要求限制和废除领主的狩猎权、渔获权、森林开发权，抗议赋税劳役和贡租之重以及共有地被霸占等问题。同时要求废除农奴制，承认共同体审判权。这是一个关于新农村建设的全新的改革方案。农民们认为这些主张都是基于圣经得出的正确判断，有福音和上神之法作为依据。在这类纲领的指导下，德意志的农民起义很快燃遍全境。下面简单看一下其过程。

农 民 战 争

1524 年 6 月 23 日，士瓦本南部黑森地区的施蒂林根边区伯爵领地上的农民率先起事。由于都受到哈布斯堡家族的压迫，农民和市民结成了联盟，在汉斯·米勒的领导下，黑森和胡戈的农民相继起义，势力不断扩大。第二年 3 月，以士瓦本肯普滕修道院的农民队伍为中心，阿尔高、博登湖、乌尔姆市附近的巴尔特林根一带的农民组成"新教兄弟会"，鞣制皮革的手工业者塞巴斯蒂安·罗扎起草了前述的《十二条款》。

其他还有巴登边区伯爵领地的起义军、布赖斯高起义军、阿尔特多夫的起义军等众多农民起义军。阿尔萨斯起义军和洛林公爵安东在察伯恩（Zabern）展开激战，结果败北，农民军约 2 万人被杀。

指挥士瓦本陶伯河谷（Taubertal）起义军、内卡河谷（Neckartal）和奥登林山的起义军的是盖茨·冯·伯利辛根（Götz von Berlichingen，1480—1562），他是帝国骑士，和弗兰茨·冯·济金根一样反对领邦权力。和弗兰茨·冯·济金根不同的是，他对农民战争产生了影响。

最初，被袭击的教会和世俗统治者们城堡被烧，修道院被占，威信大损。从蒂罗尔到阿尔萨斯，以及东德意志的图林根、迈森一带，农民的反抗风起云涌。在图林根地区，托马斯·闵采尔（Thomas Müntzer，1489—1525）在米尔豪森市建立了"永久市参议会"。在士瓦本、上莱茵、法兰克尼亚等地，农民和市民阶层结成了"基督教同盟"。

1525 年，查理五世在帕维亚（Pavia）战胜法国国王弗朗索瓦一世，回到德意志。组织性较差的农民军在短时间内被诸侯军击溃，7 万至 10 万人被杀。阿尔布雷希特·丢勒（Albrecht Dürer，1471—1528，德国画家）创作"被杀害的农民追悼纪念碑"时，脑子里呈现的就是这一时期的景象吧。

那么，引发这一系列叛乱的路德对于农民起义又是怎样看的呢？

路德对农民在《十二条款》中提出的要求——从统治者那里夺取统治权，并且以上神之法和福音为注脚这一点，表示反对；认为任意以神的名义行事最终会受到神的惩罚。路德对暴力夺取统治权这一点，原则上是反对的。

从这种态度出发，才有了路德的这句名言："亲爱的诸侯哟，解放这里，拯救这里，帮助这里吧。怜悯你们领地上的人民，有能力者都要起来把这些暴民戳碎、打死、扼杀。"[1]

各式各样的宗教改革者

并不是所有人都赞同路德的观点。

比如，苏黎世的改革者茨温利（Huldrych Zwingli，1484—1531，瑞士宗教改革家）认为，一个国家的实体法必须和自然法相匹配，必须搞清楚既有的法律是否符合神所倡导的邻人之爱和自然法。如果现政权不符合基督教教义，国民可以通过选举驱逐国王或统治者。茨温利主张的其实是"共和"思想，和路德不同。在南德意志，他的影响非常大。茨温利认为神义必须在世俗的秩序中得到体现，因此他十分重视现世的改革。

宗教改革者中还有更激进的，这就是在米尔豪森市建立"永久市参议会"的托马斯·闵采尔。

早在 1519 年，闵采尔在路德的推荐下担任了茨威考城的牧师。他在担任图林根的阿尔斯代特主教后，开始用德语举行福音弥撒，用德语完成圣务日课。1525 年在米尔豪森率领农民起义，失败后被处死。

他原本和路德在同一战壕里，但不久之后就分道扬镳了。对于闵采尔来说，圣经是外在的一套话语体系，真正的信仰只有通过个人的内心体验才能获得。闵采尔认为，人类必须通过背负十字架上的耶稣来全面放弃自己的被造性（Creaturialite）和人性，并成为和

---

[1] 对于闵采尔领导的农民战争，路德极力反对。他于 1524 年和 1525 年分别发表了《为反对叛逆的妖精致萨克森诸侯书》和《反对杀人越货的农民暴徒》，在其中表达了上述意见。

耶稣一样的存在。当闵采尔说"世界是由被上帝选中的人和背信的人组成的，前者知道神的意志，他们的任务是消灭背信之徒"时，无疑，他是在呼唤革命。

他始终是作为神学者提出这些主张的。对于世俗社会，闵采尔并没有针对下一阶段社会的明确展望。他只是在末世论意义上思考革命。

农民战争结束后，宗教改革的潮流转向了领邦层面。其中，再洗礼派（Anabaptist，或译重浸派）的若干分支放弃以国家为依托设立教会，开始了另外的探索。米夏埃尔·扎特勒（Michael Sattler，约1490—1527）原本是修道士，后与再洗礼派接近，他在1527年发表了《施莱特海姆信纲》，主张建立以共同体为依托的教会。他最后和妻子一起被处以火刑。

闵采尔和卡尔施塔特开创的再洗礼派的分支经由胡特尔等的继承，不断强化末世论色彩，该教派相信在1528年会发生"默示录"[1]所说的神的最后审判，但这一点并没有实现，这个分支也逐渐失去了活力。

另外一个分支是霍夫曼（Melchior Hoffmann，1495—1543）派。1533年至1535年，该教派在明斯特建立了再洗礼派的乌托邦式王国。其主力是手工业者和农民。在存续的一年半时间里，明斯特王国独立铸造货币，并实行财产共有制，后来被考茨基称为"共产制的先驱"。

这个王国后来被天主教和新教的联军包围并镇压。他们的主张也具有浓厚的末世论色彩，霍夫曼直到最后时刻都在等待末日审判的号角被吹响，最后他选择只身冲入敌阵慷慨赴死。

---

[1] "默示录"又叫"启示录"，是《新约圣经》的最后一章，据说是耶稣的门徒约翰所写，主要是对未来的警示，包括对世界末日的预言，并描述了最后审判，重点是耶稣的再生。

路德主义的传播

农民战争爆发后的 1526 年召开了施佩耶尔帝国议会。皇帝强调要实施沃尔姆斯敕令 [1]，在宗教改革中获得好处的诸侯们自然不想放弃成果，于是皇帝和诸侯之间形成了对立。公会议召开前两者就对敕令争论不休，各行其是。这是领邦诸侯获取教会领导权的发端。

帝国议会主要讨论了如何防止再洗礼派所代表的平民们发起的宗教改革蔓延。这里只有两条路可走：要么维持至今为止的天主教传统模式，要么由国家来统领宗教改革。

具体的办法是推行教会巡查制度，其内容是进行神职人员的评价以及对教会财产实施国家管理，这个制度延续至今。1529 年的帝国议会讨论了如何阻止路德主义的进一步扩散，同时强调不得废止弥撒。

对此，五大帝国选侯和 14 个城市联合起来抗议，这就是"新教徒"（Protestant）这一名称的由来。不管怎样，领邦君主的宗教改革行将结束。

前面讲到，查理五世拒绝《奥格斯堡告白》后，新教诸侯们和皇帝之间形成全面对立。1531 年，新教诸侯结成施马尔卡尔登同盟，参加者除了萨克森选侯、黑森边区伯爵外，还有不伦瑞克-格鲁本哈根、不伦瑞克-吕讷堡、安哈尔特、曼斯菲尔德等地的诸侯，以及马格德堡、不来梅、斯特拉斯堡等城市。在 1531 年的卡珀尔战役中，茨温利战死，南德意志的帝国城市随后也加入了同盟，势

---

[1] 1521 年帝国议会颁布的"沃尔姆斯敕令"的内容是：宣布马丁·路德言论为异端之论，并对之实施驱逐；不得实行宗教改革，不得宽容新教各派和再洗礼派，不得剥夺天主教会的财产和权利等。

力愈发壮大了。

宗　教　和　议

路德主义不但渗透到了东德意志的开拓地和北德意志，还进一步向斯堪的纳维亚半岛扩散。

在路德主义的传播过程中，本来有多种可能性的"新教徒"逐渐走向了排他性的路德主义。

在这样的状况下，皇帝借口新教派拒绝参加特伦托公会议，决意要打击新教诸侯，施马尔卡尔登战争（1546 年）爆发。查理五世初战告捷，但双方的宗教对立引发的一系列问题显然不是靠战争就能解决的。

1555 年召开了奥格斯堡帝国议会，宗教和约签订。这是天主教和新教两大阵营的一个妥协方案。和议达成了四点共识：

（1）承认《奥格斯堡告白》的内容，承认帝国内形成了两大宗教派系，而其他的再洗礼派、茨温利派、加尔文派等皆不被承认。此后为了防止其他教派抬头，这两大宗教派系采取了合作路线。

（2）和约确立了"领地的支配者可以决定臣民的宗教派别"（Cuius regio eius religio）的原则。除了领地上的大小君主外，一般人没有信仰自由。但是开了一个窗口，即允许臣民基于宗教信仰上的理由移居其他领地，但移居者必须放弃全部财产。这一情形是本书开头提到的流亡制度（避难制度）的源头之一。

（3）上面（2）的原则，不适用于神职人员。有神职身份的诸侯改宗路德教派的话，将会失去其领地及统治权。

（4）帝国城市中允许存在两种教派。

在和约背后，还晃动着奥斯曼土耳其和法国的身影。法国因为和哈布斯堡家族处于敌对关系，因此支持德意志的路德派诸侯。同

1530 年，奥格斯堡帝国议会上，路德派递交《奥格斯堡告白》给查理五世

时，和哈布斯堡家族一直处于征战状态的奥斯曼土耳其发动维也纳攻击（1529 年），也间接支持了路德派诸侯联盟。

《奥格斯堡宗教和约》并没能克服德意志的中世纪性。就像贝恩德·默勒（Bernd Moeller，或译苯·莫勒，德国哥廷根教会历史学家，著有《帝国城市和宗教改革》等）说的那样："不过是用了中世纪的手段，对德意志的中世纪进行了清算而已。"

领邦君主可以决定臣民的宗教这一原则的确立，意味着国家和宗教形成了一种新的关系，这也意味着身份制度的延续。托马斯·曼在前文提到的那场演讲中称路德为"德意志气质的巨大化身"，路德身上体现的是纯粹的德意志特性，对凡是属于分离主义的、反罗马性质的、反欧洲性质的事物，都抱有厌恶感和不安感。曼一方面高度评价路德在个体觉醒方面的作用，另一方面，他对"德意志气质"的批判可以看成是对德意志史的一种批判，曼认为它延续至今。在曼的认识里，路德、俾斯麦、希特勒等构成了德国史的基本脉络。

路德的作用

政治方面，路德的宗教改革并没有催生出德意志的近代化。路德改革后诞生的是国家和宗教相结合的身份制国家。再洗礼派和其他派别被排除，中世纪曾经拥有的想象力遭到遏制，通向女巫审判的道路已经开启了。

但是我们不能否定宗教改革在世界史上的意义。11、12 世纪的欧洲个体开始诞生，而为个体的觉醒打破残存枷锁的是宗教改革。当然，政治对此的回应是不充分的。同时，始于 11、12 世纪的赠予关系／互酬关系的解体经由宗教改革彻底完成。天主教规定的"行善"方式作为赠予关系／互酬关系的遗制被完全取消，这是路德改革的效应。

那么，失去赠予关系／互酬性纽带的人们如何构建新的社会人际关系？宗教改革只给出了"共同体建设"这样一个简单的回答。而在宗教改革的实际过程中，这个共同体在事实层面上又被否定了。

本章最后来看一个小事件：

1500 年，日德兰半岛南端的迪特马申（Dithmarschen）的农民起义军和力量占压倒性优势的丹麦军队对战，并取得胜利。在德意志，迪特马申是一块不实行领主制的非常特殊的土地。过着没有领主的共同体生活的农民军挖开大堤，往自己的田地里灌水，硬生生地冻死了丹麦军队。为了保护自己的自由，当地农民不惜淹掉作为自己生活依靠的田地，令人感慨。

第七章　15、16 世纪的文化与社会

印刷术的出现

回顾 15、16 世纪的德意志文化，首先要提到的人物是约翰内斯·古腾堡（Johannes Gensfleisch zur Laden zum Gutenberg，1394/1399—1468）[1]。在人文主义和文艺复兴的潮流中，活字铸造和活版印刷的发明和实用化对文化传播起了决定性作用。1455 年，德文版的"四十二行圣经"印刷出版。古腾堡带来了印刷术革命，但他的生涯有诸多不明之处，据说晚年的境况并不好。

近代印刷术的发明对诸多领域产生了影响，比如前面提到宗教改革时期小册子、宣传单在民间快速传播，与之相关。

作为民众读物的散文体作品在这一时期大量出现，这也是印刷术的功劳。歌德扬名世界的作品《浮士德》取材于 16 世纪流传于德意志民间的江湖术士约翰·格奥尔格·浮士德的传说，1587 年作为民众读物被大量印刷而广为人知。浮士德有着不知疲倦的享受

---

[1] 约翰内斯·古腾堡被称作现代印刷术的奠基人。古腾堡不是对单个小配件、小仪器的技术进行革新，而是打造了一个完整的印刷生产流程。他创造的一整套印刷术一直沿用到 19 世纪。现代印刷术有四个主体成分：第一是活字及其定位法。中国和朝鲜早已出现铅活字，而古腾堡发明了一种适合于制造活字的金属合金，还制作了铸字模具，使活字的清晰度得到提高。第二是印刷机，古腾堡发明了压力印刷机。第三是适宜的墨水，古腾堡研制了专用于印刷的脂肪性油墨。第四是适宜的材料，如纸张。中国东汉蔡伦发明的纸早在古腾堡发明活字印刷术之前就传入了西方。在古腾堡的印刷术里，纸是唯一现成的部分。

人生的渴望，也有着对知识的
无限好奇心。为了实现自己的
欲望，他以灵魂为抵押和魔鬼
做交易，投身到了一个奇幻的
世界里。浮士德飞身到空中施
展种种奇迹，这象征着中世纪
天主教的神话奇迹也对普通人
开放了，这是这个时代的奇妙
之处。

有名的民众读物还有欧洲著
名笑话集《捣蛋鬼蒂尔·欧仑斯
皮格尔》(*Till Eulenspiegel*)，这

15世纪的印刷业者（木版）

本书在15世纪就已经被提及，说明那时候就已经存在了。其作为
民众读物印刷出版的时间大约是1510年至1511年之间。

该书作者赫尔曼·伯特是不伦瑞克一位手工业师傅的儿子，作
品创作于斯特拉斯堡。《捣蛋鬼蒂尔·欧仑斯皮格尔》不断重版，
是民众读物的代表。和浮士德不同，蒂尔对于教会、神职人员、国
王、教皇等虚假的一面极尽嘲弄和讽刺，他置身诸身份之外，作为
小丑，嘲讽各色人等的愚昧和虚伪，鞭挞了当时的身份制社会。我
们在这些书中，可以窥见德意志文学在当时的摸索和发展。伯特在
日本不太知名，他还写过《车的书》(*Dat Boek van veleme Rade*) 这
样的作品。

学艺的推动者们

和中世纪不同，在宗教改革前夜，文学艺术的旗手是手工业者
和世井平民。

《捣蛋鬼蒂尔·欧仑斯皮格尔》第26章的插图。讲述了蒂尔遭到驱逐后，向农民购买土地，载于马车，自己坐在土堆之上回乡的故事

比如，纽伦堡的汉斯·萨克斯（Hans Sachs，1494—1576）是一位制鞋师傅，也是工匠诗人的代表。萨克斯受到路德的影响，写下寓言诗《维腾堡的夜莺》（1523），传播和赞美路德的主张。在工匠诗歌、道德箴言诗（说教诗歌）等众多作品之外，他也创作"谢肉祭剧"[1]，是16世纪德意志的代表性作家。他的写作都取材于日常生活，作品经大量印刷后广为流传，奠定了萨克斯在德意志文学史上的地位。

这一时期纽伦堡还活跃着一位著名的艺术家，他就是阿尔布雷希特·丢勒。丢勒一生创作了70余幅绘画、100幅以上的铜版画，不仅如此，他还留下了"测量法"和"人体计测图"等，是德意志文艺复兴时期的代表性艺术家。

丢勒的"启示录"木刻组画[2]获得巨大成功，确立了他作为艺术家的地位。但是丢勒在后世被评价为"欧洲最伟大的画家之一"的原因在于他的自我分析。丢勒从13岁开始创作自画像，经由1498年的自画像，在1500年创作的自画像中，他把自己放到了和耶稣同等的位置上。

---

[1] "谢肉祭剧"一般是些民间喜剧、假面剧等。谢肉节是天主教每年在斋戒期（复活节前）之前举办的一系列活动，允许娱乐性的节目（特别是假面喜剧等）上演。

[2] 丢勒制作的一组15幅不朽之作，表现了15世纪末人们对于世界末日的恐惧和对现世的失望。

在第三章中，我们讨论了 12 世纪个体在欧洲的诞生，到了 16 世纪，这一点在绘画中得到了淋漓尽致的表现，自画像开启了艺术的一个崭新领域。把自我提升到神的位置，这种觉醒标志着德意志文艺复兴的开始。丢勒的这种自我评价是在路德的强大影响之下形成的。路德的自我分析是从对自我的原罪的觉醒开始的，丢勒把这种对原罪的自觉转化为积极的自我评价。

和丢勒同时代的大画家还有卢卡斯·克拉纳赫（Lucas Cranach der Ältere，1472—1553）。他是萨克森选侯智者弗里德里希的宫廷画师。在维腾堡这个小城里，克拉纳赫和路德有诸多亲密交往，这并不奇怪。克拉纳赫的气质和丢勒不一样。比如在维腾堡大学校长约翰内斯·库斯皮尼安博士的画像中，库斯皮尼安被描绘成土星人的模样（指一脸忧郁的模样。在占星术中，土星代表忧郁）。

这幅画取材于"行星和他的孩子们"。由于占星术的流行，这类素材在 15 世纪经常被描绘。绘画表现了太阳、月亮、水星、金星、火星、土星、木星这七大星辰，对分别归属他们管理的人们的命运起着决定性作用。丢勒和克拉纳赫是同时代的人，却没有画过此类题材。他们是不同类型的画家。

两人都支持路德的主张，并且生活在同一时代，却画风迥异。克拉纳赫描绘的路德肖像画被认为是最可靠的路德肖像画之一，画作很好地表现了克拉纳赫的信仰心。

这个时代的德意志画家中不能忘记的还有马蒂亚斯·格鲁内瓦尔德，其生卒年月不详，据说和丢勒在同一年去世。他留下的油画只有 10 幅，另外还有二十来幅素描。他绘制的伊森海姆教堂祭坛画"十字架上的耶稣"表现了在痛苦中死去、作为人的耶稣，视觉冲击力十分巨大。格鲁内瓦尔德的创作思想显然源于 12 世纪以后西欧日益确立的个体自觉。人们对格鲁内瓦尔德的生平知之甚少，只知道在农民战争中他站在农民一边，因而失去了教会的庇护，在无人关注中默默死去。格鲁内瓦尔德的晚年生活和里门施奈德十分相似。

宗教改革催生的社会改革

路德对音乐的影响也十分巨大。与勃艮第地方的香颂歌曲（chanson，大众民谣）相比，当时的德意志是音乐的后进地区。城市的手工业者中传诵着工匠诗歌，形成了独特的诗歌风格，但并没有在城市以外的地区流行。路德的改革给德意志的音乐带来了全新的可能性。

路德改革的核心思想是"万人神甫制度"，在教会仪式中要求会众全体合唱（chorale）。为此路德亲自作曲，有一些流传至今。比如《我们的主是坚固的城堡》（*Ein'feste Burg ist unser Gott*）、《从天降世》（*From Heaven Above to Earth I Come*）等在日本也广为人知。

和加尔文（Johann Calvin，1509—1564，瑞士宗教改革家）排斥音乐的态度相反 [1]，路德积极地把音乐带入新教教会，逐步发展出合唱（cantata）、众赞歌（chorale，又称新教圣咏、赞美歌、圣歌等）、风琴曲（órgão）等各种形式的圣歌。路德之后诞生了汉斯·列奥·哈斯勒（Hans Leo Hassler，1564—1612）、米夏埃尔·普雷托里乌斯（Michael Praetorius，1571—1621）、海因里希·许茨（Heinrich Schütz，1585—1672）等一批多才多艺的音乐家。可以说，这个时代已经为之后巴赫的音乐成就打下了基础。

宗教改革和社会改革关系紧密，给生活的各个层面带来了深远

---

[1] 路德音乐是平民化的音乐，有很好的教化作用。有了合唱，人们在教堂的参与度大大提升。马丁·路德创作的歌曲不再使用拉丁文，而是使用本土语言（德语），使用复调旋律。同时期的加尔文也有自己的曲子，同样贴近平民。不同的是，加尔文想恢复格列高利时期的简单旋律，强调歌词内容，反对复调。

影响。我们来看和人文主义密不可分的教育问题。

在中世纪，教育的目标并不在于个体人格的磨炼以及一般教养水平的提高，而是为了培养能在教会中担任一定职务的人才。为此主教座圣堂参议会在各地都设立了学校。但是并没有规定就学义务，年级也不是按照年龄分配，几乎没有课程表，这些都和今天的学校差别甚大。阿琉斯·多纳图斯（Aelius Donatus，约活动于公元 4 世纪前后）[1] 所编撰的拉丁文语法书是唯一的教科书，传授的老师们自己恐怕也不一定都懂其中的内容。

新 式 学 校

宗教改革给教育带来了新变化。新教重视个人的信仰告白，那就必须人人都能阅读圣经，于是就需要设立学校。最先建立新式学校的是路德当时隐居的萨克森地区的诸城市。1518 年，格奥尔格乌斯·阿格里科拉（Georgius Agricola，1494—1555）在茨威考设立了拉丁语学校和希腊语学校。1514 年，乌尔利希·冯·卡尔夫（1465—1523）在弗莱堡开设了私立拉丁语学校。

在中世纪，德意志城市的学校监督权掌握在教会手中，城市对此一直不满，市参议会和教会为此长期争执不休。宗教改革中此事有了转机，通过裁决，市参议会获胜。此后，德意志的学校教育有了人文主义底色。监督权转移后，教育内容发生了变化。

比如，整个中世纪一直以优质教育资源而著称的塞莱斯塔，15世纪后半期就已经开始采用西塞罗、苏维托尼乌斯（Gaius Sueto Anius Tranquillus，70 前后—140 前后，罗马帝国早期传记体历史

---

[1] 古罗马的语法和修辞学教师，353 年前后居于罗马。他所著的两本语法书中世纪仍在使用，并成为现代语法的基础。

作家）、瓦勒里乌斯·马克西穆斯（Valerius Maximus，1世纪的历史学家）等人的著作作为教科书。当时在塞莱斯塔有一位名叫克拉夫特·霍夫曼的教师，根据他的学生雷纳努斯（Beatus Rhenanus，1485—1547，德意志人文主义者、宗教改革拥护者）留下的笔记，我们大致可以还原当时的教育情景。

霍夫曼首先会引用作品的一部分让学生翻译，并仔细检查翻译错误，提醒学生注意文章的结构。接着会讲述文体及修辞方面的特点。就这样通过反复训练，本来不懂拉丁语的少年就能逐渐成为识文断字的大人，可以说流利的拉丁语了。

1511年后，萨丕多斯（Hans Sapidus，1490—1561）来到塞莱斯塔成了一名教师，教授希腊语。根据托马斯·普拉特（Thomas Platter，1499—1582）的自传，萨丕多斯门下有学生九百，不过这个数字也许有些夸张。

托马斯·普拉特是瑞士瓦莱州（Kanton Wallis）出生的少年，幼小时被放浪学生带到德意志，20岁才在塞莱斯塔的学校开始学业，不久成为工匠。他一边谋生一边自学希腊语和希伯来语。普拉达随后与乌尔里希·茨温利相遇并被他的思想倾倒，他后来成了巴塞尔高级中学的校长。广为人知的是，他出版了许多加尔文的著作。

这个时期，德意志的手工业者在欧洲各处游历修行。根据手工业同业组织的规定，在成为师傅之前，必须有游历修行的经历，这通常需要花费两三年时间。各地城镇里都设有工匠宿舍，只要证明自己的身份，就可以在那里生活，宿舍管理者还会帮助介绍工作。

在欧洲全境游历修行的工匠制度一直保持到20世纪初。在它的影响下，欧洲各地的技术水平相对均衡，各地的民间传说也经由游历匠人流传四方。舒伯特（Franz Seraphicus Peter Schubert，1797—1828，奥地利作曲家）谱写的《美丽的磨坊女》（1823）反映的就是游历匠人的故事[1]。就这样，德意志匠人的世界、匠人的传统在德意志的文化教养领域产生了特殊影响。

克雷格林根的玛丽亚圣堂中的雕刻；雕刻家蒂尔曼·里门施奈德（1460 前后—1531），引自：Gustav Freytag "Bilder aus der deutschen Vergangenheit". Bd. Ⅱ Albrecht Knaus Verlag 1978

目光回到德意志。1409 年，莱比锡大学设立。它是由从布拉格移居过来的一部分德意志教师和学生创办的。15 世纪中期，学生们对古典文学和语言学产生了浓厚兴趣，1462 年，它基于人文主义，开始讲授古典时期作家的著作，如特伦提乌斯（Marcus Terentius Varro Lucullus，前 116—前 27？）、维吉尔（Publius Vergilius Maro，前 70—前 19，奥古斯都时代的古罗马诗人）、奥维德（Publius Ovidius Naso，前 43—17/18）[2] 等，巩固了人文主义教育的基础。15 世纪，莱比锡大学成为德意志规模最大的大学。

15 世纪的德意志已经出版了不少人文主义书籍。西塞罗、尤维纳利斯（Decimus Junius Juvenalis，60—130，罗马伟大的讽刺诗作家）、贺拉斯（Quintus Horatius Flaccus，前 65—前 8，古罗马时代意大利南部诗人）、维吉尔等的著作都已印刷出版。萨克森最大的印刷厂位于莱比锡，是 1481 年由马库斯·布兰迪斯（Marcus Brandis，1455—1500）设立的。梅尔希奥·洛特（Melchior Lotther，1470—1549）用罗马字体、希腊文字印刷，1517 年印刷了路德的《九十五条论纲》。

---

[1] 一个对生活充满憧憬的青年在游历修行的过程中爱上了磨坊主的女儿，引发了一出悲剧。

[2] 古罗马诗人，与贺拉斯、卡图卢斯和维吉尔齐名。代表作有《变形记》《爱的艺术》和《爱情三论》。

富格尔家族

南德意志有一个与这个时代的德意志社会以及文化艺术关系密切的家族——富格尔家族。北德意志的维腾堡、莱比锡因为和路德的活动区域地理上邻近，成了新教的中心。在南部的奥格斯堡，富格尔家族通过向矿业投资，或者借钱给领主、皇帝，不断壮大金融实力，成为哈布斯堡家族和天主教会重要的财政后援。

14世纪，富格尔家族出现在奥格斯堡，到了雅各布二世（雅各布·富格尔，Jakob Fugger Ⅱ，1459—1525）时代，通过参与白银交易，积累了巨额财富。它直接从匈牙利国王那里租借了诺伊索尔（Neusohl）矿山，进行银矿开采和冶炼，业务逐步扩展到白银的市场销售，并在安特卫普设立了分店。富格尔家族和教廷、皇帝马克西米利安一世的关系非同一般。美因茨大主教销售赎罪券，原本就是为了归还从富格尔家族借的钱。1519年的皇帝选举中，富格尔家族借给查理五世54万古尔登用于相关用度。当时，富格尔家族在南欧和东欧开设了20多家分店，代理店和人员派驻点达到60处以上，建起了一个名副其实的国际交易网络。

有一种说法是，雅各布在德意志农民战争时期向领主们提供了资金。实力雄厚的富格尔家族也在奥格斯堡建造贫民住宿设施（Fuggerei），租金很低，总共可以容纳53个家庭。这些贫民宿舍现在还维持着当初的低租金，一年只需支付1马克，住户主要是一些老人。

中世纪后期的市民

14世纪，博登湖附近的拉芬斯堡在对洪皮斯（Humpis）、默特里（Mötteli）、蒙特普拉特（Muntprat）三个商会进行合并后建立了统一商会。拉芬斯堡和意大利之间在麻织物的生产和销售方面有大量往来，为此在意大利各城市开设了分店，经营活动一直持续到1530 年。

这些商会不仅把德意志和意大利、北欧和南欧联系在一起，而且对人们的生活方式产生了影响。比如伯卡德·青克（Burkard Zink，1396—1474/1475）诞生在梅明根一个手工业者家庭，当过放浪学生，从事过皮毛加工，后来又在奥格斯堡和纽伦堡的商会工作，不久获得市民权，过上了富裕生活。

青克一边在商会工作，一边写作编年史和自传，他还写作拉丁语的文章和诗歌。青克在生意方面很有眼光，赚了不少钱，但他的兴趣更多地在诗文写作上，经济方面他觉得差不多就可以了，对赚钱并不热衷。青克的一生都游走在定居和放浪之间，他代表了中世纪市民的一种类型。

改革时期的德意志女性

这章最后，我们来关注宗教改革时期的德意志女性。

在中世纪，婚姻由父母决定，无论是儿子或女儿都没有选择配偶的权利。

但是凯瑟琳·冯·博拉（Katherina von Bora，1499—1552）的情况不同。她在尼姆森（Nimbschen）修道院时，和同伴一起阅读了路德的书籍，坚定了逃离修道院的决心。她藏在腌制鲱鱼的木桶里来到维腾堡。路德接待了她，给她介绍了数名结婚对象，也替她考虑了生计和前途。凯瑟琳对此的回答是：如果对方是阿姆斯敦博士或者路德的话，才会考虑结婚。就这样，42 岁的路德和 16 岁的凯瑟琳结婚了。婚后凯瑟琳为了支撑家庭努力经营农场，还生了 6

个孩子，打理着一个典型的德意志家庭。

再洗礼派中也有觉醒的女性。因为被怀疑为再洗礼派，伊丽莎白·迪克斯（Elisabeth Dirks，?—1549）在荷兰被捕。通过审讯笔录我们可以了解到，她一直坚持"唯有圣经"的信条。

1549 年 1 月被捕后，伊丽莎白面对"你怎么看待我们的弥撒"这样的发问，慷慨回答："你们的弥撒我完全不信。我只相信神的教导。"她因此受到严刑拷问，鲜血从指甲缝中流出，但她始终紧咬牙关不认罪。最后，她被处以溺刑。

一个只相信圣经，并把它作为自己生活信条的女性形象跃然纸上。这一时期，西欧社会的个体精神在女性身上也得到了升华。

第八章　领邦国家的时代

领 邦 国 家

16世纪中叶，从东弗里斯兰到南部的克恩滕，从普法尔茨到东普鲁士，大小领邦都在不断巩固自己的势力。高级贵族和拥有各种特权的神职人员、城市中的商人和手工业者，以及农民、羊倌、放浪者等，在领邦体制之下形成了多彩的社会集团，而宗教是领邦的一大整合力量——其基础是《奥格斯堡宗教和约》。

一方面，领邦国家体制在强化；另一方面，只要它们分别以路德派、加尔文派和天主教为宗教信仰体系，德意志就摆脱不了对立局面。1555年至1618年的"三十年战争"爆发前，德意志就面临着这样的社会形势。

在各领邦的建设中，突出的有黑森-卡塞尔伯爵威廉四世（Wilhelm IV von Hessen-Kassel，1567—1592年在位），他确立了经济立国的方针，不断积累实力，并向各地发出很多联络书信，通信对象遍及神圣罗马帝国和欧洲全境。另外，萨克森选侯莫里茨（1541—1553年在位）和其弟奥古斯特（1553—1586年在位）之间的信笺来往也因为同样的理由受到关注。

天主教教会召开的特伦托公会议（Council of Trent）在时间上跨越了从1545年至1563年的漫长时间。针对新教的改革主张，该会议重申了原罪、义认（Justification）、秘迹等天主教基本教义，但也提出了一些教会改革举措，如规定主教的在地义务、禁止神职人员拥有多份俸禄等。

就是在这样的形势之下，德意志各地有诸侯地位的主教们、奥格斯堡主教、维尔茨堡主教等在自己的领地里开始了轰轰烈烈的近代早期国家建设。特别突出的是巴伐利亚公爵马克西米利安一世（Maximilian I，1593—1651 年在位），他对建设近代早期国家特别热衷。对此，依纳爵·罗耀拉创立的耶稣会[1] 进行了全面配合。1540 年以后，耶稣会在路德的故乡德意志开展工作，全力强化天主教阵营的地位。

那么，这时候的帝国又是什么情形？

《奥格斯堡宗教和议》是一个妥协的产物。新教和天主教都认为可以借机巩固自己的地位，因此签署了和约。但对于帝国来说，由于教会失去了统一性，也就失去了建立中世纪那样的普遍皇权的可能性，由教皇主持的皇帝加冕仪式也不再举行了。

前面提到了 15 世纪以来的帝国改革计划，其中包括 1495 年颁布的美因茨的永久国内和平令（禁止民间使用一切武力）。为实施这个法令，设立了帝国法院（Reichskammergericht）和帝国政府（Reichsregiment），但最终都没有成为永久性制度。

能实质性承担当时德意志社会运作的国家机制，只剩下领邦。领邦通过培养官僚、完善行政组织，强化了内部的中央集权，它排除对抗势力，并把神职人员、贵族、市民等拥有特权的各阶层编入了一个统一的臣民体系里。宗教对此帮助很大。那么，具体又是如何实现的呢？

---

[1] 耶稣会是天主教的主要修会之一，又称耶稣连队。1535 年 8 月 15 日由西班牙贵族依纳爵·罗耀拉创立于巴黎。耶稣会为半军事组织，纪律森严。最主要的工作是传教和教育，在欧洲兴办了许多大学，培养的人才除了教会外，也活跃于政界和知识界，比如笛卡儿。

领邦开始关注重要的国家事务如婚姻和家庭、学校和教育，以及贫民救济和社会福利，这些事务过去都由教会掌控。

诸侯如今成了教会的特别执行人（praecipur membra ecclesiae）或者教会的守护者（defensor fide），带上了神圣威严的色彩。人们必须在每个星期日为领邦君主一家祈祷，邦君成为众人心目中最不可忽视的存在。

在德意志，不同的宗教派别形成了不同特色的生活空间。结婚仪式、生活文化等具有鲜明宗教差异性的地区诞生了，如路德派地区、加尔文派地区和天主教地区。即使在新教内部也有派系差异，比如同在黑森地区，路德派占优势的达姆施塔特和加尔文派占据优势的卡塞尔，情况也有所不同。

在领邦国家内，君主大权独揽。这一切是通过对宗教权的垄断实现的。因为领邦的宗教由君主的信仰决定。

宗教垄断的实现早于对常备军和征税权的掌握，后者是建立近代国家的前提。通过制定各种有利于统治者崇拜的礼仪，统治者越来越神格化。中世纪以来，拥有特权的神职人员、贵族和城市市民为了实现"公共"目标，走向平权化，形成了相对均质的臣民团体，而这一切是通过推行警察制度、法律制度和官僚制度等强制实现的。

就这样，这一时期形成了具有近代德意志特色的国民特征，它和乡绅治理模式下的英格兰、绝对王权下的法兰西、市民共和国体制下的荷兰、贵族共和国体制下的波兰都不相同。

社会整合和教会

教会在社会整合过程中起了很大作用。通过牧师的家庭访问、教会巡察以及教会审判权，教会监视着人们在日常生活中的一举一动。

比如，查阅结婚日期和第一个孩子的出生日期，我们发现，在有婚前同居习俗的地区，婚前怀孕的比率低得惊人。这是因为教会一直宣扬守贞，违反者会被严惩。17 世纪末至 18 世纪初，非婚生子女的数量非常少。这是教会介入两性关系的一个例子。

其他方面，教会教导人们要守时，要清洁、勤勉、温和，遵守婚姻以及工作中的义务，要遵从父母和长辈的指示。不过，这些在全欧洲都可以看到，并非德意志特有。

在领邦政治中发挥重要作用的官僚是由领邦开设的大学培养的，他们学习法律知识，在官僚体制里一展抱负。

住在不来梅、汉堡的那些海外贸易商人摆脱了汉萨同盟的束缚，开始执掌经济界的牛耳。至于汉萨同盟，1494 年，设在诺夫哥罗德的汉萨同盟商馆被伊凡三世关闭后，瑞典也开始排除汉萨的势力，汉萨同盟就此走向衰落。此后，法兰克福和莱比锡一跃成为企业家和金融业者集聚的华丽舞台。

宗教改革后的教育和艺术

宗教改革后的一个世纪，德意志的教育体系发生了意义深远的变化。

1500 年至 1625 年间，德意志共建立了 18 所大学。而中世纪后期（1348—1500），这个数字是 14 所；巴洛克和启蒙思想时代（1650—1800），是 11 所。相比之下，可知这个时代在德意志教育史上的意义。

这些都是领邦设立的大学。除 1529 年设立的马尔堡大学、1544 年设立的柯尼斯堡大学、耶拿大学外，黑尔姆施泰特、吉森、斯特拉斯堡、林特尔恩、阿尔特多夫等地也相继设立了大学。

对此，耶稣会的彼得鲁斯·卡尼修斯（Petrus Canisius，1521—1597）感叹说，天主教的大学太少了。不久之后，迪林根、维尔茨堡、格拉茨、帕德博恩、莫尔塞姆、萨尔茨堡等地陆续创设了天主教的大学。加尔文派也相继在海德堡、马尔堡、黑博恩设立了大学。

这些大学作为各领邦的大学，培养了大批领邦需要的官僚、教师、牧师。这一时期的大学教育既是学业教育也是职业教育，并且都和信仰相结合。不过，在这一时期，无论在大学还是在官场，抑或宗教界，人际关系、家族关系的纽带依然很强，旧时代的遗风尚在。

到了 17、18 世纪，天主教色彩浓郁的南德意志和新教色彩浓郁的东北德意志之间的地区差异性愈发明显，这种差异性也表现在艺术上。

在巴伐利亚地区，阿尔布雷希特五世（1550—1579 年在位）和威廉五世（1579—1597 年在位）、作为维尔茨堡主教兼邦君的尤利乌斯 · 埃希特鲁 · 冯 · 梅斯佩鲁布鲁恩（Julius Echter von Mespelbrunn，1573—1617 年在位），以及施蒂里亚公爵查理二世（1564—1590 年在位）等都推行艺术保护政策，而南部地区深受意大利和西班牙的影响。

在慕尼黑，1589 年和 1597 年，耶稣会相继兴建了圣米夏埃尔教堂和学院，这座华丽优美的建筑被认为是仅次于西班牙埃斯科利亚尔修道院的世俗建筑。在维尔茨堡，尤利乌斯 · 冯 · 梅斯佩鲁布鲁恩于 1582 年创设大学，它和位于美因河对岸的马林堡（马尔堡）的主教城堡交相辉映，衬托出主教的威仪。

间奏曲 5：女巫迫害

对于西欧想象力的历史来说，宗教改革的冲击力十分巨大。这个时期因为女巫审判而广为人知。女巫从古代到中世纪初期一直存在，她们居住在村落共同体的边缘，作为助产婆或者药剂师，是村民生活中不可缺少的角色。她们的生存空间是前面提到的"小宇宙"和"大宇宙"之间的狭小地带。

14世纪至17世纪，和以前的女巫属于不同概念范畴的女巫被人为地制造出来，并成为女巫审判的对象。

从古代末期到中世纪，作为对异端的处置要进行审判。1258年，在一系列异端审判中加入了女巫审判，并得到罗马教会的认可。民间对女巫的恐惧背后，是当时社会的动荡不安，人们觉得正统的信仰在遭受威胁。当民众被这种心理控制时，女巫迫害就发生了。16世纪的宗教改革是针对天主教的一股改革潮流，目的是彻底清除天主教具有古代色彩的那些传统观念，确立以个体为核心的新宗教。

对于精英来说，宗教改革取得了成功；但对于一般民众而言，道路却极不平坦。例如，赠予习俗的改变给民众生活带来了各种影响。

古代社会是一个赠予习俗盛行的社会，一直到中世纪中期，赠予习俗都很普遍。人与人的关系可以通过物品的赠予计算出来，这种关系非常普遍，也相当稳定。12世纪前后，随着基督教在社会扎根，赠予习俗发生了路径改变，在天国的救赎成为新的衡量人际关系的基准。

基督教扎根之前，没有无偿的赠予，所有的关系都可以在物品的来来回回中计算清楚。基督教普及后，以教会为中介的无偿赠予在社会中占据了重要位置。欧洲社会发生了很大的变化。

天主教教义中交织着各种形式的赠予，一般人很容易理解。比如，赎罪这种思维方式，在有赠予习俗的社会中，人们很容易接受。但是教会控制下的赎罪观念被路德否定了，人与人的关系转而必须建立在对神的绝对皈依之上。

当时人们感受到的社会不安的背后，有以上宗教变革的大背景存在。生活在具有不确定性的各种人际关系之中的人们，开始变得疑神疑鬼，他们试图通过指控某些特定的人为女巫，寻找到令自身不安的原因。在这种情况下，1486年，斯普伦格（Jakob Sprenger）和克雷默（Heinrich Kraemer）写下《女巫之锤》(*Malleus Maleficarum*)，给女巫下了定义，详细叙述了女巫审判的方式。在那以后，关于女巫和恶魔的著作的出版开始层出不穷。

被认定为女巫的人会被脱光衣服，一直拷问到认罪为止，为此还制作了各种刑具。拷问获取的口供、基于流言的证词、诱导性询问等都可能成为有罪判决的依据。然后，赤身裸体的女巫双手被反绑，沉入水中。也有很多人被处以火刑。

女巫审判是这个时代的某种象征：对幻想的审查。对想象力进行审查，并试图遏制它。在这个意义上，现代西欧文明是宗教改革的产物，是遏制想象力的结果，它也因此收获了现代意义上的精密科学和技术——约安·库里亚努（Ioan Culianu，1950—1991，罗马尼亚的宗教学者）的这个评论值得玩味。

间奏曲 6：炼金术

炼金术的历史可以追溯到古代，巴比伦王国时代的公元前13世纪就已经有记载。一般指的是从卑金属到贵金属，特

行商在贩售药膏（16世纪的铜版画）

别是黄金的提炼秘法。中世纪末期，炼金术有了快速发展。中世纪的基督教排斥炼金术，但在阿拉伯世界，炼金术得到了独特的发展，并诞生了优秀的炼金师。12、13世纪，从阿拉伯传来了炼金术的相关文献，欧洲也开始热衷起炼金术研究。罗吉尔·培根（Roger Bacon，1214—1294，英国哲学家和科学家，方济各会修士）、大阿尔伯特（Albertus Magnus，约1200—1280，德意志天主教多明我会主教和哲学家）、托马斯·阿奎那、雷蒙德斯·卢勒（Raimundus Lullus，1232—1316）等当时的最高权威都对炼金术表露出了浓厚的兴趣。

迄今为止，关于炼金术，学者们的见解各异。我认为这个问题也可以放在中世纪的宇宙观中来解释，即炼金术反映的是大宇宙和小宇宙的关系。

中世纪的人们显然一直在努力认识这两个宇宙之间的关系。人们将风暴、饥荒、传染病的发生看成是大宇宙袭向小宇宙的威胁。为了获得和平的生活，必须让这两个宇宙稳定下来。

和炼金术关系密切的占星术认为，大宇宙中的星辰对应着小宇宙中人的命运。在联系两个宇宙的中间地带，占星术诞生并且发展起来。

帕拉塞尔苏斯（Paracelsus，1493—1541）等认为炼金术可以制药[1]，其实，病也可以认为是大宇宙带给小宇宙的一种威胁。对炼金术的这种特点，雅各布·伯麦（Jakob Bohme，1576—1624）有深刻体会。伯麦出生在格尔利茨附近的村庄，一边以鞋匠为业，一边在对神的感悟中积累了许多神秘的体验，伯麦 37 岁时，写作了《曙光》（*Aurora oder Morgenröte im Aufgang*）。尽管受到正统教会的迫害，但获得不少信众的支持。伯麦把人和宇宙、自然和圣经作为一体来考虑。伯麦的思想中也有炼金术的影子，他的思想原点应该也是两个宇宙的存在。黑格尔认为伯麦是德意志的第一位哲学家，可以说，伯麦身上有着某种德意志的属性。

在德意志，炼金术在哲学以外的领域中也有巨大影响力。

德意志在很长时间内没有瓷器。1709 年，约翰·弗里德里希·柏特格（Johann Friedrich Bottger，1682—1719）烧制出欧洲最早的瓷器，他获得萨克森公爵的援助，在迈森城开设了瓷器作坊。由于柏特格是炼金师出身，他发明了给瓷器镀金的技法。不久他还用高岭土烧制出了白瓷，这就是我们今天熟知的迈森窑的开始。

---

[1] 文艺复兴时期，炼金术分成三个走向：一是继续传统的点石成金术；二是将炼金术知识用于医药方面，形成了所谓的医药化学运动；三是将炼金术知识用于矿物冶炼方面，形成了早期的矿物学。帕拉塞尔苏斯是医药化学运动的始祖。

第九章　三十年战争的结束

和平思想的诞生

从 1618 年一直持续到 1648 年的三十年战争是从宗教对立开始的，很快，整个欧洲卷入其中，发展成为欧洲历史上最大规模的宗教战争。这场战争是两大阵营的对立，即统治奥地利、西班牙的哈布斯堡家族和统治法国的波旁家族之间的对立。

就像这个时期的一幅宣传画描绘的那样：农民和市民是战争最大的牺牲者。巴伐利亚一个村落的鞋匠约翰内斯·哈贝勒于 1618 年在编年史中这样写道："我们就像森林里的野兽那样被驱赶、被追捕、被殴打、被砍伤、被刺杀，连一片面包也保不住，身上仅有的衣服也被剥走。"

格里美豪森（Hans Jacob Christoffel von Grimmelshausen，1621—1676）创作了长篇小说《痴儿西木传》（*Adventurous Simplicissimus*），在主人公——少年西木的眼里，士兵不是人，而是骑在当牛做马的农民身上的那只耀武扬威的狼。

这只是三十年战争的一个断面。在这一欧洲经历过的最悲惨的事件中，西班牙法学家弗朗西斯科·苏亚雷斯（Francisco de Suárez，1548—1617）提出了宗教和政治相分离的和平思想。战争带来了悲惨，也促进了新思想的萌发。

海因茨·席林斯（Heinz Schilling，1942—　，著有《近代城

市》一书）把三十年战争看成是 17 世纪欧洲普遍性危机的具体表现。16 世纪的欧洲人口从 8 100 万增加到 1 亿 400 万人，增幅高达 28%。而 17 世纪，人口增长放缓，从 1 亿 400 万微增为 1 亿 1 500 万，只增长了 10%。具体说来，中欧人

三十年战争时期的木版宣传画，描绘了贵族欺压农民状况

口从 2 300 万减少到 2 200 万；而比利时、英国、斯堪的纳维亚地区的人口则从 1 200 万增长为 1 500 万。德意志由于是三十年战争的主战场，受害最深。在 16 世纪，德意志的人口一度从 1 200 万增加到 1 500 万，但在 17 世纪，德意志的人口锐减为 1 200 万至 1 000 万左右。

战 争 爆 发

三十年战争的爆发是有预兆的。

17 世纪初期，从汉堡、不来梅、埃姆登（Emden）、哥廷根、不伦瑞克、莱比锡、斯特拉斯堡到科隆、亚琛、法兰克福等城镇，暴动风起云涌。一连串针对犹太人的迫害事件相继发生，其中 1614 年由菲特米尔茨（Fettmilch）领导、爆发在法兰克福的骚乱规模相当大，同时，女巫围捕事件也络绎不绝，某种集体性的歇斯底里症在蔓延。前面提到过的鞋匠约翰内斯·哈贝勒在 1618 年通过观察彗星觉察到：这个时代的精神正处于一种狂乱的状态。

三十年战争爆发的原因是新教和天主教的长期对立发展为两大

三十年战争的悲剧。军事审判图（上）
把人绑在横放的车轮上，固定四肢，然后击碎骨头的行刑图（下）

联盟的对抗。1608 年新教联盟成立，第二年旧教联盟成立。而战争的火药桶是波希米亚。

　　1617 年，哈布斯堡家族的斐迪南即位为波希米亚国王，他采取了压制新教的政策，激起了波希米亚新教贵族的反抗。1618 年 5 月 23 日，新教贵族们把国王的亲信从王宫的窗户扔了出去，由此引发了武装暴动。

　　这个事件进一步激化了当时以哈布斯堡家族为中心的天主教阵

营和新教阵营之间的矛盾。

哈布斯堡家族的阵营里集结了教廷、意大利各邦国、波兰等，反哈布斯堡家族的阵营里则有荷兰、法国、英国、斯堪的纳维亚各国、瑞士等。

波希米亚的反抗者们废黜斐迪南的王位后，推举新教联盟的加尔文派成员、普法尔茨选侯弗里德里希五世（1596—1632，1610—1623 年在位）继承王位。而斐迪南在 1619 年当选神圣罗马帝国皇帝，称斐迪南二世（Ferdinand II，1578—1637，1619—1637 年在位）。就这样，波希米亚事件扩大为德意志乃至整个欧洲的大事件。

斐迪南二世的部下比夸（Bucquoy，1571—1621）指挥的皇帝军队在巴伐利亚公爵马克西米利安和西班牙的支持下发起反击。1620 年 11 月 8 日，斐迪南和天主教联盟军在布拉格西面的白山击败了弗里德里希五世的军队，弗里德里希逃往荷兰，波希米亚再度被哈布斯堡家族控制。

扩大的战火

但是战争并没有因为波希米亚内战平息而结束。新教联盟的雇佣兵队长恩斯特·冯·曼斯菲尔德和克里斯蒂安·冯·哈尔贝施塔特把战争引向了德意志西北部。

白山战役刺激了新教势力在德意志北部集结。丹麦国王克里斯蒂安四世得到英国、荷兰的军费支持后，和新教诸侯结盟，于 1625年介入德意志的战事，皇帝的军队陷入窘境。

这时候，波希米亚贵族阿尔布雷赫特·冯·华伦斯坦（Albrecht Wallenstein，1583—1634）出手拯救了皇帝。白山战役后，华伦斯坦收购贵族的领地进行集中管理。他相信约翰内斯·开普勒（Johannes Kepler，1571—1630，天文学家）的占星术，把自己全部奉献给了战斗和皇帝。

他把自己的公国弗里德兰作为军事工厂，生产武器、火药、衣服、靴子等一切军需用品，自费装备了一支 4 万人的军队。他称得上是一个战争企业家，"以战养战"是他的思维方式。华伦斯坦和天主教联盟的司令官梯里伯爵约翰·采克拉斯（Johann T'Serclaes von Tilly，1559—1632）相互配合，击败了克里斯蒂安四世的军队。1629 年，双方签订《吕贝克和约》。

皇帝在 1629 年发出归还教产敕令（Restitutionsedikt），规定 1552 年以后新教方面没收的宗教领地必须归还天主教。

这个命令招致了原本持中立立场的新教诸侯的反对，他们随即加入反对皇帝的阵营。天主教诸侯也担心皇帝借机增强自己的势力，双方产生了隔阂。

华伦斯坦获得梅克伦堡作为他的世袭封地，被晋升为公爵，获得了帝国诸侯的尊荣。但是诸侯们并不喜欢这位政治新秀，在 1630 年的雷根斯堡的诸侯会议上，他们联合罢免了华伦斯坦。

这时候，瑞典国王古斯塔夫二世阿道夫在信奉加尔文派、从法兰西逃亡而来的路易·德·吉尔（Louis de Geer，1587—1652）的帮助下，大力改进大炮的生产方式，还组建了大规模的舰队，军事实力大涨。继而，古斯塔夫和法国合谋，于 1630 年 6 月进入波希米亚，并得到勃兰登堡选侯和萨克森选侯的配合。1631 年 9 月在莱比锡近郊的布赖滕费尔德，古斯塔夫大败梯里的军队，顺势进入德意志西南部，占领了布拉格。

在这种情况下，皇帝不得不再次起用华伦斯坦，华伦斯坦于 1632 年在莱比锡附近的吕岑城和古斯塔夫的军队展开交锋，虽然战败，但古斯塔夫战死了。随后，华伦斯坦和新教诸侯密谋讲和，对此有所察觉的皇帝派遣密使，在埃格尔城堡刺杀了华伦斯坦，时间是 1634 年 2 月 25 日。华伦斯坦的政治抱负就此戛然而止。华伦斯坦那时享有很高的声望，如非时运不济，很有可能登临王位。也就是说，像华伦斯坦这样一开始只是雇佣兵队长的人，身处这样的大时代，也很有可能青云直上，可谓时势造英雄也。

皇帝在西班牙的帮助下大败新教军队，双方于 1635 年 5 月在布拉格签订和约。皇帝想要维持 1555 年的帝国体制，但是谈何容易。要重建帝国，这时候几乎已经不可能了。

就在德意志国内的新教势力处于弱势的时候，一直支持反哈布斯堡阵营的法兰西于 1635 年 4 月向皇帝宣战，开始正面出击。

法兰西国内也有胡格诺教徒（Huguenot）问题，经由 1572 年的圣巴托罗缪大屠杀，和新教势力结盟的可能性已经告吹。1629 年，胡格诺最后的根据地拉罗谢尔（La Rochelle）被攻破，法兰西的国内问题告一段落。法兰西在黎塞留（Richelieu，1585—1642）和马萨林（Jules Mazarin，1602—1661）的带领下，走上了欧洲的大舞台。

反哈布斯堡阵营中既有新教徒，也有其他势力，阵营采取了来者不拒的态度。在意大利和瑞士，他们对西班牙军队的战斗取得胜利。之后，由于丹麦和瑞典之间对立，以及奥斯曼帝国的介入，战况复杂化了。自波希米亚内战以来，战争已经延续了 30 年，各方都已疲惫不堪，寻求和平的呼声开始高涨，这样，1648 年终于签订了和约。

和约的波动

1648 年 10 月 24 日，在明斯特和奥斯纳布吕克分别签订了和约，这是近代欧洲历史上的第一次和平调停。（除了交战双方）参加和议的还有瑞士、葡萄牙、罗马教皇、威尼斯、奥斯曼帝国，可见涉及范围之广。

讲和条约被称为《威斯特伐利亚条约》。讲和会议盛大的会场上到处洋溢着巴洛克风情，更不缺豪华的队列和唱诗班，一切都显得庄严隆重。和约的主要内容成为规范神圣罗马帝国宗教和国制的基本原则。

瑞典获得了波莫瑞西部、不来梅和费尔登（Verden）主教领地，占据了奥得河、易北河和威悉河的通商要冲。法国获得了梅斯、图尔、凡尔登主教领地，以及布莱萨赫、阿尔萨斯两处哈布斯堡的领地，领土延伸到了莱茵河地区。和约承认瑞士和荷兰独立，西班牙在欧洲大陆掌握霸权的时代终结了。

至于德意志，1653 年至 1654 年的雷根斯堡帝国议会扫除了阻碍领邦成为国家的障碍，规定在帝国的各机构中，新教和天主教平分秋色。诸侯的改宗权以 1624 年为基准得到维护，公共问题非人格化的可能性出现了。还有，根据帝国法，加尔文派成为第三个合法教派。

诸侯们在领地内掌握了教、俗两界的权力，领邦成为主权国家，可以拥有常备军和外交权。但是帝国还在，领邦结盟的权利受到限制，因为帝国的报酬法依然有效。

萨穆埃尔·冯·普芬多夫（Samuel von Pufendorf，1632—1694）当时服务于勃兰登堡侯爵，他在名著《日耳曼尼亚帝国的状况》（*De statu imperii germanici liber unus*）中写道："按照一般政治原则来分类的话，德意志帝国只能被称为是一个不合常规的怪物。"根据 1648 年条约，从帝国内部进行彻底变革的可能性已经丧失了。

落后的德意志经济

本章开头提到，三十年战争对欧洲造成很大伤害，从萨克森选侯领地（Kursachsen）出发去往柏林的使节奔波一整天，沿途看到的尽是不毛之地，以及荒无人烟的村庄。由于士兵抢掠，人们四散逃避。有人的村落也因为马匹被士兵征调而无法耕作和生活。

受害最大的是勃兰登堡、马格德堡、黑森、巴伐利亚、士瓦本、阿尔萨斯，人口减少到原来的一半甚至三分之一。在波莫瑞、梅克伦堡、图林根、特里尔、普法尔茨、符腾堡等地，人口同样减少到三分之一上下。相比之下，威斯特伐利亚、下萨克森、下莱茵的受害情况较轻。汉堡在 1600 年前后人口只有 2.2 万人，1620 年达到 4 万人，三十年战争结束后增加到 6 万人。

在新的经济形势下，德意志的部分地区显示出发展活力，但从整体上看，受到领邦体制的束缚，难以实现荷兰、英国、法国那样的发展。

当时领先的是荷兰。从和哈布斯堡家族的长期战争中解脱出来后，荷兰凭借良好的地理区位优势，海外贸易日趋活跃。在共和体制下，获得平等地位的市民们显得非常有经济活力，当时，以阿姆斯特丹为首的大小城市都参与到了世界贸易中。

经济活力的精神支柱是市民社会的宽容精神，市民和自由农民相互合作，荷兰国民空前团结。而法国和英国则在中央集权体制的推动下拓展海外贸易。但这些成功的例子都不是当时处于领邦体制下的德意志可以简单模仿的。

德意志的领邦君主们只要能建立小规模的绝对王政就满足了，他们极力模仿法国的凡尔赛宫来建造自己的城堡，但对国民来说，这造成了很大的负担。

特别是德意志的大领邦奥地利、勃兰登堡-普鲁士、萨克森、汉诺威、巴伐利亚等都不靠近大西洋，内部一直维持着旧的封建结构。

德意志的市民阶层也和荷兰、英国不同。虽说各领邦的经济、社会政策致力于保护和培育市民阶层，但是勃兰登堡-普鲁士统治下的小城市筑起了城墙，设置了监视塔。为了方便向市民征税，城市和周边农村的关系被人为切断，有的城市更是筑起了具有巴洛克

18 世纪的柯尼斯堡，没有死角的城壁呈星状结构

风格的星状防御堡垒，外面挖出壕沟。这样的城市形态对于产业和商业的发展来说是很大的障碍。这是三十年战争的负的遗产。当时的英国和法国则看不到这种情况。

这一时期，德意志的城市开始成为人们意识中的"故乡"。中世纪的荣光已经褪去，城市在领邦权力的夹缝中屏息生存，维持着一定的自由，人们相信由城墙围起来的这个空间是属于他们的独立王国，而且会一直延续下去。那时候，在拥有 8 万人口的维也纳、弥漫着绝对主义气氛的巴洛克风格的柏林、德累斯顿、慕尼黑、汉诺威和斯图加特等城市，宫廷和政府、贵族和官僚决定了所在城市的样貌。

惨祸中的个体

领邦致力于发展领地内的经济，以增加侯领和直辖领的收入，由此催生了与经济、统计相关的学问——"官房学"（cameralism）[1]。

---

[1] 官房，在欧洲中世纪原指国家的会计室，中世纪以后指国库或泛指国王的财产。官房学是有关政治、经济知识的总称，包括财政学、国民经济学和产业行政学等学科。"官房主义"是重商主义的一种形式，在 16—18 世纪的德意志和奥地利，一些财政及行政学者由于彼此观点接近而形成学派。

1727 年，哈雷大学和奥得大学（位于奥得河畔的法兰克福，即东法兰克福）设置了官房学课程。该学派认为强大的国家必须掌握经济主导权，为此必须培养关税、工场建设、谷物储藏、价格规制等方面的技术官僚，其代表人物是贝歇尔（Johann Joachim Becher，1635—1682）。

尽管这是一个悲惨的时代，尽管发生了三十年战争，但也就是在这一时期，德意志诞生了许多杰出的、有个性的科学家和艺术家。比如天文学家约翰内斯·开普勒、音乐家海因里希·舒尔茨（Heinrich Schütz，1585—1672）、剧作家安德烈亚斯·格吕菲乌斯（Andreas Gryphius，1616—1664）。

大小领邦分别和法国、荷兰、瑞典、波兰以及教皇等有盟约关系。神圣罗马帝国通过郡制度和帝国法院，勉强整合起大小领邦。1663 年至 1664 年在雷根斯堡召开了帝国议会，丹麦国王、瑞典国王也获得了出席权，这个议会成了全欧洲的议会。

中小领邦结盟是为了共同对付奥地利，这也符合法国的利益。1658 年，中部莱茵和西北德意志的领邦结成了莱茵同盟，勃兰登堡和法国也加入其中。

第十章　歌德的时代

三十年战争以后

18 世纪被称作开明专制时代。这时候的德意志有 94 名选侯和教俗诸侯、103 名伯爵、40 名高级神职人员、51 个帝国城市，合计 300 余个小国林立。帝国已经无力整合德意志，在形式上勉强保留着国王（皇帝）和帝国议会的形骸，却也几乎发挥不了多大的作用。

这时候的德意志与其说是国家，不如说是领邦的集合体。领邦的规模和状态各不相同，共同的特点是采取专制政治体制。宗教改革以来，邦君的权力被认为来自神的授予，神圣不可侵犯，臣民只能服从。君主就像一个大家长，对于无知的臣民要尽到教导、指导的责任。

比如，领邦警察法的内容包括今天我们所说的保健卫生、医疗等各领域，甚至还包括上下水道、垃圾处理、药剂师和助产师的资格认定、价格规制、对师傅和徒弟的劳动时间及劳动条件的规定，等等。此外还包括奢侈品禁止令，规定帮佣不得穿丝绸服装、禁止佩戴金银饰品，除了黑色的鞋子以外不得穿其他鞋子。由此可见，在专制政治之下，臣民是没有个体自由和人格权的。

三十年战争以后，各个领邦的议会不再召开，制约领邦君主的机制不复存在。前面说过，君主们住在模仿凡尔赛宫建造的宫殿里，每天以打猎、观剧、欣赏歌舞消磨时间，不少领邦处于破产边缘。

当然，不是所有领邦都是这个样子。普鲁士的霍亨索伦家族，特别是弗里德里希大帝（弗里德里希二世，1740—1786 年在位）能力出色，他致力于加强王国行政的统一化、集中化和合理化。为了增强军事实力，他开征消费税和其他税种，增加了国王直辖领地的收入。为此他还专门设立总理事务部（Generaldirektorium）统管全局。弗里德里希二世和其他领邦君主不同，对自己和他人都极其严格，从不把普鲁士国家的财富和权力用于自身及宫廷，他贯彻的是一种有效的开明专制政治。

尽管各领邦都采取了重商主义政策，但成效不大。唯一能带来显著收益的是军队，这是一种"人力输出"。美国独立战争时期，3万名德意志士兵和 50 万镑的资金被借给了英国，其中，2.5 万名士兵再也没有回来。当然，消费税和专卖制度的收入也充实了国库。

农民的负担

战争的大部分财政负担转嫁给了农民，他们的境况到底如何呢？歌德的叔父 J. M. 冯·勒恩是这样描述的：

> 农民就像愚笨的家畜，处于无知的状态。他们整日苦于赋税劳役，还要提供其他各种服务，比如在贵族打猎时，把丛林里的鸟兽驱赶出来供其射杀。他们从早到晚在田地里劳动，无论暑热还是寒冻，都只能忍受。为了保住庄稼的收成，他们隐伏在庄稼地里驱赶野兽。即使这样，从野兽牙缝里夺回的收成也要被无情的政府官员以地租、税金等方式拿走。今天，农民是所有被创造物中最悲惨的，和奴隶没有区别，和他们看管的家畜也没有什么区别。进入村落里，半裸的孩子们到处乱跑，

向路过的旅人行乞，而他们的父母亲也只能以破衣烂衫勉强蔽体。两三头瘦弱的耕牛在地里艰难地做活，小仓库里空空如也，破旧的房屋随时可能倒塌。这些景象无不在说明农民的悲惨境遇。看到他们粗野的、和牲畜也没什么差别的模样，不忍心的人总该给予些许同情吧。（W. H. 布拉福德《18世纪的德意志：歌德时代的社会背景》，上西川原章译）

这样的描述在其他作品中也并不鲜见，应该是道出了当时的实情。虽然弗里德里希大帝在1763年发布了《普通地方学校通知》，规定五六岁到13岁的儿童都必须上学，但在这种情形下，几乎不可能实现。

不安的贵族们

统治农民的贵族们在这个时代也各有各的遭际。诸侯和乡下贵族的差别很大，关于后者的生活境况，可以这么说吧——只有靠了"高傲的态度和对农活的侮蔑心"，才能"勉强和乡下居民做出区别"。

一般说来，贵族原本是承担军事义务的，作为酬劳，在租税、纳贡、关税方面享有豁免权，但现在这类工作主要由政府和官僚来完成。贵族们手中剩下的特权还包括：狩猎权、领主审判权等与邸馆的使用和经营相关的体现贵族体面的各种仪式。为了增加收入，他们中不少人成为官吏，具体承担某项工作。

贵族们对自己的将来也深感不安。这在他们为子弟设计的教育计划中可以看得出来。在贵族学校中首先要学习法语、拉丁语以及其他外语，接着是历史、地理、植物学、解剖学、物理学、化学等理解近代世界的各种学问，政治学也是重要的科目。以上学习完成后，这些贵族子弟会在几个随从的陪伴下去外国游历，时间在一年以上——和英国贵族的修学旅行（Grand Tour）差不多。但是，即使有了周密的安排，也不能保证年轻的贵族子弟们一定会好学向上，反而可能招致家庭财政负担的增加。

市民阶层的宇宙

这时候的市民阶层又处于什么状况呢？

在制度上，帝国城市和领邦城市是有区别的。前者通过和领主抗争，从对领主的臣服中解放出来，可以享有较大的自治权，原则上只臣服于皇帝；而后者还处于领主的支配之下，自治程度较低。

但两者的市民意识和中世纪的市民意识相比，并没有很大区别。前面提到过，他们把自己居住的城市当成一个孤立的世界，不少人在里面终老一生。这是一个延续着德国历史家亨佩尔所说的"日常生活小秩序"的世界。最好的例子就是柯尼斯堡的伊曼纽尔·康德（Immanuel Kant，1724—1804，德国哲学家、天文学家）。

康德终其一生没有离开过柯尼斯堡。他的日常生活就像钟摆一样有规律。在普鲁士的这个小城里生活的康德经常把目光投向宇宙。

德意志观念论哲学就诞生在这个小城里。对康德来说，柯尼斯堡是他生活了一辈子的地方，这里有他需要的一切。但是他的思维超越了普鲁士，也超越了德意志民族，在宇宙中尽情翱翔。对这一时期的德意志市民来说，除了自己居住的城市，没有直接相关的所谓"祖国"。

这一时期的城市还保留着中世纪性质的人际关系。城市里面的主要团体有：商人和手工业者，他们拥有各自的行会组织，前者称为基尔特（Guild），后者称为"聪福特"（Zunft）或者"阿姆特"（Amt）（对德意志北部手工业行会的叫法）。

中世纪以来，基尔特具有对内平等、对外垄断的性质。它排除竞争，成员之间拥有同等的权利和义务，资金也平等分配。它进行产品品质的管理，重视维护传统而不关心技术革新。师傅、帮工、徒弟的职业等级也和中世纪一样，只有师傅拥有正式的基尔特会员资格。手工业行会组织的情况也基本相同。

值得我们关注的是城市中人们的社会地位问题。

恶化的贱民歧视

第三章中我们讨论过贱民问题，到了这个时代歧视更加严重了。基尔特的入会资格方面，13、14世纪以来就有职业歧视，到了18世纪，情况进一步恶化。行会组织继续维持着出身歧视，规定行刑人、理发师、掘墓人、羊倌、磨坊人、夜间警卫、浴场主、外科医生等职业的子弟不得加入基尔特或"聪福特"。

在1548年和1571年的帝国警察法中，这些职业中的大多数获得解禁，从业人员被允许加入行会组织，到了1731年，解禁范围进一步扩大。

但还是有例外，比如剥皮业者和刑吏，法律规定只有相传不超过两代的情况下才被允许入会。但事实上，剥皮业者的子弟不得从事手工业。1772年的皇帝敕令也明确规定：剥皮业者的子弟只有在不继承父辈职业的情况下才能加入手工业行会组织。在这些贱民里，刑吏的解放最晚。1819年，弗里德里希·威廉三世（Friedrich Wilhelm Ⅲ，1770—1840）允许刑吏的子弟加入军籍，他们的名誉才得到承认。

18 世纪末的城市

18 世纪至 19 世纪末，德意志的大部分人口居住在农村。在普鲁士，1849 年只有 28% 的人口居住在城市。在巴伐利亚，城市居民的比率是 15%。中世纪以来，无论是城市还是农村，都还没有什么实质性的变化。

旅行在当时是相当危险的事。即使去最近的市镇，坐马车也需要花上 天时间。在英国，1663 年已建成收费道路，当然还远远满足不了需要。而在德意志，由于诸侯林立再加上资金不足，道路状况远远落后于英法。

1651 年，图尔恩·翁德·塔克西斯家族获得了合乘马车的垄断经营权，开展了规模化经营，但时速只有每小时 5 英里。水上运输很早就开始了，在勃兰登堡，大选侯时代，奥得河和施普雷河之间就已经开凿了运河。

汉萨同盟于 1669 年解体，荷兰人和英国人掌控了波罗的海和北海的贸易。汉萨贸易的重要商品鲱鱼的渔场转移到了北海。莱茵河地区也因为贸易壁垒众多，商贸活动并不活跃。相反，纽伦堡因为发展中介贸易成了贸易中心。汉堡超越安特卫普，获得了可以和阿姆斯特丹媲美的贸易地位。斯特拉斯堡通过接纳来自意大利和法国的新教逃亡者，发展了丝织和毛纺织工业。莱比锡和法兰克福一起，成为有众多外国商人居住的城市。

阅读人口的增加

在城市里，市民的生活方式正在发生改变。

18 世纪末以前，不管是市民还是贵族，一个人一生中阅读的图书量十分有限。农户家里一般只有一册书——皇历或者万年历，贵族们也好不到哪里去。大多数人一生中只是反复阅读同一本书，罗尔夫·恩格尔辛（Rolf Engelsing，德国历史学家）把这种阅读方式称为"集约型阅读"，并认为这种阅读方式的前提是周遭的世界不发生大的改变。罗尔夫·恩格尔辛指出，在18世纪末之前的德意志人的意识里，世界日复一日，总是老样子。到了这时候，集约型阅读逐渐被多样化阅读所取代。

在集约型阅读时代，书价昂贵且印刷部数较少，书的权威性很高。在多样化阅读时代，书的权威性有所下降，信息来源增加了。书籍的种类从单一的圣经和教理问答书等，扩大到政治、地理、历史等多个领域。18世纪中叶，德意志的读书人口约占成年人的10%，1777年提高到15%，1790年进一步提高到25%，1830年已经达到40%。

德累斯顿的读书协会素描。路德维希·蒂克（1773—1853）在朗诵自己创作的诗歌

随着阅读人口增加，书籍供不应求，书价上涨是经常的事。在此情形下，各地陆续成立了读书协会，总数达到 270 个。读书协会是当时蓬勃兴起的协会热当中的一个种类。在协会成员间，轮流阅读一本书，相互交流感想。读书协会的原则是自由和平等，与社会身份、等级无关，也与性别无关。对人性和优雅的追求是读书协会的唯一目的。

此外还有农业技术改良协会、音乐协会、历史协会等。曼海姆市的协会设立规章指出："所谓协会，是成员享受纯粹快乐的自由的集合体，类型有文学、音乐、会话以及游乐等。世俗的市民社会的各种规矩和协会无关。在这里，人人都是平等的。重视繁文缛节的人不应该进入这个以愉悦和文化为目的的场所。"

历史协会致力于挖掘各地被埋没的古文书，整理出版了至今仍在使用的古文书集，也关注古迹的保护。

音乐协会分成专业人士的团体和业余人员的团体两种。合唱协会等在各地诞生。贝多芬为席勒的诗歌《欢乐颂》谱曲并创作了《第九交响乐》，最后在来自全国各地的合唱协会的协作下，进行了完美的演奏。

领邦君主支配下的德意志市民阶层通过遍布各地的协会组织，逐步实现了人际关系的近代化。

协会大量成立的背景是家族制度和身份制度的瓦解。家在 18 世纪至 19 世纪逐渐分化为家庭和经营体两部分。丈夫因为工作大部分受制于市场经济的原理，其守护家庭的能力弱化，作为家长的权威受损。同时，市场经济的发展也让以家族为基础的贵族领地制发生了瓦解。在法国大革命和启蒙思想的影响下，身份制的瓦解也渐渐开始了。

作为中世纪以及近代早期社会生活基础的宗教、家族、身份制度走向了解体，之前一直在教区共同体、家族和身份制之下按照传统习俗和道德规范生活的人们，现在几乎是以"裸奔"的方式开始了和近代化的亲密接触。

新的精神地平线

这些情况在欧洲普遍发生了，但德意志有其特性。与法国和英国不同，德意志境内分布着大大小小几百个诸侯，而且，19世纪初的解放战争[1]使德意志处于外国军队的占领之下。薛尔斯基（Helmut Schelsky，1912—1984，德国社会学家和哲学家）认为：

> 关于外国军队占领德意志这个事态，至少，在它的压力下，社会有了新的向心力。各领域发生的运动暂且都可以看成是某种政治独立运动。居住地、身份、职业等的限制被取消，地方割据性质的政治体制发生了改变，在此基础上，产生了新的学术交流，打破了德意志文化的地域性以及种族束缚，这些运动和新的精神领域的运动合为一体。就这样，人们在生活方式的抉择中既有了社会的也有了精神方面的新的结合点。这一新的社会共同体即决定生活方向的新的地平线，在政治、社会、精神意义上造就了民族或者说国民。

> 国家、经济及其他巨型机构的关联性被突然打破，个体的人只剩下家人、邻人、村落等基本关系可以依靠。这样，从政治、职业以及其他社会责任中解放出来的个人结成了亲密的交际关系，得以培育个体真正的兴趣以及对教养的关心，而在以往，

---

[1] 1813年至1815年的德意志解放战争是德意志反对拿破仑统治、争取独立的战争。历经此战，德意志从拿破仑的统治下获得解放。此后封建专制势力在德意志重新抬头，各邦国力图维持德意志的分散状态。

他们被强力卷入社会，缺乏时间和自发性而不能形成这种关系。

协会是在解放战争这一历史条件下产生的，它在德意志城市社会的形成中发挥了重要的纽带作用。协会存在的时间不长，它是公和私的一种幸运的结合体。在德意志，协会是培育知识阶层的母体，也是以柏林大学为首的德意志教养体系的培养基。

歌德的时代

18 世纪被称为歌德（Johann Wolfgang von Goethe，1749—1832）的时代。确实，歌德创作了非常多的作品。对歌德，你无法用一个词来简单形容。诗人、剧作家、小说家、自然科学家、政治家，都只代表歌德生涯中的一小部分。《葛兹·冯·贝利欣根》（剧本，1773）、《少年维特之烦恼》（书信体小说，1774）、《威廉·迈斯特的学徒时代》（1795—1796）等作品和狂飙突进运动[1]相呼应，俘获了众多读者，缔造了一个时代。从《葛兹·冯·贝利欣根》到《浮士德》的一系列作品，描写了近代早期的世间百态，深刻地刻画出了受启蒙思想影响而觉醒的自我意识与意识深层次里的恶之间的复杂纠葛。

18 世纪之所以被称为"歌德的世纪"，是由于他在自然科学和文学领域的杰出贡献。这和当时德意志的状况分不开。哈根·舒尔茨（Hagen Schulze，1943—2014，德国历史学家）认为，如果歌德生在法国或者英国，可能也就是个宫廷诗人或一名托利党议

---

[1] 狂飙突进运动是启蒙运动的继续，但是比启蒙运动激进，究其实质是一场文学运动。在德意志，狂飙突进运动的意义在于：它是一场席卷整个德意志的民族文化运动，有一系列响亮的代表人物、代表作品。

员。正因为他是德意志人，是萨克森-魏玛公爵的大臣，他所从事的工作不但对他一生意义重大，也使他成为这个时代德意志命运的人格化象征。

和法国、英国不同，德意志在政治上没有形成一个统一体。人们集聚在各地的协会，在各种文化活动中找寻自己的身份认同。由于对政治很难抱有希望，人们转而投身到追求个性自由的运动中去。文学和学术无形中担负起了这种期待。

"德意志人啊，想要成为一个民族，但愿望遥不可及。那么，把自己培养成一个更加自由的人吧，这是可以做到的。"歌德说道。德意志的市民无法在政治中实现自由，只能是通过内省来完成这一追求。

因为克林格尔（Friedrich Maximilian von Klinger，1752—1831）的剧本《狂飙突进》（1776）而得名的这个时代，毫不夸张地说，是一个天才辈出的时代，克里斯多夫·马丁·威兰（Christoph Martin Wieland，1733—1813）、约翰·戈特弗里德·冯·赫尔德（Johann Gottfried Herder，1744—1803）、弗里德里希·冯·席勒（Friedrich von Schiller，1759—1805）等都诞生在这个时代。

法国大革命以前

人们追求自由的脚步并没有停留于文学和学术领域。协会的时代和革命的时代是相互呼应的。

在欧洲，革命的发端是法国大革命。那么，1789 年法国大革命爆发时，德意志的情况是怎样的呢？

1740 年即位的普鲁士国王弗里德里希二世在历史上被称为"大帝"，功绩显著。他在波茨坦建造了无忧宫（Sans-Souci Palace），醉心于法国文化。弗里德里希二世的父亲弗里德里希·威廉一世

（1713—1740 年在位）致力于强化常备军，发展产业，给儿子留下了雄厚的财政基础和强大的军队。实力雄厚的弗里德里希二世因此介入到哈布斯堡家族的继承问题中，出兵占领了西里西亚，并要求奥地利割让。

奥地利女王玛丽亚·特蕾西娅和法国结成同盟，俄国也加入进来，普鲁士被迫和三国同时作战。西里西亚当时有 100 万人口，获取这块富饶的土地对普鲁士意义重大。同时，丧失西里西亚，将是对奥地利的沉重打击。

弗里德里希二世处于窘境，但还是奋力一博，并勉强获得胜利。1763 年双方签订《胡贝图斯堡条约》，结束了"七年战争"（1756—1763），普鲁士的西里西亚领有权得到承认。在此之后，弗里德里希二世推进重商主义政策，实行一系列开明专制的统治政策，他本人也成了开明专制君主的典范。普鲁士确立了以容克为主体的统治结构，同时接纳那些在法国受迫害和排挤的胡格诺新教徒，在手工业和金融业等领域奠定了产业发展的基础。

这时候的德意志以美因河为界，南北处于分裂状态。北部的勃兰登堡-普鲁士由信奉新教的霍亨索伦家族掌权，南部则掌握在信奉天主教的奥地利哈布斯堡家族手中。

从整体上看，当时的德意志被大小 314 个领邦分割，类型有王国、选侯国、公国、诸侯领、主教领、伯爵领、帝国城市、修道院领、骑士修道院领等。它们各自拥有主权，对领地采取一元化管理。而帝国只残留了维也纳的帝国顾问会议（Reichshofrat）、韦茨拉尔的帝国法院以及雷根斯堡的帝国议会等少数几个机构装饰门面，风光早已不在。

此前，欧洲全境的人口由于长时间的战争、疫情、饥荒等基本处于停滞状态，从 18 世纪后半期起，人口开始恢复增长。乌拉尔和大西洋之间的欧洲人口，1750 年前后是 1 亿 3 000 万，1800 年前后达到了 1 亿 8 500 万。

德意志的情况也差不多。1800 年前后人口达到 2 000 万。1783 年和 1784 年的寒冷天气对农业造成了毁灭性打击。之前，农作物基本可以满足需求，如今陷入了供应量绝对不足的境况，人们被迫背井离乡。城市人满为患，很难找到工作。1770 年以后，由于到处歉收，造成谷价飞涨，生活水平普遍下降。在科隆，人口的三分之一甚至不得不以乞讨为生。

法国大革命的影响

在这样的状况中，美国和法国相继发生了民众暴动和起义。在美国，面对英王的压制政策，民众在自由、平等的旗帜下集聚起来，号召建立共和政体。对德意志人来说，美国这样遥远的国度发生的事情就像是个梦境，很多人认为，在大西洋彼岸就要诞生一个新的人间乐园了。

1789 年 7 月从巴黎传来消息，等级会议中的第三等级召集了国民议会，基于人民主权和人权的原理，宣布建立一个新的主权国家。这在德意志国民中引发了很大反响。就像康德说的那样，人们对于法国大革命无比憧憬，很多人希望积极投身进去。但是最初的热望很快被泼了冷水。从法国接连传来消息说革命演变为流血事件，发生了恐怖活动和大屠杀。

革命政权统治下的法国和其他欧洲国家在 1792 年之后处于战争状态。欧洲各国对法国大革命采取了谨慎观望的态度。

德意志的弗里德里希·威廉二世（1786—1797 年在位）和奥地利的利奥波德二世（Leopold II，1790—1792 年在位）一起，于 1791 年 8 月发布《皮尔尼茨宣言》，认定法国的新政权是罪犯，违反了神的秩序和世界秩序，声称要以武力恢复法国的旧秩序。

　　法国于 1792 年 4 月 20 日对奥地利宣战。正好这个时候俄国侵入立陶宛，普鲁士站在了哈布斯堡一边，结果在瓦尔米战役中大败。法国革命军在几乎没有遇到什么抵抗的情况下占领了普法尔茨、美因茨、法兰克福、沃尔姆斯和施佩耶尔。

　　这个时候，巴黎宣布要进行欧洲全民族的解放运动。莱茵兰（Rheinland）、比利时、萨伏依（公国，位于今天的法国东南部）相继被法国吞并。1795 年 4 月，普鲁士在巴塞尔和法国单独签订了和约，放弃莱茵兰地区。对于俄国的入侵，普鲁士在 1793 年和俄国达成协议，共同瓜分波兰。

改写的政治版图

　　现在的形势是，法国和俄国一起掌握了欧洲霸权。1796 年，拿破仑·波拿巴（Napoléon Bonaparte，1769—1821）作为意大利远征军司令官打败了奥地利军队，1797 年和意大利北部的奥地利军缔结了和约，奥地利被迫割让莱茵河左岸和南尼德兰，以及意大利北部。拿破仑在 1797 年宣布革命终结，法国就此变成了一个拥有广袤领土的帝国，国土范围从地中海一直延伸到莱茵河、大西洋沿岸，并扩大到了北海和意大利。

　　1804 年，拿破仑在巴黎当选为法兰西帝国皇帝。在此之前的1792 年，弗朗茨二世（Franz II，1768—1835，神圣罗马帝国的末代皇帝）登基成为奥地利皇帝。

　　法国大革命的结果是，德意志的政治版图被大大改写。1803年，在应法国的要求召开的雷根斯堡会议上，德意志的领邦国家秩序被大幅度调整。

　　曾经的三百余领邦缩减为 40 个单位，同时废除旧帝国的身份制度，除了美因茨，没收所有教界诸侯的领地，只保留奥格斯堡、法兰克福、纽伦堡、汉堡、不来梅、吕贝克作为帝国的直属领地，其他地区分别并入普鲁士、巴伐利亚、符腾堡、巴登、黑森。

1806 年，西南德意志的诸侯们结成莱茵联邦，处于法国皇帝的保护之下。1806 年 8 月 6 日，奥地利皇帝弗朗茨二世宣布从"德意志民族的神圣罗马帝国"皇帝的位置上退位。就此，神圣罗马帝国在法律意义上也灭亡了。

普鲁士转而改变态度，开始与法国抗衡。同年 10 月 14 日，在耶拿和奥尔施泰特的会战中，普鲁士相继遭遇失利，1807 年被迫签订《提尔西特和约》，易北河以西地区被划入专为拿破仑的幼弟热罗姆建立的威斯特伐利亚王国。一时间，德意志只剩下易北河以东地区的一小半领土。

拿破仑在 1806 年 10 月 27 日胜利进驻柏林，第二年 7 月 9 日亲临提尔西特和约的签订会场。在尼门河中央的竹筏上，拿破仑和俄国皇帝亚历山大一世（1801—1825 年在位）相遇了，这个场景颇具象征意义：整个欧洲现在被法国和俄国两大势力瓜分了。普鲁士被动地夹在两大势力中间遭到宰割，但泽在法国的保护下成为自由国家，易北河和奥得河以西的普鲁士领土处于法军的占领之下，普鲁士的领土现在只剩下勃兰登堡、波美拉尼亚、普鲁士和西里西亚。

就这样，普鲁士在拿破仑面前屈服了。在法国势力的影响下，莱茵河左岸地区加快了对法国的近代化模式的模仿。拿破仑法典得到实施，贵族的特权被废止，身份制解体。莱茵联邦诸国的情况也差不多。巴伐利亚、符腾堡、巴登等地的近代化进程加快。普鲁士在施泰因、哈登贝格等官僚的推动下，也开始了改革。

普鲁士的改革是 1807 年 10 月施泰因（Heinrich Friedrich Karl Reichsfreiherr vom und zum Stein，1757—1831）就任首席大臣后开始的。根据"十月敕令"，农奴（德意志庄园体制下的非自由农）制被废除，城市条例和农村条例出台。司法近代化改革废除了手工业行会（Zunft）制度，择业自由了。还进行了关税和租税方面的改革，以及教育改革。在军队改革方面，废除雇佣兵制度，创设市民军，规定晋升机会平等，即不再依据出身而是按照军功进行晋升。世袭农奴制被废止，贵族领地上的农民获得了人身自由。另外还出台了《城市自治令》。施泰因的改革遭到拿破仑的猜忌，施泰因被迫黯然下台。但之后的哈登贝格（Karl August Fürst von Hardenberg，1750—1822）继承了施泰因的改革路线。

哈登贝格推进中央集权化的政策，实行教会领地世俗化。1810年的"营业条例"强制废除商业行会（Guild）制度。根据"农场领主农民关系调整令"，农奴获得解放，作为代价，农民土地的一部分割让给领主；同时也出台了若干农民保护政策。1812年还发布了犹太人解放令。以上这些政策被称为"施泰因-哈登贝格改革"。同时，值得关注的还有洪堡等人推行的教育改革。

教养市民阶层的抬头

柏林大学创设于 1810 年，这所大学的创设背后，有对之前的德意志大学的反省。

中世纪以来的大学都设有神学、医学、法学和一般教养等学科。启蒙主义时代，各地陆续开设了与产业、采矿、商业等相关的专业性大学。威廉·冯·洪堡（Wilhelm von Humboldt，1767—1835）等人不满足于此，希望设立以德意志观念论哲学为基础的教养型大学。

学生们在高级中学毕业后进入这样的大学，首先要学习观念论哲学，要学习在孤独中审视自我，发现自我。一般来说，学生毕业后应从事法官或者学术研究等工作，但实际上，毕业生大都成了官吏，他们是普鲁士一系列改革的支撑力量。

就这样，在这个时期普鲁士的教养市民阶层诞生了。顾名思义，他们是有知识教养的阶层，生活水平较高，和宗教保持一定距离——这一点也和一般市民不一样。他们称得上是一种特权阶层，他们和前面提到过的市民协会有密切联系。

但是，德意志的新兴教养阶层和英国、法国的教养阶层有相当大的不同。英国的教养阶层首先是商界或者实业界的精英，并据此获得自主性的社会地位，他们对经济有强烈的关注；法国的教养阶层并不和收入高低直接挂钩，也没有政治上的特权。而德意志的教养阶层主要是官僚、法官、教师、教授等，他们和国家、王权之间有紧密联系，他们必须向统治者宣誓效忠。尽管如此，他们是深受启蒙主义精神影响的一群人。

康德在《启蒙是什么》(1784) 一文中说："启蒙就是人们脱离自己的不成熟状态的过程。这个状态是他们自己加诸自身的，因此他们有责任去摆脱。……要有运用自己悟性的勇气！"

德意志教养阶层对贵族以及宫廷里日渐废弛的伦理状况十分失望，在敬虔主义 (Pietism) [1] 的影响下，他们不满贵族文化的启蒙合理主义。在反宫廷文化的延长线上，具有反法性质的德意志市民文化诞生了。前面提到的读书协会、博物馆协会、爱国者协会等就是以此为基础诞生的，这成了新的德意志民族文化生长的土壤。

德意志民族文化形成的前提，是统一的书面语的形成。标准书面语的形成可以追溯到路德在萨克森隐居时翻译的《圣经》，经由18 世纪约翰·克里斯托夫·戈特舍德 (Johann Christoph Gottsched，1700—1766)、约翰·克里斯托夫·阿德隆 (Johann Christoph

---

[1] 17—18 世纪德意志新教路德宗内虔敬团契派（Collegia Pietatis）的神学观点。反对死板地奉行信条，要求追求心诚和圣洁的生活，认为在生活上做虔诚表率的人才可担任路德宗牧师。代表人物为斯彭内尔（Philipp Jakob Spener，1635—1705）。

Adelung，1732—1806）等语言学家的贡献，得到广泛传播。直到这一时期，标准德语才超越方言和土语，成为和宫廷里流行的法语以及学者们使用的拉丁文并肩的一大语种。

奥斯纳布吕克的历史学家尤斯图斯·默泽（Justus Möser，1720—1794）在《关于德语和德意志文学》这篇论文中评论说，弗里德里希二世不过是照着外国学者的样子写了篇关于语言和精神关系的论文而已。默泽著有《奥斯纳布吕克史》以及《爱国者的幻想》，他是这个时期德意志代表性的历史学家。默泽不只是学者，他还是奥斯纳布吕克[1]的政治家。他认为贵族子弟也应该向手工业者学习。

国家需要教养市民阶层。人才不论出身，只依据能力和知识来选拔的时代到来了。1755年，弗里德里希二世建立了法官考试制度，不久又健全了高级官僚录用考试制度。人才培养需要高级中学、学术机构、大学等一整套体系。领邦君主们对设立大学表现出高涨的热情，各地新建大学不断涌现。基尔、格拉茨、柯尼斯堡、弗莱堡等地的大学都是这个时期设立的。1770年，德意志的大学数量达到40所以上，而在同一时期，法国的大学数是23所，英国是2所。

贵族如果要参与行政管理，就必须和市民一样掌握必要的教养知识，这反过来促进了教养市民阶层的扩大。这个阶层拥有租税免除权，任职于国家直属机构，官吏、牧师、教授、法官、教师、医师、出版业者等是其主力。

---

[1] 下萨克森的一个城市。从1643年至1648年，各国在奥斯纳布吕克和在明斯特进行了《威斯特伐利亚和约》的谈判。在这段时间里，奥斯纳布吕克试图获得帝国自由城市的地位。"统治者的宗教就是这个地区的宗教"这一规则在奥斯纳布吕克并不适用。按照1650年的条约规定，奥斯纳布吕克主教领地的主教由天主教和新教主教交替担任，当地居民的宗教信仰则不受统治者的信仰的影响。

间奏曲 7：德意志的音乐和城市

巴赫（1685—1750）、莫扎特（1756—1791）、贝多芬（1770—1827）、舒伯特（1797—1828）……当这些如雷贯耳的音乐家的名字排列在一些，我们不难察觉：这是一个德意志音乐的巅峰时期。

我在前言中提到，德意志音乐傲视欧洲，没有可以与之比肩的国家。其理由不是一篇短文可以说清楚的。德意志的音乐扎根于中世纪，得到中世纪城市文化的滋养。

我们来简单回顾一下巴赫的一生。

约翰·塞巴斯蒂安·巴赫（Johann Sebastian Bach）1685年出生在图林根的爱森纳赫城，父亲教授他小提琴。之后，巴赫在吕讷堡、策勒、魏玛等萨克森城市度过了幼年时期，然后又辗转去了汉堡、吕贝克、卡尔斯巴德、卡塞尔、德累斯顿等地。和康德一样，巴赫也一次没去过外国，在德意志的城市度过了一生。他在教会、宫廷、城市里都工作过，创作了除歌剧之外的各种形式的音乐。他生活在新教的城市，宗教氛围一直感染着他。

这个由教会、宫廷以及城市组成的世界的基本框架是中世纪搭建起来的，之后的生活形态虽然发生了很大

合奏者。民间音乐爱好者团体的演奏图（1775 年）

变化，但人们依然可以隐约眺望到中世纪的风景。弗里德里希·威廉·尼采（Friedrich Wilhelm Nietzsche，1844—1900）这样评价巴赫："他站在欧洲音乐的分水岭上回望中世纪。"对于巴赫来说，教会音乐和宫廷音乐并非互不相关的两类音乐，而是连成一体的。而让巴赫产生这种认识的，正是城市这个大环境。

中世纪的城市是一个包含世俗生活、教会生活以及宫廷生活的复合空间。近代以后，这种复合空间产生了分化，德意志的市民对此深感惋惜。现实在越来越远离中世纪，但作为理想城市，中世纪城市的身影一直留在人们的脑海中。从巴赫的生涯来看，他和中世纪的匠人一样，是一个一心只想坚守自己职业的音乐人。

在中世纪，德意志的城市居民是在对国家缺乏明确意识的状态下生活着的。在缺少中央集权体制的中世纪德意志，国家其实就是城市或者领邦。城市居民把城市以外看成大宇宙，把城市看成是小宇宙。也就是说，出了城市边界就是大宇宙了，那是一个完全异质的世界。城市是一个自成一体的世界，此外就是混沌的大宇宙的世界。在城市环境中诞生了德意志观念论哲学，同时也诞生了德意志音乐。中世纪把音乐区分为天上的音乐、人间的音乐和地上的音乐，这种区分在18世纪发生了质的转变。

在这种意义上，巴赫的音乐既是巴赫个人的自我表现，也和养育了他的城市、家人和社会关系等环境因素密不可分。就这个时代的音乐发展来说，各地的音乐协会起了非常重要的作用。和巴赫关系密切的不是一般的音乐协会，而是教堂乐团等由教会专属的音乐团体。不过从根本上说，各类音乐协会的诞生有相似的背景。

舒伯特（Franz Peter Schubert，1797—1828）的情况有所不同。他出生在维也纳——一个与巴赫生活的城市不一样的城市。巴赫生活在一个小城，舒伯特生活的维也纳就不同了。

比较巴赫和舒伯特的一生，他们都生活在欧洲的城市里，但还是有差别。城市居民的生活并不是整齐划一的。

巴赫生活的小城传统氛围浓郁，巴赫的工作得到教会、选侯等的庇护。舒伯特是来自摩拉维亚（捷克东部地区）的移民子弟，他生活在维也纳，不可能再依靠原来的贵族身份或者传统，而只能依靠自身的才能和魅力结交朋友来展开工作。

不过对舒伯特来说，音乐协会或者音乐同好会也是他活跃的重要舞台。在这个意义上，他也是城市之子。但是他不像巴赫那样是个有固定工作的音乐人，他是一个放浪的音乐家。两人都是城市之子，但两人之间存在这样的差异。

德意志的音乐依托城市而生，起重要作用的是音乐协会。中世纪以来，德意志人没有严格意义上的国家，只好依托领邦或者城市生活，音乐协会就是这种环境的产物，这里面的人际关系决定了德意志近代艺术和学问的性格。

包括音乐协会在内，这个时代的协会具有相似性。音乐协会是一个超越身份和阶级的同好者团体，作曲家置身其中，让自己的音乐超越小团体，走向大众；也让自己的音乐超越现实中非实在的那个国家，走向世界。

第十一章　俾斯麦的时代

德意志民族精神的形成

1806 年以后的德意志人在拿破仑的铁骑下过着屈辱的日子，但并没有多少人认为这是德意志这个国家的屈辱。对莱茵河左岸的居民来说，法国的入侵让人们从诸侯的压迫下解放出来，很多人把拿破仑当成了解放者。

1807 年，哲学家费希特（Johann Gottlieb Fichte，1762—1814）在柏林进行了题为"对德意志国民的告白"的系列演讲（《对德意志民族的讲演》），希望唤起德意志国民的民族精神，引发了巨大反响。费希特主张和启蒙时期的世界市民主义诀别，他赞美具有民族意识的国民，激发了当时正在形成中的德意志民族主义。

这个时期，"德意志民族是什么"这个问题还没有可靠答案。人们可以确认自己是普鲁士、巴伐利亚或者萨克森的臣民，但至于其与德意志人或者祖国之类的概念有什么联系，没有明确的意识。面对法国业已展示的强大的民族主义，约翰·戈特弗里德·冯·赫尔德（狂飙运动的精神领袖）指出，德意志的民族个性只有以德语为基础，才能得到发展。[1]

---

[1] 赫尔德认为民族灵魂（Volksgeist，即国民所具备的民族特性或天赋）是通过原始的文学作品来表达的，而不是那些按照固定规则创作出来的作品。这一观点极大地影响了他的朋友歌德及其他狂飙突进运动和浪漫主义运动的成员。

费希特接受了这个观点。他认为德意志民族处于法国的军事以及文化压迫之下，摆脱这一切、为自由而战，就是为人类的进步而战。这是具有敬虔主义色彩的浪漫主义民族观。持相同观点的还包括体操专家弗里德里希·路德维希·雅恩（Friedrich Ludwig Jahn，1778—1852）[1]、诗人恩斯特·莫里茨·阿恩特（Ernst Moritz Arndt，1769—1860）[2] 等。

抵 抗 法 国

起初，德意志人并没有对法国的占领抱有强烈的敌对意识。哈登贝格（普鲁士政治家、行政官）一开始对法国也是友好的，不久因为财政问题开始抱怨。黑格尔看到马背上的拿破仑时脱口而出的是"世界精神在前进"。当时很多德意志人认为拿破仑的胜利是历史的必然。歌德也赞美拿破仑带来的新秩序，并担心这个秩序被破坏。

但是人们很快发现，对拿破仑来说，德意志不过是他那支铁骑的一部分。实际上，1812 年夏天，拿破仑进攻俄国时，军队的三分之一是莱茵联邦军和普鲁士军、奥地利军。《提尔西特和约》（1807）以后，德意志的财政负担加重，法国军队的驻留费用大增。

围绕这些问题，人们开始抱团反抗，雅恩的"德意志同盟"就是在这样的背景下成立的。西班牙和蒂罗尔（奥地利西部）都发生

---

[1] 现代体操的创始人。他组织青年以体操训练、野外远足为名进行爱国主义活动，认为这可以提高国民的身体素质，抵抗外敌入侵——比如抗击拿破仑军队。

[2] 德国反拿破仑解放战争中的杰出爱国诗人，代表作《祖国歌》。他崇尚纯粹的民歌风格，他的诗歌民歌色彩浓郁、充满爱国主义激情，在解放战争中流传甚广。他的诗歌同时也浸透着基督教的观念。他还是历史学家和时事评论家，善于用通俗的语言评论政治。晚年试图在崛起的民主主义势力和普鲁士霍亨索伦王朝之间起调停人的作用。

了针对法国军队的游击战。就在普鲁士对拿破仑采取顺从态度的时候，奥地利发生了变故。1809 年，在南德意志瓦尔特豪森伯爵施塔迪翁（Johann Philipp Karl Joseph Graf von Stadion-Warthausen，1763—1824）的领导下，爱国运动被点燃了。

奥地利的尝试虽然失败了，但影响很大。北德意志也发生了零星的抵抗运动，但都没什么组织化。事态发生巨大转变的契机是拿破仑远征俄国的失败。

1812 年，普鲁士军队的司令官路德维希·冯·约克（1759—1830）擅自决定和俄国签订了《陶罗根中立协定》（普鲁士军队对俄国保持中立），其后，德意志（奥地利）国王也加入了俄、普同盟，很多义勇军聚集到了东普鲁士。

由于法国军队停止了出版审查制度，号召爱国运动的小册子在德意志大量出版，克莱斯特（Heinrich von Kleist，1777—1811，德国诗人、戏剧家）、阿恩特、吕克特（Friedrich Rückert，1788—1866，德国浪漫主义诗人）、阿尔尼姆（Achim von Arnim，1781—1831，德国民间传说的研究者、戏剧家、诗人）等都创作过这一类作品。

弗里德里希·威廉三世终于在 1813 年 3 月 16 日发表了《告国民书》，刺激了民族主义运动的进一步发展。

战斗一开始并不顺利，但 1813 年 8 月 12 日奥地利参战以后，局势开始向有利的方向发展。10 月 18 日，在莱比锡郊外，普鲁士、奥地利、俄国、瑞典的联军击败了拿破仑军队，局势开始明朗化。

维也纳会议

1814 年，维也纳国际会议召开，讨论对新的国际秩序的安排。但是"会议内外波涛涌动，却并不前进"（利涅公爵语），会议一直在各国的争吵声中摇摆。俄国垂涎波兰，普鲁士的目标是萨克森。英国、奥地利、法国介入其中调停，各国的利益调整陷入了无休止的纠缠之中。

结果，普鲁士获得了萨克森的北半部分，还获得了包括莱茵河中游在内的大片土地。奥地利虽然失去了南尼德兰和西南德意志，但是获得了伦巴第、威尼斯、蒂罗尔和加里西亚。

在维也纳会议上，德意志的国家体制问题也是重要议题。普鲁士准备的方案是建立独立、统一的联邦国家，对原先的领邦主权采取一定的限制。不过梅特涅（Klemens Wenzel von Metternich，1773—1859，奥地利外交家）对在中欧建立统一的德意志国家抱有疑虑，方案没有实现。维也纳会议上聚集的统治者们祭出伯尔尼贵族卡尔·路德维希·冯·哈勒（Karl Ludwig von, Haller, 1768—1854）在《国家学的复兴》一书中的"正当性理论"，认为要求支配领域和臣民服从乃天经地义。

德意志联邦的成立

1815 年 6 月 8 日，德意志联邦（Deutscher Bund）成立。成员包括奥地利、普鲁士等 6 个王国、1 个选侯国、7 个大公国、10 个诸侯国、10 个公国、1 个边区伯爵国、4 个自由城市。联邦议会设在法兰克福，议长国由奥地利担任。这是 39 个主权国和城市的联合体，是对过去的帝国的一种世俗化的继承。

其中，英国国王、丹麦国王、荷兰国王也作为德意志的邦君加入其中。德意志联邦的目的不是要让德意志成为中欧的大国，而是要让它成为调节欧洲各国利害关系的一个缓冲器。

在普鲁士，由于贵族层的复活，施泰因和哈登贝格的改革受挫停滞，东部的农场领主和农民的关系也朝着有利于庄园主

（Grundherr）的方向发展。所谓的农民解放运动，实际上是农民失去土地，成为单纯的农业劳动者或者城市劳动者。旧的土地领主们保持着领主审判权、警察权等特权，他们剥夺农民的土地，使其变成直营地，逐渐朝着资本主义的经营形态转型——"容克经营"形成。相应地，普鲁士建立起了官僚掌权的"官僚绝对主义"体制。

对运动的镇压

1815 年 6 月 18 日的滑铁卢战役中，拿破仑的军队败于普鲁士和英国的联军，拿破仑被流放到圣赫勒拿岛，并于 1821 年在该岛去世。

为了对抗德意志联邦的保守化和普鲁士的保守化，学生们开始采取行动。参加过解放战争的吕佐夫志愿军（Lützowsches Freikorps）等团体中有不少知识分子和学生。他们创作了很多带有"神"、"自由"、"统一"、"德意志"等关键词的歌曲。1815 年，学生团体"学生兄弟会"在耶拿和吉森成立。

1817 年 10 月 18 日是路德宗教改革纪念日，德意志学生兄弟会的成员聚集到瓦特堡，他们高举"黑—红—金"三色旗，发表热情洋溢的演说。被某种宗教热情驱使着，学生们放火焚烧那些被认定是反动的、反德意志的书籍。两年后，学生中的一人刺杀了剧作家奥古斯特·冯·科采比（August von Kotzebue，1761—1819）[1]，只是因为科采比在作品中讽刺了国民运动。

梅特涅抓住这个机会开始镇压学生兄弟会，强化对大学的监视。

---

[1] 德国剧作家、小说家，是 18 世纪末到 19 世纪初德国最受欢迎的剧作家，多产，尤以写作感伤剧闻名。曾在维也纳、圣彼得堡任剧院院长，主编过多种文学和政治刊物。因长期在俄国沙皇宫廷供职，被一名大学生当作民族敌人谋杀。主要剧作有《德国小城居民》（1803）、《陌生人》（1789）、《印度人在英国》（1789）、《西班牙人在秘鲁，或罗拉之死》（1794）等。

其他地方的政府出于同样的恐惧，也开始打压那些以统一和自由为名的运动。1819 年 8 月，在卡尔斯巴德召开了十国会议，禁止成立学生兄弟会和大学的联合组织，加强对大学和教授们的监督。这些内容被写入了《卡尔斯巴德决议》。

对出版物的内容审查也强化了，但审查对象是 20 印张，也就是 320 页以下的书籍，所以并不算太严厉。人们过上了比过去悠闲平稳的日子，虽然有警察的监视，但并没有很不自由的感觉。解放战争的结果是德意志变得贫穷了，政治自由也有所动摇。既然这样，人们开始调转头来在旅行和历史的罗曼中去寻找慰藉，并陶醉其中。"毕德麦耶尔时代"[1] 开始了。

市民的日常生活以家庭为中心展开，家人的平安和幸福是最重要的。星期日和家人一起出门散步，丈夫头戴礼帽，一手拿伞，和打扮得体的妻子手挽着手走在街上，后面跟着嬉闹的孩子，这样的风景开始流行。富裕的人们常常去咖啡店、葡萄酒庄或者点心店消遣，贫穷的人们则聚到小酒馆里，悠然地抽烟、大口地喝啤酒。

就文学来说，这个时代和诞生了诸如歌德、席勒、让·保罗（Jean Paul，1763—1825，德国小说家）等众多名人的 18 世纪不能相比，但是这些文学家的作品的平装本被大量印刷，默里克（Eduard Friedrich Mörike，1804—1875，德国浪漫主义诗人、小说家）的抒情诗受到欢迎，吕克特、海因里希·海涅（Heinrich Heine，1797—1856）的诗也被大量阅读。在这个多情善感的时代，音乐特别符合大众的抒情口味。卡尔·玛利亚·冯·韦伯（Carl Maria von Weber，1786—1826）的歌剧《自由射手》（即《魔弹射手》）演出时吸引了大批观众，贝多芬、舒伯特、门德尔松也成了

---

[1] 毕德麦耶尔派是 1815—1848 年间德国的文化艺术流派。毕德麦耶尔是一个文学作品中的人物，代表着远离政治、自得其乐或者说平庸的小市民性情。

民众日常会话中经常出现的名字。

这个时代的代表性建筑家是卡尔·弗里德里希·辛克尔（Karl Friedrich Schenkel，1781—1841），他还是一名画家，活跃在和绘画相关的各个领域。其代表作是柏林音乐厅、波茨坦的圣尼古拉教堂等，都带有浓郁的新古典主义风格。

在东普鲁士，1772年第一次瓜分波兰时，德意志骑士修道会的要塞马林堡回到了普鲁士，以后一直作为军事仓库使用。普鲁士的特奥多尔·冯·舍恩（Theodor von Schön，1773—1856）把它作为普鲁士的国家象征进行修缮，普鲁士的精神传统由此和中世纪骑士修道会的时代打通了。

毕德麦耶尔的时代是一个小市民情怀充分流露的时代，同时，滑稽、讽刺和怀疑也在冒头。邮政马车的时代已经结束了。人们对过去的生活虽然还留着一抹乡愁，但是新时代的气息已经扑面而来。德意志即将迎来一个崭新的时代——产业化的时代。

农村的荒废和人口的增加

法国大革命给德意志各地留下了难以磨灭的印迹。1794年的普鲁士《普通土地法》尚且明确规定了贵族、市民、农民之间的身份差异、权利义务差异，而拿破仑占领德意志以后，各地的身份制解体，贵族和市民、城市和农村之间的鸿沟变浅了，城市资本开始流入农村。农民的强制性赋役逐渐被废除，代之以货币交付或者土地交付。随着关税和租税改革的推进，市民的财产所有权得到保障，各行各业获得了自主营业权。手工业者从手工业行会（Zunft）的各种强制下解放出来，人们可以用自己的小额资本自由地开展各类经营了。

但是这一切变化背后的代价也是巨大的。在农村，只有小块土地的小农沦为农村的无产者，只能靠打短工为生，成为"凯达"

（Kötter，勃兰登堡和梅克伦堡的下层农民，没有可以养活一家人的土地，只能通过在手工业打杂或者提供劳役来支撑生活，多是斯拉夫农民的子孙）或者"埃因利戈"（Einlieger，没有家人和住房的农奴）等。城市也一样。小手工业者们在1816年、1817年的不景气期变得一无所有。和前面提到过的沉浸于满足感中的上层市民不同，这些人的内心抱有很大的不满。

这个时候人口增加了，小农阶层占据了人口的四分之一。德意志联邦的总人口在1815年至1848年间从2 200万增加到5 300万。但农业技术并没有多少改进，人口的三分之一过着和乞丐差不多的生活。即使在城市，没有床、没有家具，也没有中饭可吃的家庭随处可见。

在这一时期的德意志，马尔萨斯的学说开始流行。马尔萨斯认为放任人口增长的话，农业生产将无法负担必要的粮食。不久，亚当·斯密的学说也流行开来。亚当·斯密认为要让经济从各种人为的控制——比如手工业行会（Zunft）、特权、垄断、进出口限制等旧体制中解放出来，经济活动必须从国家那里独立，市场价格应该由供求关系决定。

由于当时的英国处在难得的经济景气之中，斯密的学说对普鲁士的官僚们产生了巨大影响。普鲁士主动放弃了国家垄断，转而制定城市条例，解放农民；改革产业，刺激商业活动；设立产业和工业专科学校，培育新产业需要的人才。同时重新铺设道路、开凿运河，奖励贸易。就这样，在原本的教养市民阶层的基础上，新的产业市民阶层正呼之欲出。

滞后的经济

当时，德意志的割据状态是经济发展的最大制约因素。特别是莱因兰西部和威斯特伐利亚跟东部地区处于分离状态，是个大问题。德意志土地上的 39 个国家和城市有各不相同的货币和关税制度。弗里德里希·李斯特（Freidrich Liszt，1789—1846）说："想从汉堡到奥地利，或者从柏林到瑞士开展商贸活动的话，沿途要经过 10 个国家，商人必须要调查清楚 10 种关税制度，支付 10 次关税。"不只是国与国之间，一国内部也存在大量关税壁垒。

关税割据是德意志经济割据的象征，是一个必须解决的紧迫问题。1818 年，普鲁士公布了关税法，废止国内关税。这成为德意志统一关税的出发点。

普鲁士通过把邻国拉入本国关税体系或者缔结关税同盟，不断扩大统一关税区。1828 年以来，黑森-达姆施塔特、图林根等几个公国加入了普鲁士的关税同盟。而符腾堡、巴伐利亚、汉诺威、萨克森、黑森-卡塞尔之间缔结了地区性关税同盟，目的是对抗普鲁士，其背后的操控者是奥地利。

1834 年，普鲁士和中、南德意志的关税同盟合并成立了"德意志关税同盟"。1842 年，39 个邦国中有 28 个参加了这个同盟，普鲁士成为盟主。

奥地利担任议长国的"德意志联邦"是德意志的政治框架，而普鲁士领导的"关税同盟"是一个面向未来的具有共同体性质的组织，掌握了经济命脉，力量不容小觑。但在普鲁士领导的经济圈里，交通手段依然落后，虽然河流、运河的运输速度有所提升，但是如果继续以马车作为主要运输工具的话，物流效率是极低的。

在这个领域做出杰出贡献的是弗里德里希·李斯特。他从美国回国后，得到莱因兰、南德意志企业家的支持，到处游说铁路建设的必要性。但是弗里德里希·威廉三世却说了这样一句话："我不明白能早几个小时到达波茨坦，有什么大不了的。"普鲁士的交通大臣也对李斯特说："这么做，还不如直接把钱扔到窗外去！"

铁路、电信、劳工运动

1835 年 12 月 7 日，德意志最早的铁路开通了，尽管只是从纽伦堡到菲尔特的短短 6 公里里程。这时候，比利时已经有铁路 20 公里，法国有 141 公里，英国达到了 544 公里。铁路的时速最初只有每小时 30 公里，但还是有人认为危险，呼吁从医学的角度加以禁止。1838 年柏林和波茨坦间、1839 年莱比锡和德累斯顿间相继开通了铁路。1840 年，德意志的铁路总里程达到 469 公里。

李斯特说："德意志铁路网和关税同盟是双生子的关系。同时出生，共同成长，追求同一个目标。换句话说，它们是国家的防卫手段。"

铁轨、火车头、货车车厢的需求激增，带动了煤炭和钢铁需求量的增加。由于铁轨铺设里程的延长，煤炭等原材料价格下降，而且可以快速运达目的地。农产品的运输也变得迅捷了。再加上电信手段的发明，时空观念在悄然发生着改变。以往，政治和经济、文化和战争的展开速度和马的速度相匹配，有了铁路以后，一切在短时间之内就可以扩散到整个欧洲大陆。

这一切也带来了德意志社会结构的变化。各地股份制公司的设立如雨后春笋，越来越多的资金集中到了少数企业家手里。与此同时，占人口大多数的劳动者、手工业者、小商人阶层不断向无产者滑落——就像卡尔·马克思所预言的那样。不管后人如何评价马克思，当时的情况和他描述的一致。

西里西亚欧根山麓的彼特斯瓦尔道和朗根比劳的纺织工人既要受中间商的盘剥，又要忍受领主制的枷锁，生活艰难。1844 年，在非人的劳动条件、童工、饥饿等恶劣状况压迫下，他们挺身而出，结果遭到普鲁士军队的镇压。第二年，弗里德里希·恩格斯把这次起义称为德意志劳工运动的导火索。

统一德意志的两大阵营

1830 年法国爆发了七月革命，拿破仑之后复辟的波旁王朝被推翻，七月王朝（1830—1848）建立。七月王朝宣布君主制神圣不可侵犯，确立世袭制，同时也确认了法律面前人人平等、财产权不可侵犯等原则。这是一个对本来对立的两种原则——绝对王权和市民社会——进行调和而确立起来的立宪君主政体。

受此影响，1830 年，德意志的萨克森、汉诺威、不伦瑞克、黑森选侯国等地也发生了手工业者和城市下层民众的骚乱，他们寻求建立和南德意志相同的体制。1831 年以后，这些国家先后确立了立宪政体。

当时海因里希·海涅在巴黎，受七月革命的刺激，他写了很多份报告。在其影响下，"青年德意志派"（Junges Deutschland）运动兴起了。

1833 年 5 月，巴伐利亚的汉巴哈大会聚集了来自各地的 3 万人。市民、手工业者、学生们打出和"1817—1819 年学生运动"时期相同的三色旗，同时，波兰国旗、法国国旗也到处飘扬。人们讨论了共和主义和国际主义，以及建立欧洲联邦等话题。大会并没有形成什么结论，但是德意志联邦的各组成国深受刺激。很快，针对大学、出版机构、集会等的镇压开始了。其中，一些激进组织流亡到国外，它们在巴黎、布鲁塞尔、伦敦等地建立了据点。

当时，德意志分成了两大阵营。一个是南、中德意志的以议会为基础的自由派上层市民，他们支持立宪君主体制，主张在现体制下解决问题。莱茵兰地区的工厂主和高级官僚支持他们的主张。针锋相对的是参加了汉巴哈大会的报纸编辑、律师、学生兄弟会成员、手工业者、农民等，他们以"自由、统一的德意志"作为运动的旗帜，如前所述他们的主张是激进的，带有共和主义色彩。

抗争运动扩大化

法国的梯也尔（Louis Adolphe Thiers，1797—1877，法国政治家、历史学家，曾担任两任首相，镇压巴黎公社之后出任法兰西第三共和国首任总统）主张以莱茵河作为法德之间的自然国界。消息传到德意志，马上引发了民族主义浪潮，尼古劳斯·贝克尔（Nikolaus Becker）的歌曲[1]、马克斯·施内肯布格尔（Max Schneckenburger，士瓦本商人）的诗歌《莱茵的守护神》等，一夜之间传遍全国。

在这种情况下，联邦议会、普鲁士、奥地利也不得不采取对策。这时候传来了法国二月革命的消息，引发了德意志全国的改革风暴。要求实现出版自由、集会自由、民众武装等的街头游行此起彼伏。

1848 年的维也纳，激进的学生运动引发了更广泛的市民运动（三月革命），人们要求梅特涅下台，并撤走军队。维也纳周边城市也发生了劳动者的暴动。当铺、税务署、工厂等被袭击，商店被劫掠。与此相呼应，匈牙利、波希米亚、意大利等地发生了反对哈布斯堡家族统治的抗争运动。梅特涅被迫逃往英国，在几周时间内，奥地利的政治陷入了瘫痪。

在维也纳会议上，瑞士的赫尔维蒂统一共和国被定义为一个松散的国家联合体，包含了宗教、政治意识形态各不相同的 22 个州。1847 年一些州发生了内乱，最后通过制定民主宪法建立了联邦制国家。这是一次市民运动的胜利，很快对欧洲各国产生了影响。

意大利也建立了自由派主导的政府。普鲁士新即位的国王弗里

---

[1] 尼古劳斯·贝克尔撰写了《莱茵之歌》(*Rheinlied*)，表达了坚决守护莱茵的决心。

德里希·威廉四世（1840—1861 年在位）信奉浪漫主义君主制理念，是一位企图实现民众和王权一体化的理想主义者，但实际上他回应不了民众的要求。1848 年 3 月 18 日，柏林发生革命（三月革命），街垒战的第二天，国王投降了。

德意志制宪会议

5 月 18 日，法兰克福的圣保罗教堂聚集了 585 名议员，议会（法兰克福国民议会）的主题是商讨制定德意志宪法。

这个议会上集中了当时德意志的很多头面人物，蔚为大观。比如，路德维希·乌兰德（Johann Ludwig Uhland，1787—1862）、弗里德里希·特奥多尔·菲舍尔（Friedrich Theodor Fischer，1803—1867）等诗人，阿恩特、雅恩这样的解放战争时期的领导者，弗里德里希·克利斯朵夫·达尔曼（Friedrich Christoph Dahlmann）、约翰·古斯塔夫·德罗伊森（Johann Gustav Bernhard Droysen，1808—1884）等伟大的历史学家，以及戈特弗里德·格维努斯（Georg Gottfried Gervinus，1805—1871，德国文学史研究的创始人）、美因茨大主教等。议员的四分之一是学者，五人中有一人是教授，法官也不少。六分之一是商人、银行家、工厂主。从中可以看出，统一德意志的缔造者是有教养的知识阶层。

议会将决定德意志中央政府的形态。意见分成了两派：一派主张以普鲁士国王为德意志皇帝，提出不包括奥地利的"小德意志方案"；另外一派主张包含奥地利的"大德意志方案"。

奥地利是多民族国家，根据"小德意志方案"，奥地利的德意志人地区和非德意志人地区将被分开，奥地利政府对此强烈反对。1849 年，奥地利政府发表了奥地利不可分割宣言，和法兰克福国民议会的意见对峙。

1849 年 3 月 28 日，在法兰克福的圣保罗教堂，普鲁士国王当选为德意志皇帝

　　同年 3 月 28 日，法兰克福议会制定了以联邦制为基础的帝国宪法，选举普鲁士国王为世袭德意志皇帝。宪法的第二条写道："德意志联邦的任何部分，不得和非德意志各国结成统一国家。"

　　在这期间，无论是维也纳还是柏林，革命遭受了挫折。在维也纳，市民进行了悲壮的战斗，但被军队所败，反革命势力获得胜利。在柏林，国王在得到维也纳方面的有利消息后发动进攻，并发布了钦定宪法。1849 年 4 月 27 日，法兰克福议会代表面见弗里德里希·威廉四世并奉上皇冠，国王拒绝了。国王认为王位不应该由议会投票决定，主张君权神授。

　　德意志帝国宪法缺乏执行机关，国民议会束手无策。很多议员心灰意冷地离去，剩下的几百名议员转移到斯图加特继续开会。由于符腾堡政府的介入，议会被迫解散。

经济的新发展

就这样，"教授们的理想主义时代"结束了，德意志革命遭到失败。人们不得不和理想主义诀别，直面现实政治。激进的民族主义者亡命天涯，胜利了的反动政府强化了审查制度和警察监视。19 世纪 40 年代的政治动荡大致平复，社会回到稳定状态并有了长期投资计划。加利福尼亚和澳大利亚的金矿开采呈现繁荣景象，投资大幅增加。从经济上讲，这是市民阶层的黄金时代。各地相继开设新银行。

1837 年由奥古斯特·博尔西希设立的博尔西希工厂，1854 年已经可以年产 500 个火车头，四年后增加到 1 000 个。1826 年东山再起的克虏伯商会在 1834 年开始生产火车车厢，后来还生产大炮，总共拥有 1 700 个工厂。卡塞尔的亨舍尔、汉诺威的埃格斯托夫、慕尼黑的玛菲、开姆尼茨的赫尔曼、埃尔宾的希肖等地成为机械制造业的重镇。十年前，铁路建设进程加快，所需的钢铁以及作为机车燃料的煤炭还必须从英国大量进口，现在，鲁尔、莱茵、萨尔、西里西亚成了新的原料供应基地。

由于铁路网的延伸，德意志的关税壁垒问题也有了转机。在交通不便、存在众多经济孤立区的时代，供求关系以及价格在各地都不相同。铁路网延伸开去以后，参与关税同盟的地区相互竞争，各地价格开始均衡化，过去那些靠地理隔绝获利的企业面临淘汰。

随着时代变迁，经济中心也在交替变化。曾经是普鲁士最富裕地区的西里西亚开始衰退，取而代之的是莱茵和鲁尔工业区。劳动力供应充足，过去常见的家庭作坊、女工和童工问题已成为历史，贫困好像已经不是个问题了。

离乡背井的人们和城市下层民众

但是城市的生活并不总是舒适的。住宅少，房租涨，卫生状况也不好。工厂事故多发，危险性很大。1855 年前后，日平均劳动时间是 14 小时，1870 年减为 12 小时，但是星期天也要劳动。1891 年，终于禁止星期日劳动了。在这样的状况下，劳动者感觉前途暗淡，很多人身体透支，五十多岁就不能干活了。

在劳动者中，很多人过去曾是手工业者，有作为手工业者的荣誉感和自我意识。手工业在德意志有悠久的传统，很多人不堪忍受这样的劳动环境而选择移居国外。

在德意志的历史中，像 19 世纪 50 年代这样出现大批离乡背井移民的情况实属罕见。1853 年至 1855 年间，110 万德意志人离开故乡。革命失败，对故乡无所期待的人们听说美洲大陆经济景气，于是决定到新大陆去赌一把。

不只是向国外移居，国内也出现了移民潮。首先是西里西亚地区的东德意志人大批向柏林迁徙，同时，各地的农村人口也在向城市集中。

移居者不只是下层人民。格哈德·豪普特曼以西里西亚纺织工人起义为题材创作了戏剧《织工》，描写了他们的绝望。中产市民阶层的情况也差不多。产业向城市集中的同时，行政组织也在扩大，官僚不再像以前那样只在自己成长的城镇服务，他们现在经常要远赴他乡工作。

这是一个离乡背井非常普遍的时代。在农村过惯传统生活的人们来到新的土地、新的环境，发现生活每天都在快速旋转，曾经的人际关系纽带，包括神话和忠诚心等很难再维系。价值观改变、宗教和社会纽带失效后，人们想寻找新的替代物，不过这很困难。教会在 18 世纪已经丧失了过去的垄断地位，到了 19 世纪，地位进一步下滑，失去了显著的社会地位。

人们转而相信技术和产业必将带来发展。宗教世俗化就表现在这个时代的世俗建筑物中。今天到处可见的铁路和车站令人回想起过去无处不在的庄严的大教堂，而工厂就像是近代社会中的修道院——它是为实现生产力水平上升而竭力提倡禁欲的劳动精神的象征物。

俾斯麦的登场

统一国家的呼声也是时代强音，因为个人的自由和幸福与之密切相关。在产业化进程中，寻求身份认同的人们把希望寄托在了协会和政党等身上。

19 世纪 50 年代，以读书协会为代表的协会数量快速增长。德意志的经济一度出现衰退，这一时期整体上发展良好，1848 年革命后又过了大约四分之一世纪，德意志的国民收入实现了倍增。

这时候，德意志开始出现独立的工人运动。

1863 年，全德工人联合会（ADAV）设立，费迪南德·拉萨尔（Ferdinand Lassalle，1825—1864，普鲁士政治学者、法学者，工人运动领导人）起草了一般性纲领。其宗旨是和富裕市民阶层抗衡，呼吁王权和劳动者团结，之后全德工人联合会逐渐与奥古斯特·倍倍尔（August Bebel，1840—1913，德国社会民主党 [SPD] 创始人之一）、威廉·李卜克内西（Wilhelm Liebknecht，1826—1900，德国社会民主党创始人之一）等主张的马克思主义路线相融合。拉萨尔的国家观现在还存在于德国社会民主党的党纲之中。

在普鲁士，弗里德里希·威廉四世由于罹患精神疾病，他的弟弟威廉一世（Wilhelm I，1861—1888 年在位）取代他登上了王位。

威廉一世继位后着手进行普鲁士的军事改革。其主旨是延长服兵役的时间，富裕市民阶层对此十分反感。因为如果这样，那些教养市民阶层的子弟必须离开讲坛和工作更长的时间。

以前的军制意在使传统型军队和国民接近，而新国王希望军队成为王权的支柱。议会内部的自由派希望能控制军队预算，反对国王的计划，但国王态度强硬，并表示：与其让步，不如退位。

陆军大臣罗恩给驻巴黎大使奥托·冯·俾斯麦（Otto von Bismarck，1815—1898）发电报，要求他尽快回国。俾斯麦在巴贝斯堡城面见国王，面对心灰意冷、倾向于退位的国王，俾斯麦说："现在的问题不是陛下您个人的问题，而是王权对待议会的原则问题。"1862 年 9 月 23 日，国王任命俾斯麦为首相。

转机中登场的政治家们

就这样，俾斯麦的时代开始了。当时，西欧迫切需要这样的铁腕人物：法国有拿破仑三世，英国有本杰明·迪斯雷利（Benjamin Disraeli，1804—1881）[1]，意大利有卡米洛·加富尔（Camillo Cavour，1810—1861）[2]。

这些人物个性虽不相同，但他们有共同点，那就是试图把过去的独裁统治模式嫁接到未来的大众民主体制上。他们跟理想化的意识形态保持距离，注重和擅长采取冷静的策略，依赖官僚体系和军队作为政治工具。面对来自王权和贵族、议会等的阻力，他们诉诸大众来获得正当性。与此同时，他们也拥有广阔的视野。

---

[1] 英国政治家、小说家。曾任英国保守党领袖、英国首相（1868 年、1874—1880 年）。

[2] 意大利政治家，意大利统一运动的领导人物，立宪派领袖。任意大利王国第一任首相（1861 年）。

这些新型政治家的策略被卡尔·马克思称为"波拿巴主义"[1]。他们是在一个新旧交替的时代登场的古典主义的统治者（哈根·舒尔茨，Hagen Schulze，1943—2014，柏林自由大学历史学教授）。

对于俾斯麦存在各种评价。哈根·舒尔茨认为，普鲁士首相这一职位不过是俾斯麦实现更高政治目的的手段。他的政治目的在于普鲁士势力的不断扩张，他相信只有通过确保普鲁士在德意志的霸主地位，才能实现这一目的。

俾斯麦在一场著名的演讲中说道："当下的大问题无法通过言论、议会表决来解决。1848 年和 1849 年的错误就在于此。只有用铁和血才能解决问题。"

根据哈根·舒尔茨的说法，"铁和血"这个词不是从好战的容克的脑袋里冒出来的，而是对 1813 年学生的"统一和解放运动"中的流行歌曲的引用。更具体地说，它来自马克斯·冯·申肯多夫（Max von Schenkendorf，1783—1817，德国诗人）创作的歌词的一节：

> 因为只有铁能够拯救我们
>
> 只有血能够解决
>
> 沉重的枷锁的罪恶
>
> 恶意的傲慢的罪恶

这是革命的告白，俾斯麦接受了这样的思想。德意志的革命不是自下而上，而是自上而下展开的。

---

[1]　Bonapartisme，指拿破仑一世和拿破仑三世的政治体制及其政策。

动摇的国境线

这个时代的一大特征是，拥有相同语言和文化背景的地域跨越国界，通过民族主义运动联系在一起。俄国和奥地利特别担心这种民族主义运动会侵害国家的既有领域。

俾斯麦决定利用这一点。1863 年，俄国的属地波兰发生了叛乱，受压迫的波兰人得到全欧洲的同情。俾斯麦考虑到普鲁士在和奥地利交战时需要稳固的大后方，所以他选择站在俄国一边。这招致了国内批评。

后来又发生了另外一个事件：石勒苏益格-荷尔斯泰因 (Schleswig-Holstein) 问题。石勒苏益格、荷尔斯泰因和劳恩堡，都是与丹麦国王有结盟关系的世袭公国。石勒苏益格的北部住着丹麦人，而石勒苏益格南部和荷尔斯泰因的居民中说德语的人口占压倒性多数，两公国都属于德意志联邦（根据 1852 年《伦敦议定书》）。两公国反对和丹麦合并，要求留在德意志。

德意志国内要求把两公国从丹麦分离出来的呼声很高，丹麦方面则强烈要求石勒苏益格、荷尔斯泰因完全并入丹麦。

这个事件关系到同盟和州、条约和继承权、语言等各种问题，理解事件的整个经过并不容易。

1863 年，丹麦发表了包含石勒苏益格归属问题在内的新宪法，宣告对石勒苏益格实施正式合并。这引发德意志群情激愤，人们将目光投向了普鲁士。俾斯麦施加压力，让石勒苏益格承认宗德堡-格吕克斯堡出身的丹麦王族对石勒苏益格的统治权，然后迫使丹麦撤回宪法中对石勒苏益格的领土要求，欧洲各国稍稍安心。

接着，俾斯麦以丹麦侵害了石勒苏益格、荷尔斯泰因的特权为由，派军队进入石勒苏益格，并提前获得了奥地利外务大臣的同意。

1864 年 1 月，普鲁士和奥地利军队进入石勒苏益格，年中占领了日德兰半岛全域。在 10 月 30 日签订的讲和条约中，丹麦同意割让两公国，两公国不是作为德意志联邦的成员，而是处于奥地利和普鲁士的共同管辖之下（较小的劳恩堡被以 250 万塔勒卖给了普鲁士）。

俾斯麦的政策极为巧妙。针对俾斯麦无视议会的做法，议会内的自由派议员以议会为阵地，强化了反俾斯麦的立场。但是历史学家海因里希·特赖奇克（Heinrich Gottard von Treitschke，1834—1896）、海因里希·济贝尔（Heinrich von Sybel，1817—1895）、特奥多尔·蒙森（Theodor Mommsen，1817—1903）等支持俾斯麦，一时间舆论大噪。此事证明，国民运动、舆论等的声音再大，有时也是无济于事的。

普奥战争的胜利

尽管在石勒苏益格、荷尔斯泰因的行政问题上普鲁士和奥地利有对立，但这一时期的欧洲暂时还处于均衡态势。特别是拿破仑三世，他十分重视在欧洲中部维持一个均衡格局。

但这个均衡被丹麦战争[1]打破了（如上所述）。战后普鲁士、奥地利的领土没有受损，政治版图发生了改变。

这一时期的俄国自克里米亚战争（1853—1856）以来，一直在巴尔干半岛和奥地利对峙，因此站在普鲁士一边，不过暂时仍维持着中立立场。法国和奥地利缔结了秘密条约，约定了恪守中立。意

---

[1] 1863 年 11 月，丹麦王国违反 1852 年的伦敦议定书，将石勒苏益格、荷尔斯泰因和劳恩堡并入丹麦，引起当地德意志居民反抗。普鲁士和奥地利向丹麦宣战。丹麦战败，割让两地。这是普鲁士通过王朝战争统一德国的第一步。

大利站在普鲁士一边。在这种形势下，奥地利和普鲁士之间爆发了战争。

普鲁士军队自 19 世纪 50 年代以来就没有和他国交战过，而奥地利军队战争经验丰富，当时的预测是战争将会长期化，但结果却是一场短期决战（由于战争只延续了 7 个星期，故又称"七周战争"）。

1866 年 6 月 21 日，普鲁士军队跨越了和波希米亚（捷克）之间的国境线。在毛奇将军（Helmuth Karl Bernhard von Moltke，1800—1891）的指挥下，普鲁士军队攻入柯尼希格雷茨（萨多瓦村）。普鲁士军队战斗经验不足，但装备了一分钟七连发的新式步枪，而奥地利军队装备的是一分钟两连发的旧式步枪。进而，毛奇使用铁路迅速调集军队，使用电信设备对兵分三路的军队下达准确指令。相比之下，奥地利是多民族国家，军队的动员不能在士兵各自的家乡进行，否则不要说打仗了，军队有倒戈向各自民族的危险。奥地利在军队动员上不得不花费更长时间。

而且，奥地利军队的主力在意大利受困。7 月 3 日的波希米亚决战，普鲁士取得了压倒性胜利。柯尼希格雷茨战役的胜利巩固了俾斯麦的地位，也为德意志统一打下了基础。

普法战争爆发

8 月 23 日《布拉格和约》签字，奥地利被从德意志排除出去；德意志联邦解体，北德意志联邦成立。普鲁士把汉诺威、黑森、拿骚、法兰克福收入囊中。

新成立的北德意志联邦包含了美因河以北的 22 个邦国和自由市，柏林掌握了主导权。

南德意志本来也打算成立南德意志联邦，未果。巴伐利亚、符腾堡、巴登或选择和普鲁士，或选择和北德意志联邦结盟。这样的结合态势，已经隐含着发展成为"小德意志帝国"的可能性了。

法国一直觊觎南德意志的天主教地区。拿破仑三世表示想要购买卢森堡，作为支持北德意志联邦进入南部的代价，希望俾斯麦同意。卢森堡是荷兰领地，和德意志的关系也很近。结果，俾斯麦不同意拿破仑三世的提案，伦敦会议承认卢森堡独立。

这时候发生了埃姆斯电报事件。当时西班牙的王位空缺，霍亨索伦-锡格马林根家族的利奥波德被推举为候选人。如果实现的话，"日不落帝国"——哈布斯堡的查理五世时期的盛况很可能重现。

巴黎当然对邻国可能出现霍亨索伦家族出身的国王这一事态表示出重大关切。

当时住在埃姆斯疗养地的威廉一世通过法国驻普大使表示愿意撤换利奥波德，并做到了。但是法国依然疑神疑鬼，要求威廉一世保证利奥波德将来也不会继任王位。

俾斯麦一开始就想利用这件事。从威廉一世那里听取了事情经过后，他私自改写并发表了威廉一世的电文，电文强调：普鲁士认为法国的要求非常过分，是令人无法接受的侮辱。德意志的舆论被点燃了，对此，法国以宣战来回应。

新德意志帝国的诞生

1870 年 7 月 19 日，法国宣战，普法战争（1870—1871）爆发。

当时，法军被认为是欧洲最强大的军队，普鲁士军队在毛奇的指挥下发动闪电战，攻陷了色当和梅斯。8 周后，俾斯麦在色当说："法国失去了 10 万士兵和一个皇帝。今天，皇帝带着宫廷侍卫以及车马逃往了卡塞尔的威廉高地。"

1871 年 1 月 28 日，巴黎沦陷。在俘虏了拿破仑三世以后，俾斯麦乘胜追击，直到 5 月缔结讲和条约。法国支付了 50 亿法郎的赔款，割让阿尔萨斯和洛林。

这两地在 18 世纪成为法国领土，但德意志人一直认为这两地属于自己。都德的短篇小说集《星期一的故事》中有一篇《最后一课》，表现了法国人对这两地的感情。以后，法国不遗余力地要夺回这两个地区。

这期间，俾斯麦和南德四国政府反复交涉，为和北德意志联邦合并、成立全德联邦做着准备。黑森和巴登、符腾堡，最后是巴伐利亚，都同意统一。1871 年 1 月 1 日，凡尔赛宫镜厅举行了威廉一世的皇帝登基仪式。新的统一德意志帝国建立了。没有暖气、寒气逼人的镜厅似乎暗示着帝国的未来。德意志帝国比预期的要来得更早。[1]

同年 4 月 16 日，帝国宪法公布。这是以北德意志联邦宪法为母本的宪法，由俾斯麦主导制定，以立宪君主制和联邦制为基础。

1871 年 1 月 18 日，凡尔赛宫镜厅，宣告德意志帝国建立

––––––––––––––––––

[1] 这以后，德意志进入了"德国"的时代。

经过普法战争，德意志完成了统一。巴黎沦陷后，在镇压"巴黎公社"的过程中，德意志军队也参加了。由此，这场战争也带有反人民的性质。镇压巴黎公社花费了三个月时间。

俾斯麦的政策

普法战争中普鲁士能够获胜，和俄国保持中立有关。俾斯麦反复考量了和法国、英国的关系后做出了政策调整。1873 年，奥匈帝国皇帝弗朗茨·约瑟大一世、俄国皇帝亚历山人二些、德意志皇帝威廉一世缔结协定，称为"三皇协定"[1]。

俾斯麦的帝国在德国历史中被称为"第二帝国"——奥托一世的神圣罗马帝国在 1806 年终结后诞生的新帝国。德意志帝国有 22 个君主国、3 个自由市以及阿尔萨斯-洛林参加，普鲁士掌握主导权。帝国议会有法案的动议权和审查权，但是帝国宰相由皇帝任命，不对议会负责。

德意志经济在 1850 年以后发展顺利，铁路建设推进很快，城市在扩大。人口在 1871 年是 4 100 万，20 年后变成 5 000 万，1913 年达到 6 700 万。

前面提到过，由于经济原因，1871 年前后大批德意志移民前往美国和法国。移民潮在 80 年代形成了第一个高峰，1890 年前后出现第二个高峰。1894 年，德意志的产业迎来第二个景气期，人们开始能够安心地在德意志生活了。

俾斯麦对劳动者采取了皮鞭加糖果的政策。他一边利用社会主

---

[1] 感到法国想报普法战争之仇，取回阿尔萨斯和洛林（割让给德国的领土），德国宰相俾斯麦想通过恢复由沙皇亚历山大一世发起的神圣同盟，防止俄国与法国联手发动战争夹击德国，于是撮合俄国沙皇亚历山大二世、德国皇帝威廉一世及奥匈帝国皇帝弗朗茨·约瑟夫一世，于 1873 年签署以孤立法国为目标的三皇协定。

义者镇压法（1878 年）压制社会主义运动，一边又对劳动者实施了当时最完备的社会保障政策。1883 年的《劳动者疾病保险法》，1884 年的《劳动者事故保险法》，1889 年的《老年人和残疾者保险法》等构成了俾斯麦的社会政策体系。这种政策在剥夺劳动者政治自由的同时，给予劳动者基本社会保障。

1874 年，俾斯麦和参谋总长毛奇伯爵共同向议会提案，要求确保军力的永续性。但是自由派议员主张按年度确定预算，他们不想放弃预算权。讨价还价的结果是，议会同意给予七年平时兵力的预算，自由派妥协了。

自由派的妥协早有发端：1869 年梵蒂冈公会议试图确立"教皇不可谬性"并写入教义，竭力排除来自德国和法国的主教们的抵抗。

1864 年，庇护九世拒绝对自由、进步以及近代文化让步。对自由派来说，教皇的态度是对进步势力的攻击，将造成社会退步。

于是，俾斯麦认为有必要明确国家和教会的关系。这时候，天主教会内部产生了反对"教皇不可谬性"的派别，他们请求德意志国家的保护，要求当他们的地位受到威胁的时候，可以以国家公务员的身份进行抗争。国家主权和教会主权的关系遭遇困境，"文化斗争"一触即发。

俾斯麦的对策是针对教会权力的动向，强化国家权力的立法。教皇反对，认为这些法律无效，并以破门（除名）相威胁。俾斯麦妥协了，斗争告一段落。俾斯麦的社会政策转变背后，有政教斗争的大背景。

大预言的时代

19 世纪的德意志是一个大预言的时代。

理查德·瓦格纳（Wilhelm Richard Wagner，1813—1883）在审视德意志帝国遥远的过去以及未来时，感觉到某种冰冷难耐的东西。

弗里德里希·尼采预言将发生过去未曾有过的战争。瑞士巴塞尔的历史学家雅各布·布克哈特（Jacob Burckhardt，1818—1897）认为德意志的未来会是一个军事国家，被禁锢在极权主义的兵营里。

这些都是关于德意志精神世界的预言。在政治的世界里，悲观厌世论也在发酵。

奥古斯特·倍倍尔不厌其烦地强调，市民的世界将走向崩溃。自由派对于官僚国家、僧侣的支配、赤色革命都感到恐惧。天主教和新教的正统派在担心伦理崩溃、物质主义抬头，进而出现产业资本主义的所多玛和蛾摩拉（邪恶之城）。

1911 年，"威廉皇帝科学振兴会"成立，研究员身在大学但不必上课，可以专心从事学术研究，有利于增强德意志在精密科学研究中的地位。

其时，叔本华《论意志和表象的世界》中的悲观厌世论在社会上蔓延，尼采就诞生在这样的环境中。技术和工业获得了长足的发展，但是精神上的紧张并没有被克服，这成了悲观厌世论的土壤。

人们对进步产生了各种怀疑，并开始远离理性主义和实证主义。托马斯·曼（1875—1955，德国作家）、特奥多尔·冯塔内（Heinrich Theodor Fontane，1819—1898，批判现实主义小说家、诗人）的作品里体现了这样的情绪。另外，格哈德·豪普特曼（Gerhard Hauptmann，1862—1946，德国剧作家、诗人）的戏剧和瓦格纳的音乐也是在这样的氛围中诞生的。在这种氛围中竭力开辟新路的是安东·布鲁克纳（Anton Bruckner，1824—1896，奥地利作曲家）和阿诺德·勋伯格（Arnold Schönberg，1874—1951，奥地利作曲家）。

俾斯麦体制

1882 年和 1887 年，德意志获取了非洲西南部、东部的大片土

PUNCH, OR THE LONDON CHARIVARI.—September 20, 1884.

THE THREE EMPERORS;
OR, THE VENTRILOQUIST OF VARZIN!

三皇协定的漫画。俾斯麦在背后操纵一切

地。虽然大部分是不毛之地，但很多人心怀憧憬，把它当作"德意志的印度"。

俾斯麦对于狂热投身非洲的人们说："你们的非洲地图相当了不起啊。但处在法国和俄国包围之中的是我们的帝国，这是我的非洲地图。"

欧洲中部作为大国争霸的舞台，动荡了两百年以上。德意志帝国建立后，这里发生了很大变化。

在这种状况下，俾斯麦首先和奥匈帝国缔结了两国同盟。出于对俄国的安抚，后来发展为三皇协定。

法国这时候侵略突尼斯，这直接刺激了意大利。意大利于是和德意志、奥匈帝国结成了三国同盟。此外，德意志还与罗马尼亚、奥匈帝国签订了同盟协定。就这样，除了法国以外，德意志和欧洲主要国家都结成了同盟关系，或者缔结了友好关系，"俾斯麦体制"形成了。

第十二章 走向魏玛体制

俾斯麦引退后

1888 年皇帝威廉一世去世，后继者弗里德里希三世（Friedrich III，1831—1888）不久后也去世了。皇帝威廉二世（Wilhelm II von Deutschland，1859—1941）继位，他在社会政策上和俾斯麦产生了对立。

1878 年发生了两次刺杀皇帝事件，俾斯麦借机镇压倍倍尔和李卜克内西领导的德国社会主义工人党（后改名为：德国社会民主党）。1888 年，14 万矿工在埃森、盖尔森基兴游行，引发了能源供应危机。俾斯麦数次向议会提出修订 1878 年出台的社会主义者镇压法（"针对那些对公共安全产生威胁的社会主义者的法律"），要求增加条款，使警察机关有权驱逐社会民主党员。但这个法案被议会否决了。对俾斯麦来说，这是前所未有的失败。在这种情况下，1890 年 3 月 18 日，威廉二世接受了俾斯麦的辞呈，俾斯麦的时代结束了。

在同年举行的帝国议会选举中，社会民主党获得了 20% 的选票。在倍倍尔的领导下，社会民主党获得了稳固的地位。

这个时期的德意志社会生活发生了很大变化。出生率提高，结婚申请增加。年轻人不再听从父辈教导，老人的话不再像以往那样具有权威性。哈格多恩（Friedrich von Hagedorn，1708—1754）在诗中写道：人们不再谨言慎行，年轻人忘记了自己的本分。就像后叙的那样，德意志人的行为模式确实在发生改变。

俾斯麦引退后，皇帝采取了"新航路"政策。该政策的主旨是对内促进和解，对外积累信用。内政方面采取了贝尔拉普施（Hans Hermann von Berlepsch，1843—1926）等提出的劳动者保护政策。

对外关系方面，新任宰相莱奥·冯·卡普里维（Leo von Caprivi，1831—1899）试图调整和英国的关系。两国就桑给巴尔岛和赫尔戈兰岛的保护权进行了交换。德国把东非桑给巴尔岛的保护权让渡给英国，英国把北海的赫尔戈兰岛让渡给德国。

但是桑给巴尔岛已有不少德国人移居，此事招致了阻碍德国海外发展的批评声。以此事为契机，1891 年"泛德意志同盟"成立。

德国和俄国也首次签订了通商条约。廉价的俄国谷物大量进入德国，德国的工业品市场也扩大到了俄国。通商贸易层面的"新航路"导致农产品关税下降，这对德国的农业，特别是容克庄园主是一大打击。他们结成农场主同盟，发起反对运动。在这种形势下，卡普里维不得不辞职，后继者是霍恩洛厄。

世 界 政 策

这个时期的德国改变了过去的谨慎态度，开始实施世界政策（Weltpolitik）[1]。世界政策被认为是整合产业社会的必要手段。确保就业，维持经济增长，实现社会福利，都离不开世界政策。

1898 年，在帝国海军部高官阿尔弗雷德·冯·蒂尔皮茨（Alfred von Tirpitz，1849—1930。或译铁毕子）的策划下，开始实

---

[1] 德国统一后，俾斯麦奉行"大陆政策"，不希望再有对外战争，以便让德国可以休养生息。因此他并不像其他欧洲国家那样大肆掠夺殖民地。但又担心法国报复，因此采取结盟政策，拉拢英、俄和奥匈帝国，排挤和限制强邻法兰西。

施大舰队建造计划。海军被认为是辅助国际贸易的必要手段，也是德国成为世界强国的必要条件，德国必须要能对抗英国的海上霸主地位。从当时的技术水平看，19 世纪的木船已经落伍了。德国的舰船建造计划分为第一期和第二期，第二期的规模相当大，明显是为了抗衡英国海军。因为这个计划，英国的对德感情恶化，德国用尽手段试图缓解。其一就是借助义和团事件。因为担心俄国在中国势力扩张，英国和德国签订了《扬子江协定》。

德国借签订《赫尔戈兰-桑给巴尔协定》的机会，想把英国拉入与意大利、奥匈帝国之间缔结的三国同盟中，但没有成功。1894年俄法同盟成立。1904 年英法协约成立。这时，德国想尝试既不受英国制约也不受俄国束缚的"自由之手"政策，结果反而变得孤立无援。法国为了守住在摩洛哥的权益，寻求英国支持。

1905 年，威廉二世在英法接近的形势下突访丹吉尔，想取得德国在摩洛哥的权益。这时候正值日俄战争时期，俄国腾不出手施以援助，法国没办法强硬到底，在摩洛哥问题上被迫向德国让步。随着英国和德国之间的矛盾加深，英国为了拉拢俄国，1907 年和俄国签订了英俄协定。这样，英法俄三国协约成立，德国与三国对立的格局形成了。

由于在日俄战争中战败，俄国入侵中国东北的企图受挫，于是再次把眼光转向了巴尔干半岛。为此，与同样希望进入巴尔干半岛的奥匈帝国产生了矛盾。

以土耳其国内爆发革命为契机，奥匈帝国在 1908 年吞并了土耳其属地波斯尼亚和黑塞哥维那两州，俄国和塞尔维亚最后不得不承认吞并的事实。威廉二世派出了炮舰介入，第二次摩洛哥危机最后被化解。

巴尔干半岛上居住着塞尔维亚人、克罗地亚人、斯洛文尼亚人、马其顿人、黑山（门的内哥罗）人、保加利亚人等南斯拉夫族，此外，罗马尼亚人、阿尔巴尼亚人等也居住于此，另外还有匈牙利人、土耳其人、德意志人等。宗教则分为天主教、伊斯兰教、希腊正教，各民族都希望摆脱奥斯曼土耳其的统治，获得独立，它们各自在古代和中世纪的王国中寻找立国的历史依据。

针对这些动向，欧洲列强纷纷介入，巴尔干问题爆发。巴尔干各国结成同盟向土耳其施压，1912 年，同盟各国和土耳其开战（第一次巴尔干战争）。土耳其战败，围绕领土分配各方激烈冲突，保加利亚和塞尔维亚、希腊、罗马尼亚等再次陷入战争（第二次巴尔干战争）。

第一次世界大战

英国建造了新型巨舰，海军实力进一步增强。德国也不甘落后，埋头建造大型舰船。另外，针对英国想通过铁路建设把开普敦、开罗和加尔各答连接起来的"三 C 政策"，德国针锋相对地提出用铁路连接柏林、拜占庭和巴格达的"三 B 政策"。在这种氛围下，战争的危机临近了。

1914 年 6 月 28 日，奥匈帝国的皇储斐迪南大公（Archduke Franz Ferdinand，1863—1914）在访问被吞并的波斯尼亚首府萨拉热窝时，被塞尔维亚青年枪杀。奥匈帝国在得到德国默许的情况下向塞尔维亚发出最后通牒。萨拉热窝事件成了第一次世界大战的导火索。

维也纳政府和塞尔维亚断交，7 月 28 日正式开战。接着，俄国支持塞尔维亚，发布了总动员令，德国对俄国开战。英国借德国侵入比利时事件宣布对德国开战。日本也宣布对德国开战。土耳其站在德国一边。意大利开始的时候恪守中立，随后宣布向奥匈帝国、德国开战。

德国的战略是优先在西部发动攻势，等俄国出兵后再进行东部决战，这被称为"施里芬计划"。该计划分配了兵力的八分之七用于对付法国，东部只留八分之一兵力。

但是这个计划失算了。德军在距离巴黎一天行程的马恩河受阻，被迫止步。用六周时间歼灭法军的施里芬计划失败了，德军陷入不利的境地。

奥匈帝国军队被俄军击溃。在东部战线，德军击溃俄军。这次战役令人回想起 1410 年德意志骑士修道会的那次战败，被称为"坦能堡（斯滕巴尔克的旧称）战役"。但到了 1914 年秋，东部战线的推进也停滞了。

在这样的态势中，政治是沉默的，外交也失去了存在感。战争从中欧发端，扩展为席卷全欧的战争，最后发展为世界大战。1915 年在土耳其的加利波利，英法军队和土耳其、德国军队之间的战斗打响了，海战变得比陆战更加重要。

英军在所有海域封锁德国军舰。德国的对策是"U 形潜艇作战"。1917 年初，德国宣布对中立国的舰船也一律击沉，这激怒了美国，美国对德宣战。

同年 3 月（俄历二月）和 11 月（俄历十月），俄国革命爆发。第二年，根据《布列斯特-里托夫斯克和约》，德国占领了乌克兰。但是西部战线的局面并没有打开，德军胜利的希望渺茫。这时候，参谋次长鲁登道夫（Erich Ludendorff，1865—1937）向当时的首相巴登公爵马克斯（Max von Baden，1867—1929）提议：接受美国总统在 1 月 8 日的国情咨文中提出的"十四点"和平纲领，休战。

展望新的世界体系

美国参战和俄国革命成为大战的转机，同时，对新世界体系的展望也开始了。

对世界和平的两种展望在以后发展成了两大对立阵营。一种是用世界革命来实现世界和平的展望，由列宁在 1917 年 11 月提出。另外一种是威尔逊提出的基于民主、自治、自由通商的和平方案。两者都看到了德国在地缘政治上的重要性：德国是影响世界权力分配的欧洲的心脏。

在德国的港湾城市威廉港、基尔港，德军上层在完全没有胜算的情况下命令舰船出击和英国海军决战，引发了水兵叛乱。水兵和工人一起组成代表委员会，要求皇帝退位。1918 年 11 月 10 日，皇帝退位，流亡荷兰。

前一天，在柏林，社会民主党的谢德曼宣布德意志共和国成立，霍亨索伦王朝宣告终结。大战双方在巴黎郊外的贡比涅进行了和谈，协约国方面要求德国废除《布列斯特-里托夫斯克和约》（与苏俄签订），潜水艇和武器弹药、飞机上缴给协约国，等等。

11 月 7 日，巴伐利亚也发生了革命，城市中产阶级也卷入其中。一场声势浩大、自下而上的革命在发酵。9 日，卡尔·李卜克内西宣布"社会主义共和国"成立，马克斯公爵授权弗里德里希·艾伯特组阁。工会方面并不希望颠覆社会，艾伯特也通过电话和军队取得联系（希望保持克制），德国最初的共和国诞生了。

第一次世界大战前，社会民主党左翼中诞生的斯巴达克斯同盟在罗莎·卢森堡和卡尔·李卜克内西的领导下，希望走社会主义革命的道路。而艾伯特政府希望走议会民主道路，筹划国民议会选举，招致罗莎·卢森堡等人反对。1918 年底，斯巴达克斯同盟改组为德国共产党。

艾伯特获得参谋总长格勒纳（Karl Eduard Wilhelm Groener，1867—1939）的支持，以应对事态的发展，双方爆发了激烈冲突。激进派拒绝即将到来的选举，密谋起事，罗莎·卢森堡和卡尔·李卜克内西在事件中遭到杀害。

在这样的形势下，1919 年 1 月 19 日国民议会举行了选举。社会民主党获得 38% 的选票成为第一大党，但加上独立社会民主党（中间派，得票 6.7%），所占议席也未过半数。不过，选举踏出了走向议会民主的第一步。

魏玛共和国

最初的议会 2 月 9 日在魏玛召开。其主要日的是制定新宪法、缔结和平条约。议会选举艾伯特为总统，社会民主党、中央党、民主党的联合内阁成立。新宪法于 1919 年 7 月 31 日获得通过。魏玛宪法是在战败和革命的双重影响下诞生的，左翼和右翼对此都表示不满。

议会的核心势力是自由派，但帝国时代的基本对立并没有消除。左翼期待用社会主义来改变议会民主制共和国的方向，市民社会摇摇欲坠。而在右翼阵营，1917 年至 1918 年间，在祖国党内部形成了一股不满现状的潜在力量，这股势力正在寻求一个领袖、一个欧洲的支配者。

并不是只有布尔什维主义或者民主主义这两种选择，有人认为还有第三条道路，这条道路才是能够预防希特勒的真正的出路。但当时的社会现实只给出了社会主义或者政党国家的可能性。即便如此，议会主义者也知道，议会其实是相当软弱的。

魏玛共和国一开始就面临各种难题。不只是内部不信任和对立这么简单，战胜国根据《凡尔赛和约》要求德国支付巨额赔偿，这激化了德国国内的矛盾。德国失去了所有海外领土，也失去了本国领土的 13%。特别是在东部国境，根据"波兰走廊"，东普鲁士被割让，但泽（格但斯克的旧称）作为自由城市被置于国际联盟的管辖之下。莱茵兰实施非武装化，15 年内处于占领之下。萨尔同样在15 年内处于法国的管辖之下。德国的海外资产也丧失殆尽，军备大幅度缩减。

国民对《凡尔赛和约》有诸多不满，原因之一是民众对德国战败这件事情没有切实的感受。很多人认为德国是接受威尔逊的"十四点"和平纲领而休战，并没有战败。

也有关于德国战败原因的讨论。有人认为，德国战败是因为那些社会主义者不配合，反而在背后捅刀子的缘故。众说纷纭之中，德国的政局相当不稳定。

1920 年 3 月，极右势力发动了卡普暴动，这是一次镇压革命的运动，是军队和一部分反共政治家合谋的结果，沃尔夫冈·卡普（Wolfgang Kapp，1858—1922，东普鲁士地方长官，德意志祖国党创始人）和吕特维茨（Walther von Lüttwitz，1859—1942）将军是主谋。对《凡尔赛和约》不满的吕特维茨将军的旗下聚集了大量义勇军，他们占领了柏林，宣布成立卡普新政府。但国防军拒绝执行镇压任务，政府逃往斯图加特。社会主义政党和工会举行总罢工，工人们发动了起义。最后卡普下台，政变失败了。

1921 年 4 月，国际联盟明确德国的战争赔款为 1 320 亿金马克，要求德国接受。德国不得不接受。1922 年 4 月 16 日，德国和苏俄签订了《拉巴洛条约》，两国相互放弃战争赔偿，恢复外交关系，实施最惠国待遇。之后，德国和苏联的关系良好，德国被《凡尔赛和约》禁止的飞机、潜水艇的生产在苏联进行。

催生希特勒的社会形势

1923 年 1 月，法国占领了德国的产业中枢鲁尔地区。对此，当时的古诺政府采取了"消极抵抗"政策，反法民族主义迅速高涨。

失去鲁尔后，德国经济面临崩溃，通货膨胀率扶摇直上，社会严重不稳定。在萨克森和图林根，共产主义者发动了暴动，但被施特雷泽曼（Gustav Stresemann，1878—1929，曾任魏玛共和国总理、外交部长）政府镇压。共产党也在积极准备武装起义，恩斯特·台尔曼（Ernst Thälmann，1886—1944）在汉堡发起了暴动，结果失败。在这种情况下，谋求第二帝国复活的运动高涨起来，其中，巴伐利亚特别突出。

当时在巴伐利亚军队里当差的阿道夫·希特勒（Adolf Hitler，1889—1945）当上了德意志民族社会主义工人党（纳粹党，NSDAP）的党首，他主张废除《凡尔赛和约》，鼓吹反犹太主义，引起了广泛的社会关注。1923年11月，希特勒在慕尼黑的啤酒馆采取行动，失败后被捕。被判入狱后，希特勒在狱中写下了《我的奋斗》，阐述自己的信仰。1924年希特勒被释放，重组纳粹党，势力迅速扩大。

这时候德国的通货膨胀依旧猛烈，1922年夏以后，已经到了不可收拾的地步。这一年，凯恩斯（John Maynard Keynes，1883—1946）等著名经济学家来到德国，考察德国的赔款支付能力，提出了改革税制和缩小通货膨胀的建议。而德国政府表示不暂停支付赔款的话，货币将无法稳定。结果通货膨胀进一步恶化。通货膨胀之下，大地主和资本家获得了巨大利益，而工人的工资赶不上物价上涨，生活水平下降，死亡率也上升了。

德国政府发行了新的地产抵押马克（Rentenmark），实施货币改革。这是一种因为黄金储备不足，以土地等作为抵押的纸币，一年后，通货膨胀停歇了。

但是赔偿问题不解决的话，德国经济不可能重建。美国为了维护欧洲市场的稳定，介入了赔偿问题。1924年的巴黎专家会议上，在美国银行家查理·道威斯（Charles Gates Dawes，1865—1951）和美国通用公司的杨格（Owen D. Young，1874—1962）的建议下，出台了道威斯计划，重点考虑了德国的支付能力和德国经济稳定方案。计划实施后，美国资本开始大量流入德国，带来了经济繁荣。1925 年，德国恢复到了战前的工资水平，失业者减少。

经济相对稳定后，外交部长施特雷泽曼希望确保美国资本的持续流入，同时实现法国从莱茵兰地区的提前撤军。为此施特雷泽曼于 1925 年向英法提议，希望德国和法国就国界问题缔结安全保障条约，同年，条约在瑞士洛迦诺签订。

根据这个条约，德国确认了《凡尔赛条约》中的西部国境，德国以放弃阿尔萨斯-洛林地区为条件，换取法国从莱茵兰提前撤军。这个条约缓和了欧洲的紧张局势，人们看到了和平的希望。施特雷泽曼因此获得了 1926 年诺贝尔和平奖。

德国在 1926 年加入国联，并成为常任理事国，正式回归国际社会。但就在同一年，德国和苏联缔结了柏林条约，强化了德苏军事合作。

1925 年 2 月艾伯特去世，德国进行了首次总统选举。结果，兴登堡以 1 465 万票当选。共产党的台尔曼获得 190 万票，也受到关注。其后，国防军、农会、重工业界等右翼势力开始集结——1930 年 4 月成立的海因里希·布吕宁内阁，是在以化学、电气资本为主的德国工业全国联盟和右翼势力达成均衡的基础上建立的。

这个阶段，赔偿问题依然是焦点。1929 年巴黎专家委员会的委员长是杨格，会议提出的杨格计划减轻了德国的负担，但并不够充分。

第十三章 纳粹统治和战败

大萧条中得势的纳粹

1929 年 10 月末，纽约证券交易所股价暴跌，之前大量流入德国的美国资本相继撤离，德国经济面临崩溃。施特雷泽曼的去世也刺激了国内矛盾的激化。

1930 年的大选中，反对魏玛体制的纳粹势力大增。纳粹党获得107 席，一跃成为第二大党。总理布吕宁要求协约国方面放弃赔偿，以削弱纳粹党的社会基础。1931 年，美国总统胡佛宣布德国可以暂停赔款支付（胡佛缓债令）。各国也认可了布吕宁提出的废除战争赔款的请求。

1931 年，兴登堡总统首次与希特勒会面，咨询他的政策意见，这给了希特勒自信。1932 年，希特勒在杜塞尔多夫的工业俱乐部和资本家们会面时，保证会建立一个维护资本家利益的秩序，废除工会，成功俘获了工业大亨们的支持。

希特勒的统治

1932 年 6 月 1 日，巴本（Franz von Papen，1879—1969）成为总理，同年 7 月的选举中，纳粹成为第一大党。巴本是通过政变推翻普鲁士州的社会民主党政府后上台的，他提议希特勒作为副总理入

兴登堡（1847—1934）

阁，但被希特勒拒绝了，因为希特勒希望和中央党组建联合政府。巴本解散了议会，纳粹势力暂时进入退潮期。

1933 年 1 月，希特勒-巴本政府成立。这是一个纳粹党和右翼势力的联合政府。在这个政府里，纳粹党除了希特勒以外，只有戈林、弗里克两人入阁。在巴本内阁担任国防部长的库尔特·冯·施莱歇尔（Kurt von Schleicher，1882—1934）一开始努力想和纳粹党达成合作。1932 年 11 月巴本辞职，以施莱歇尔为总理的内阁成立。施莱歇尔想压制住希特勒和纳粹势力，未果。1933 年 1 月施莱歇尔辞职，他成了魏玛共和国最后的总理。

2 月 1 日，希特勒解散国会。27 日发生了国会纵火事件，戈林宣布这是共产党的暴动，希特勒发出"保护人民和国家紧急令"，停止基本人权。共产党在事实上成了非法政党。

国会纵火案并没有定论，但一般认为并非共产党所为，而是纳粹的阴谋或者是个人的犯罪。

同年 3 月 23 日，希特勒向国会提出"授权法"草案，要求把立法权委托给政府。在中央党的配合下，法案获得通过。希特勒获得了突破宪法和国会制约的支配权。

翌年，兴登堡去世，希特勒成为国家元首。纳粹党员的四成是二十多岁的年轻人，这一点和之前的政党不同。党内虽然也有中产阶级这个母体，但是包含了复古主义者、保守主义者、人种论者等多种成分。希特勒青年团、冲锋队（SA）、党卫队（SS）等组织相继成立。

希特勒主张以合法途径获取政权。依靠官僚的配合，他的企图基本实现了。不可否认的是，由此，对希特勒的抵抗变得愈发困难。1932 年出台的《恢复职员官吏法》中首次使用了"非雅利安人"这一词语，犹太人被排除在官僚体系之外。在希特勒体制下，魏玛共和国已经消亡。

希特勒在行动

为了整合德国，希特勒把目光瞄准了教会。新教和魏玛体制互不相容。希特勒把新教改革的全权委托给了随军牧师穆勒，试图建立统一的帝国教会。对此，尼默勒（Friedich Gustav Emil Martin Niemöller，1892—1984）等发起反抗，他们组织了"告白教会"，并和卡尔·巴特（Karl Barth，1886—1968）[1] 取得联系，反对国家对教会的干涉。

1929 年，梵蒂冈教皇和墨索里尼签订和约，纳粹党希望梵蒂冈和希特勒之间签订同样的和约，1933 年得以实现。梵蒂冈解散了天主教背景的中央党以及工会等。

1933 年希特勒宣布退出国联。1935 年宣布恢复征兵制。翌年废除了洛迦诺条约，派兵进驻非武装地带莱茵兰。1938 年吞并奥地利。

事情发展到这种地步，希特勒的野心已经昭然若揭，但是欧洲各国并没有

希特勒（1889—1945）

---

[1] 新教神学家。1935 年，巴特因为反对纳粹而被波恩大学解职，同年离开德国，回到父亲曾经求学与任教的瑞士巴赛尔大学教书，直到 1962 年退休。

采取共同行动。1935 年，英法意三国在意大利的斯特雷萨开会，决定要采取措施共同应对德国的再军事化动向，但没有实效。英国对德国一直采取绥靖政策，意大利和德国结成了"罗马-柏林轴心"，西班牙和日本也加入其中。

1938 年 9 月，希特勒在德国和捷克斯洛伐克边境集结军队。希特勒和墨索里尼、英国的张伯伦（Arthur Neville Chamberlain，1869—1940，1937—1940 年间任英国总理）、法国的爱德华·达拉第（Édouard Daladier，1884—1970，1938—1940 年间任法国总理）在慕尼黑举行会谈，会议决定把捷克斯洛伐克境内德裔居民较多的苏台德地区割让给德国。希特勒表示这是最后的领土要求，其他国家松了一口气，以为欧洲的和平得到了保证。

开战和战败

1939 年 3 月 15 日，希特勒发动闪电战侵占布拉格。同年 9 月 1 日，德国军队入侵波兰。英法两国立即对德宣战。

根据 1939 年 8 月 23 日签订的《德苏互不侵犯条约》，苏联军队占领了波兰东部。苏联还进攻芬兰，占领了部分领土。德军随后占领了丹麦和挪威。1940 年夏，德军开始空袭英国。意大利的墨索里尼攻占了阿尔巴尼亚、希腊。

1941 年 3 月，美国总统罗斯福放弃中立政策，和丘吉尔签订《大西洋宪章》，明确民主的原则是未来世界和平的基础。

1941 年 6 月 22 日，希特勒对苏联不宣而战。但是在距离莫斯科和列宁格勒不远的地方，德军的推进受阻。斯大林格勒战役中，德军败北，在非洲战场，德军同样遭到失败，这成为战争的转折点。1944 年 6 月，盟军在诺曼底登陆，德军遭到东西两线夹击。1944 年 7 月，德国国内发生了反抗希特勒的军事政变，但未成功。

纳粹统治下的社会

在纳粹统治下，几乎所有艺术、文化领域都对"非德国的成分"进行了甄别，一大批科学家和文化人因此上了黑名单，如恩斯特·巴拉赫（Ernst Barlach，1870—1938）、保罗·克莱（Paul Klee，1879—1940）、凯绥·柯勒惠支（Käthe Schmidt Kollwitz，1867—1945，德国版画家、雕刻家）、贝托尔特·布莱希特（Bertolt Brecht，1898—1956）、弗朗茨·卡夫卡、托马斯·曼、斯蒂芬·茨威格、保罗·欣德米特（Paul Hindemith 1895—1963，作曲家）、阿诺德·勋伯格等。

1938 年 11 月 7 日，在巴黎的德国大使馆的一名秘书被一个 17 岁的犹太少年射杀，以此事为导火索，从 11 月 9 日开始，类似于"水晶之夜"[1] 的针对犹太人的袭击和有组织的迫害、屠杀事件在德国和奥地利频频发生。

之前的 10 月 28 日，德国国内有 1.5 万犹太裔波兰人被驱逐出境，强制移送至德国-波兰国境。那位犹太少年的行动应该是出于对这

纳粹查封犹太人商店

---

[1] Crystal Night、the Night of Broken Glass，又译帝国水晶之夜、碎玻璃之夜、十一月大迫害。指 1938 年 11 月 9 日至 10 日凌晨，希特勒青年团、盖世太保和党卫队袭击德国和奥地利的犹太人的事件。被袭击的犹太人商店的玻璃纷纷掉落，碎玻璃犹如水晶般在夜晚闪烁，故命名。"水晶之夜"事件标志着纳粹对犹太人有组织的屠杀的开始。

些举措的反抗。

其后，德国全境的犹太人教堂都遭到了袭击。在袭击中，被毁坏的路灯的碎玻璃散落一地，由此被称为"水晶之夜"。

在纳粹统治下，针对犹太人的迫害不止于德国境内，德军占领下的全欧洲都可以看到，可谓灾难深重。1933年，德国有犹太裔50万人，所有这些人以及分布在欧洲全境的510万到650万的犹太人，最终都遭到杀害。

1943年7月，盟军在西西里岛登陆，逐渐向北部推进。在东部战线，苏联军队也抵达了德国国境。1945年4月30日，希特勒自杀。5月8日，德国签订投降书，第三帝国灭亡。

占领下的德国

继1943年的卡萨布兰卡会议和德黑兰会议后，同盟国方面于1945年2月在克里米亚半岛的雅尔塔开会，缔结协定，决定战后德国由数国同时分割占领，同时决定波兰的国境线向西推移，等等。

1944年，战胜国中的主要四国决定德国领土由美、英、法、苏四国分割占领。1945年7月，波茨坦会议召开，商讨了德国占领的具体方案，重点是德国的非纳粹化和非军事化。关于其领土，在正式和约缔结之前，东普鲁士的北半部分由苏联管辖。德国和波兰之间的边界最终由和约确定，在此之前，东普鲁士的南半部分和奥得-尼斯（奥得河和尼斯河一线）以东地区由波兰管辖。但是实际上苏联介入了奥得-尼斯以东地区，驱逐德国人，允许波兰人迁入。

雅尔塔会议认可德国由多国分割占领。在波茨坦会议上，除了法国以外的三国同意：占领期结束后让德国重新成为统一国家。

占领下的德国遇到了各种问题。第二次世界大战后，相较于因为战争而凋敝的欧洲，苏联和美国成为超级大国。特别是美国，没

有受到战争的直接危害，另外还因为战争发展了产业。苏联在 1947
年创设了共产党和工人党情报局（Cominform），对东欧和相关国家
加强控制。冷战慢慢开始了。

对德国各州的占领体制如下：

苏联占领区：图林根、萨克森-安哈尔特、勃兰登堡、梅克伦堡

英国占领区：石勒苏益格-荷尔施泰因、下萨克森、北莱茵-威
斯特伐利亚、汉堡

美国占领区：黑森、巴伐利亚、符腾堡-巴登、不来梅

法国占领区：莱茵兰-普法尔茨、巴登、南符腾堡-霍亨索伦

此外，柏林由四国共同占领。

从分裂国家的再出发

围绕对德处理，四国的意见各不相同，这成为冷战的契机。法
国建议德国应该成为由 12 个州组成的联邦制国家，苏联希望它成
为中央集权制国家。英国和美国也希望德国有一个强有力的中央
政府。

1948 年，在伦敦召开的六国会议上，西方三国合并了占领区，
决定发行共同货币德国马克。苏联抗议并封锁了西柏林。之后的一
年间，美国只能靠空投来供应西柏林所需物质。封锁在 1949 年 5 月
解除。

1949 年 5 月，在华盛顿外长会议上，德意志联邦共和国（西
德）成立。作为对抗，10 月 7 日，德意志民主共和国（东德）也宣
告成立。这样，战后德国形成了分裂体制。

此后，德国统一成为所有人的夙愿。但是由于西方阵营和苏联
体制从根本上不同，对立难以消除。德国的统一问题成为政治体制
问题，变得极为困难。

在这种情况下，1950 年 6 月，朝鲜战争爆发。担心同样的情况在欧洲发生，西德的阿登纳总理请求加强西德的警察力量，这成为西德再军事化的契机。

美国和英国认为西德可以在西欧的防卫中担当重要角色，对此表示欢迎，而法国表示担忧。法国总理勒内·普莱文（René Pleven，1901—1993）提议西德不拥有自己的军队而能再军备化的方案，即创设超国家的西欧共同军队，让西德也加入其中。该方案获得美国和英国的支持，欧洲防卫共同体（EDC）构想得到了各国承认。

1952 年 5 月 27 日，法国、意大利、比荷卢（Benelux）三国、德国等六国在巴黎签订了《欧洲防务集团条约》。但是这个条约没有得到法国国民议会的批准，未能成立。英国提议恢复德国的主权，创设国防军并参加北约（NATO），不久，西德的北约加盟得到了各国承认。针对这样的动向，苏联表示，如果让西德加入北约的话，德国将永远失去再统一的机会。

在西德实现加盟北约的 1955 年，苏联和东欧 8 个社会主义国家签订了《友好互助同盟条约》，即华沙条约。条约签订后，华沙条约组织正式成立。

西德的复兴

在此前后，西德在阿登纳总理的领导下迎来了空前的稳定期。艾哈德（Ludwig Wilhelm Erhard，1897—1977）经济部长倡导社会市场经济理念，20 世纪 50 年代末，西德已经成为可以和世界第二大经济体英国并肩的经济大国，被称为"西德经济奇迹"。之前，西德接纳了来自旧东部地区以及东欧的流亡者约 800 万人，这原本是个很大的负担，但在繁荣的经济支撑下，问题得到了解决。

稍早之前的 1947 年，美国国务卿马歇尔提出对欧四年援助计划，目的是振兴欧洲经济，抗衡共产主义。该计划也有助于维持美国经济的繁荣。马歇尔计划最后只"选择了欧洲的一部分"[1]。

在西欧，为了接受来自美国的援助，1948 年欧洲经济合作组织（OEEC）成立，1961 年变身为经济合作与发展组织（OECD）。欧洲的合作机制在政治层面也有进展，1948 年的海牙会议就创设欧洲联邦进行了讨论。

通过推动欧洲一体化来克服德法对立的努力也在进行。法国外长罗贝尔·舒曼提议进行煤炭和钢铁的共同生产和销售。法国、西德、意大利、比利时、荷兰、卢森堡六国在 1951 年结成"欧洲煤钢共同体"（ECSC）。1953 年，煤钢的欧洲共同市场形成。

欧洲煤钢共同体有助于推进一度受挫的欧洲防卫共同体。1957年，欧洲原子能共同体（EURATOM）和共同市场（EEC）计划以《罗马条约》的形式签订。原子能机构的目的在于为六国提供必要的能源，摆脱对美依赖。在该条约的影响下，英国以外的欧洲各国日益走向经济共同体。英国则希望构建更为广泛的自由贸易区。英国和法国以外的欧洲各国签订了《斯德哥尔摩条约》。1960 年，欧洲自由贸易联盟（EFTA）开始运营。

欧洲经济共同体不断发展，但德国还留有萨尔问题。萨尔地区在 1789 年成为法国领土。根据 1815 年《巴黎条约》，其东南部被划给巴伐利亚，北部被划给普鲁士。1871 年，萨尔地区成为德国领土。该地区有丰富的煤炭资源，德国和法国围绕它的领有权纷争不断。根据《凡尔赛条约》，萨尔地区在 15 年之内被置于国联的托管之下。根据 1935 年的居民投票，萨尔地区回归德国。

---

[1] 东欧原本也在计划之中，但由于苏联拒绝马歇尔计划的援助，并强制东欧国家服从，东欧被排除在了马歇尔计划之外。

第二次世界大战后到 1954 年对德和约签订之前，这个地区有点类似于欧洲的一个独立地区。1955 年进行的居民投票中，67.7% 的居民反对欧洲化方案，法国最后也承认了萨尔回归德国这一结果。

萨尔回归德国是一个领土问题，但由于萨尔地区同时是一个煤炭产区，它演化成了一个欧洲议题。

柏 林 墙

这时候，柏林问题愈发重要了。在东德首都柏林，东柏林部分和西柏林部分之间的通行是自由的，东德的居民可以自由前往西德。

因为每年有 15 万至 20 万人逃往西德，东德的领导人乌布利希（Walter Ulbicht，1893—1973）指责这是西德的敌对行为。从 1957 年起，东德政府把前往西德的人视为逃亡者，打算立法加以限制。苏联最高领导人赫鲁晓夫要求实现柏林的非武装化以及西方三国撤出柏林，被拒绝了。针对逃亡者激增的事实，东德政府在 1961 年 8 月建起了柏林墙。有了柏林墙，东德终于稳定下来了，而西柏林由于柏林墙的存在成了陆上孤岛，留下了后遗症。

1969 年 10 月，西德的勃兰特（Willy Brandt，1913—1992）总理在施政演说中呼吁改善同东德的关系，他将德国的现状定位为"一个民族、两个国家"。

为了应对这一局面，西德和苏联之间签订了《德苏互不侵犯条约》（1970 年 8 月），和波兰之间签订了《两国关系正常化基础条约》（1970 年 11 月），在此基础上，四国间的柏林问题谈判开始了。1971 年 9 月，《柏林四方协议》签订，规定西柏林和西德之间的东德领土应保持交通通畅，保障西柏林市民探访东德和东柏林的自由。

重要性不断增加的欧共体

欧洲经济共同体的重要性不断增加，英国也不得不考虑加入其中。但是法国总统戴高乐反对，英国的申请被押后。英国的加盟一直要等到 1973 年。

由于 20 世纪 70 年代发生了世界经济危机，特别是能源供应问题使欧洲经济陷入了窘境。

1973 年和 1979 年两次石油危机暴露了欧洲基础产业的弱点。阿拉伯石油输出国组织在很短时间里把油价提高到四倍，欧洲人终于明白过来：之前，欧洲各国的产业过度依赖廉价石油，而且设备陈旧，无以为继。

这时候，苏联经济走向了停滞。1985 年，戈尔巴乔夫就任苏联共产党总书记以后开始削减军备，改善和西方的关系，发展经济，即政治经济的重建（perestroika）开始了。通过导入合资企业法、国营企业法、协同工会法、承包制等来激发经济活力。1990 年开始，苏联引入了市场经济。

但由于旧的体制只有部分被清除，新的市场经济的引入又不够充分，苏联经济陷入混乱，通货膨胀居高不下，货币贬值，物资严重不足。1990 年，苏联宣布开放党禁，实施多党制。推进信息公开化，保障言论、出版自由，对政府和军队的批评声也出现了。在这种情况下，东西方的紧张关系得到缓和。苏联军队开始从阿富汗、东欧、蒙古等地撤退，苏联对东欧的支配宣告终结，华沙条约组织解体。

勃列日涅夫主义被戈尔巴乔夫彻底放弃，原本在苏联势力压制之下的各国相继开始了改革。

首先是匈牙利。匈牙利向经济、政治都在不断走向一体化的欧洲靠近，允许多党制，开放了和奥地利之间的边境。对此，东德的统一社会党束手无策。

另外，波兰统一工人党的统治也告终结。在 1989 年的选举中，在统一工人党之外组成了马佐维耶茨基内阁。

这些动向对东德的影响是不言而喻的。

东西德统一的征兆

东德内部，教会开始积极活动，针对统一社会党对教育和自由的压制，发起了抗议活动。东德建立以来由于缺乏民主程序，不得不依靠强力机构对各领域进行监视。

国家安全部，即"斯塔西"（Stasi）就是这样的组织。该机构人员达 9 万人，从事秘密警察、情报搜集等工作。对东德人来说，这是国家主导下的间谍机构。根据"斯塔西"的报告，20 世纪 80 年代初，东德受牵涉的市民活动家、反对派人士达 2 500 人，市民组织 160 个。

1989 年东德建国 40 周年纪念日，柏林和莱比锡爆发了大规模示威游行，执政党对此无能为力。东德的经济此时正走向破产的边缘。

很多市民逃往西德。1989 年 11 月，这个数字达到了 13.3 万人以上。到了这时，莫德罗（Hans Modrow, 1928— ）政权表示，不久的将来两德有可能统一。不过这时候说的统一，其内涵还是旧形态下的统一。苏联总统戈尔巴乔夫明确表示不反对德国统一。西德总理科尔（Helmut Kohl, 1930—2017）主张，统一后的德国应该继续留在北约内。

在这种状况下，德国的统一似乎已不再是问题，关键要看东德人民的态度。1990 年 3 月的选举中，"德国联盟"获胜成为第一大党，其政治纲领是：东德和社会主义诀别、导入西德马克重建经济、根据西德基本法第二十三条完成德国的统一。

1989 年 11 月 9 日，东德宣布个人出国旅行自由化。几小时之内，柏林的边境哨所挤满了要求签证的东德市民，混乱之中，边境突然打开了。当天晚上，柏林墙就倒塌了。

其后，从东德流出的人口一个月就达到 5 万人以上，德国统一问题变得越发紧迫。东德人口的大量流入对西德政府来说也有些措手不及。在国境附近的城市，百货店货架上的商品被抢购一空。

统一需要解决一系列问题。统一问题首先绕不开美、苏、英、法四国的态度。西德政府为了避免只有四国单独商讨的局面，提议在四国的基础上加上两德，共同协商，建议被接受了。到了这个阶段，两德统一的问题也是欧洲共同体的问题了。

1989 年的柏林勃兰登堡隔离墙

奥得-尼斯线是问题之一。根据《波茨坦公告》，奥得-尼斯线以东的德国领土在波兰和德国正式签订和约前，暂时由波兰管辖。科尔总理同意在"4+2"的基础上，再加上波兰来共同协商这个问题，德国同意以现在的国境线作为最终的国境线。这个问题的解决过程充分说明，德国的问题并非单纯的德国一国问题。

东西德统一

1990 年 10 月 3 日，两德实现了统一。

那时候我刚好在德国，下面简单描述一下当时的情况。

当时我在哥廷根，坐上朋友的车，我们去了杜德施塔特附近的国境线。过去这里竖着铁丝网，只能远远地眺望东德的城市。关卡开放后的几天之内，这里已经铺设了柏油路，直通米尔豪森。在米尔豪森街上的人几乎都是西德人。停车场的车子也几乎都挂着西德的车牌，其间混杂着东德特拉贝特品牌的汽车（Trabant，也称为"卫星牌"汽车，是东德最普遍的汽车。外壳用的是纸板强化处理后制成的一种叫作 Duraplast 的材料，是棉纤维和树脂的混合物。很便宜，而且不受尾气规制的限制）。

在某户人家前面，偶然透过窗户看见两位老人正在朝外张望。他们因为西德人突然大量涌入的关系，不敢外出，大概担心被好奇的眼光打量，因而藏身在家的吧。去市场看了一下，摆出各种摊子的基本都是开着西德车子的人，商品也都是西德产。这只是在一个城市看到的景象，但这也是统一时的一般情况吧。

统一后的德国还留有各种问题。长时间生活在不同体制下，国民意识有很大差异。再加上民主德国最后的政府实质上已经摇摇欲坠，统一后的问题还没来得及充分协商，统一就已经实现了，由此也带来了很多问题。

　　比如，原东德居民的土地所有权和西德市民留在东德境内的土地所有权问题还没有解决。西德政府提出"不增税的统一"，但实际财政负担增加了，如何解决成为今后的课题。还有，西德市民和新来的东德市民之间的融合也是很大的问题。

　　其他方面，欧洲共同体在两德统一后依然在曲折中不断前进着。1973 年，新成员英国、丹麦、爱尔兰加盟，如今已有 12 个成员国。从石油危机暴露的问题看，欧共体还有很多问题需要克服。

第十四章　流亡和难民的时代

庇护和流亡

本书主要叙述了德国这一国家的历史。在德国历史中，庇护权（Asyl）这一独特的制度就像一根红线，从古代穿越中世纪，延续至今。近代以后，这一制度是如何变化的？我们在介绍伊拉斯谟的时候提到过，考虑这个问题时必须提及戈特霍尔德·埃弗拉伊姆·莱辛（Gotthold Ephraim Lessing，1729—1781）。

我在阅读弗朗茨·梅林（Franz Mehring，1846—1919）写作的《莱辛传奇》时，对莱辛产生了亲近感。特别是对他和自己生活的世界绝不妥协这一点，印象尤其深刻。他为此付出了高昂的代价。最后，他在沃尔芬比特尔的图书馆工作，把自己当作"文艺短工"。莱辛的生涯是一个知识分子的写照。

那时候还没有流亡制度，但事实上莱辛的一生都过着流亡生活。以莱辛为代表，德意志知识分子的历史其实就是一部流亡史。

流亡古已有之，但一般以16世纪法国胡格诺新教徒逃避迫害事件为开端。三月革命（1848年）中，自由主义人士纷纷流亡海外。广为人知的例子还有：海涅从德意志流亡到法国，马克思流亡到巴黎和英国，音乐家肖邦从波兰流亡到巴黎。

近代以来，庇护制度有所发展。1951年，各国在日内瓦签订《日内瓦难民公约》（关于亡命者、难民地位的条约），1954年生效。

日本在政治和法律上都不承认"流亡"，一直到 1981 年，日本才批准《日内瓦难民公约》。

在纳粹崛起的过程中及二战期间，欧洲的流亡人数激增。前面提到过不少，比如托马斯·曼、贝托尔特·布莱希特、卢卡奇（Szegedi Lukács György Bernát，1885—1971）、恩斯特·布洛赫（ErnstBloch，1885—1977）、瓦尔特·本雅明（Walter Benjamin，1892—1940）等，都在此列。战后，东德的逃亡者有增无减。其中，东德诗人沃尔夫·比尔曼（Wolf Biermann，1936— ）事件 [1] 令人印象深刻。

从东德移居西德的人们在广义上也是流亡者，这个数字在比尔曼事件以后激增，比如，德国著名诗人孔策（Reiner Kunze，1933— ）、汉斯·约阿希姆·萨德利希（Hans Joachim Schädlich，1935— ）等人紧随其后流亡到了西德。

难民和庇护权

但是这些人不是作家就是学者，都属于名人。回顾庇护制度的历史，进不了"流亡"这一范畴的无名百姓还有许多。他们并非因为思想信仰，而是因为生活所迫逃往国外。19 世纪 50 年代，很多这样的人远涉重洋从德意志来到美国。

难民问题，一般指的是平民的流亡问题，各国的具体规定有所不同。

---

[1] 比尔曼于 1936 年出生于汉堡，父亲是犹太人，并且是位信奉共产主义的船厂工人，1943 年在奥斯威辛集中营被杀。1953 年比尔曼迁居到民主德国，想去东边寻找共产主义理想。但是，他失望了。1965 年，他被民主德国政府全面禁止演出和出版活动。1976 年，他获准去联邦德国一个音乐会上朗诵自己的诗歌作品，却在演出期间被东德政府突然宣布取消国籍。为他抗议呼吁的几位东德作家也被开除出党。这是 20 世纪 70 年代民主德国的一个大事件。

法国在 1988 年制定了第一部移民法，1993 年移民法修订版详细规定了外国人政策的基本方针。这里的"外国人"包括政治避难者、留学生、难民等。随着失业问题严重化等事态的出现，外国人政策有所收紧。为了避免可能出现的批评，对外国人的分类和规定进一步严密化了。同样的情况也出现在德国，但德国的应对方法不同。

在德国，庇护权得到基本法的承认。如下：

第十六条

（1）遭受政治迫害者，享有庇护权。

（2）从欧洲共同体成员国入境者或从适用难民（Flüchtlinge）条约、人权和基本权利保护条约的第三国入境者，不适用第一项的规定。欧洲共同体以外的国家符合第一项的前提条件者，由需经联邦参议院同意的法律进行规范。第一项中，结束居留的相关措施与法律救济手续相互独立，1993 年 6 月 28 日基本法修订后，可以享受并实施庇护权。

（3）必须根据联邦参议院通过的法律进行以下判断：从各国的法律现状、法律适用以及一般政治状况看，在那里并没有发生政治迫害，并且也没有残酷或者侮辱性的惩罚发生。由这类国家入境的外国人，除非其举出确实受到政治迫害之事实，否则推定为未受迫害。

（4）第三项的场合，以及明显没有根据或者看起来没有根据的场合，关于终结居留措施的执行，只有当这些措施有法律上的重大疑问时，由法院下令停止执行。审查范围应该有所限制；过迟的申请可以不列入考虑。具体事项遵从法律规定。

（5）第一项或者第四项，根据欧洲共同体国家相互间，或者和第三国之间缔结的国际法上的条约，缔约国必须遵守难民法以及人权和基本自由保护条约的各项义务，不得妨碍包括庇护决定的相互承认在内的庇护申请审查的权限规定。

（高田敏、初宿正典编译《德国宪法集》）

法律第二项中的难民（Flüchtlinge）是这样定义的：这些人其实应该称为"回归者"，他们是居住在前苏联占领区或者东柏林、在战后的政治形势下从特别的强制状态下逃亡的德国国籍拥有者。难民（Verfriebene）分为以下几种情况：二战后居住在他国管辖之下的德国东方地区（奥得河 尼斯河以东的旧普鲁士领土）者，或者1937 年 12 月 31 日居住在德国领土上但战时被驱离者，或者逃亡的德国国籍拥有者。也就是说，法律对难民一词进行了明确而详细的分类定义。德国内政部出台的《新庇护法：问题和解答》这本小册子里，对法律修订的理由是这样说明的：

在过去的法律之下，无论是何种庇护的申请者，无论他的期待是何等渺茫，在对庇护申请进行调查期间都有临时居住权，德国政府必须提供相应的宿舍和生活照顾。庇护权法为源源不断谋求移居的人开了方便之门。

修订的新法可以拯救那些真正遭受政治迫害、谋求我们帮助的人。修订后，德意志联邦共和国可以和其他民主国家一样，对移居者进行限制。

新法于 1993 年 11 月 1 日生效。

现代庇护制度

新法的内容如下。基本法第十六条规定，对遭受政治迫害的人，和之前一样，要对个体进行保护。但是要根据具体情况采取具体措施。

在安全的第三国，遭受政治迫害者已经受到保护的情况下，如希望从该国移居德国，不能以该法为依据。

另外，新法修订后缩短了审查时间。适用于以下情况：从无政治迫害或人权侵害的安全国家而来的避难申请者，发现有严重滥用制度或申请者有重大犯罪的场合。

德意志联邦共和国对于庇护权的适用对象，规定了和欧共体一样的权利和义务。

根据修订后的基本法，庇护权申请可以迅速有效地进行。下面列举的人不在庇护申请对象范围之内：

根据外国人法，获得居留许可的战争或者内战的逃亡者。

从安全的第三国来的外国人。 根据基本法，安全的第三国指的是欧盟的成员国，以及根据欧洲人权公约，遵守日内瓦难民公约的国家。立法者没有列举所有满足条件的国家。但从经验出发，实际上指的是庇护权申请人前往德国必须经过的那些国家，包括：芬兰、挪威、奥地利、波兰、瑞典、瑞士、捷克共和国。

从这些国家来的人，其短期居留申请不获许可。送还安全的第三国时，采取和本法程序不同方式进行。如果该外国人起诉，审理在安全的第三国进行。

以上情况，避难审查将会迅速进行。

从安全的国家出国的外国人。 这里的国家指的是，从法律状况、法律的适用以及一般政治形势看，无政治迫害、没有侵害人权的行为和处罚。

当前主要指以下国家：保加利亚、冈比亚、加纳、波兰、罗马尼亚、塞内加尔、斯洛伐克共和国、捷克共和国、匈牙利。

和"安全的第三国"相同，法律没有列举满足指标的所有国家。

如果从上述国家申请庇护资格，可以依法推测其在政治上没有遭受迫害。外国人如果能提出与这一一般见解不同的事实和证明，可以反驳。

违反重要的配合义务或者严重滥用，指的是庇护申请者伪造身份，用不同证明申请庇护，重复申请社会福利援助等情况。此外还包括外国人有重大犯罪的场合，或者其他明显没有庇护申请依据的场合。

从安全国出国的庇护申请人如果没有携带落地机场规定的庇护申请证件，在该外国人可停留期内，在申请人进入通过国之前，进行庇护资格审查。审查结果为否的话，送回出发国。庇护权审查和诉讼手续最晚在 19 日之内完成。如果不能按期完成，应同意该外国人入境。

庇护申请人明显缺乏依据而被拒绝的时候，如果申请人向宪法法院提起诉讼，可以暂缓送回故国。

当事人必须在缩短后的审查期内（临时的法律保护）向法院申请取消强制送回的行政命令。法院发现该决定存在真正值得考虑的疑点时，可以取消强制送还的命令。

紧急审查原则上由各法官独立判断、决定。审查时间原则上为一周。

各国除了庇护申请机构外，应与法院并行，设立相应的庇护权法执行机构。

根据《申根协定》和《都柏林协定》，向欧盟成员国提出庇护申请时，由接受申请的国家承担具体工作。

权能方面，承担国须制定申请进入欧盟国家避难应满足的客观标准。

如果申请牵涉别的国家，按照新的规定，该审查不再进行，该外国人应该在那个国家接受审查。同样，别国对庇护权做出的决定，适用该国。

《申根协定》和《都柏林协定》是欧盟的新政策，1997 年 9 月 1 日起开始实施。现在又增加了奥地利、瑞典和芬兰三国。

根据《申根协定》，只要在最初到达的国家办理了入境手续，就可以在欧盟各国自由旅行了。一旦进入国境开放的欧盟，庇护申请者或者非法入境者事实上可以通行无阻。因此，针对难民问题的各国政策必须在全欧洲的框架内通盘考虑才行。

比如，1997 年到 1998 年间，大量库尔德难民从土耳其、伊拉克出发到达意大利南部。他们进入意大利后，多数前往有亲戚等居住的德国、法国。意大利政府基于库尔德人人权遭受侵害的事实采取了放行措施，德法两国政府却颇有微词。此外，针对吉普赛人的排外事件也时有发生，他们从东欧流亡而来，希望进入欧盟各国，但很难得到许可。

难民问题是欧盟面临的一大难题，它与土耳其的加入欧盟申请有密切关系，今后亦将成为重要课题。难民和少数民族对欧盟寄予厚望，时刻关注着"没有国境的欧盟"的动向。难民问题的未来走向十分微妙。

前 东 德 人

1990 年 10 月统一以来，德国面临着不同于以往的新问题。位于欧洲中心、能左右欧洲命运的德国在欧盟一体化进程中势必扮演重要的角色。

不止如此。随着苏联的解体，之前无声无息的伏尔加德意志人自治区问题浮出了水面，回想起德国以前的东方政策，不少人存有担心。

无疑，这样的状况首先是苏联解体和东德崩溃导致的。我们想要描述德国历史的话，一个比较难的立场是如何考虑前东德人。

在统一德国境内生活的人们，大概不会认为彼此是完全的同类吧。现在的德国最大的问题是：1945年以后的东德（民主德国）的历史如何纳入到统一德国的历史画像中来？纵览媒体报道，事态的发展并不轻松。

借用君特·格拉斯（Günter Grass，1927—2015）的话，前东德国民被置于二等公民的地位，和西德国民并不对等。在实际生活的各个领域，两者之间差异极大。前东德45年的历史如果不能被纳入统一德国的历史，德国历史必然是不完整的。

德意志民主共和国统一到德意志联邦共和国中时，由于双方的协商和条件设置不充分，引发了不少问题：前东德时代的行为被重新定罪问题，从东德避难到西德的人原有的私有财产问题、土地争议问题，等等。

进而，秘密警察的监视体制曝光，"斯塔西"（Stasi）问题今后可能继续引发内部摩擦和争斗。

从西德人的立场看，东德是一个错误的时代产物，是必须抹除的历史污点，但在东德出生和成长的人可能无法认同这样的观点。他们曾经满怀自豪，如今东德却不复存在了，而他们希冀的个人尊严未必就能实现。

包括"斯塔西"在内，支配东德45年的社会主义体制到底是什么？它不是1945年突然出现的，而是在漫长的历史进程中生长出来的，西欧的历史中有它的根源。

看起来，东面的德意志民主共和国是在战后处置中、在和西面的德意志联邦共和国的对抗中产生的，实际上不然。社会主义国家是西欧漫长的历史的产物，这一点不能忘记。

对立的历史结构

就德国史来说，社会主义国家在东德诞生并非偶然，而是历史的重演。为什么这么说？中世纪中期以来，在东西德国境线两边，无论社会结构还是经济结构都很不相同，整个德国史内部一直存在巨大的对立。

本书力图还原德国东西部的历史地位，同样，对于"社会主义是如何诞生的"这个问题，也希望在历史脉络中去寻找蛛丝马迹。

对那些以今观古的人来说，重要的一点是，现在的德国有了之前没有的新要素，这个问题的发展趋势会对整个21世纪产生重要影响。

这就是外国劳动者问题。西德经济高速成长期迎来了200万外国劳动者，经济奇迹结束后，外国劳动者的数量并未减少，希望移民德国的人数还在增加。看一下最近的数据，表A是1993年4月6日《镜报》报道的数字。

表A　德意志联邦共和国的庇护申请数

出处：《镜报》1993年4月6日

1991 年有 256 112 个庇护申请人，这个数字从 1987 年起急速上升。表 B 是西欧各国的庇护申请者数（1990 年）。

庇护法到底为何物？因为日本没有庇护制度，所以大家也许很难理解。在德国，这个法有很长的历史，现在在这里无法完整地追溯。本章开头讲过，德国基本法第十六条规定，受政治迫害者享有

表 B　西欧各国的庇护申请数（1990 年，单位：千人）

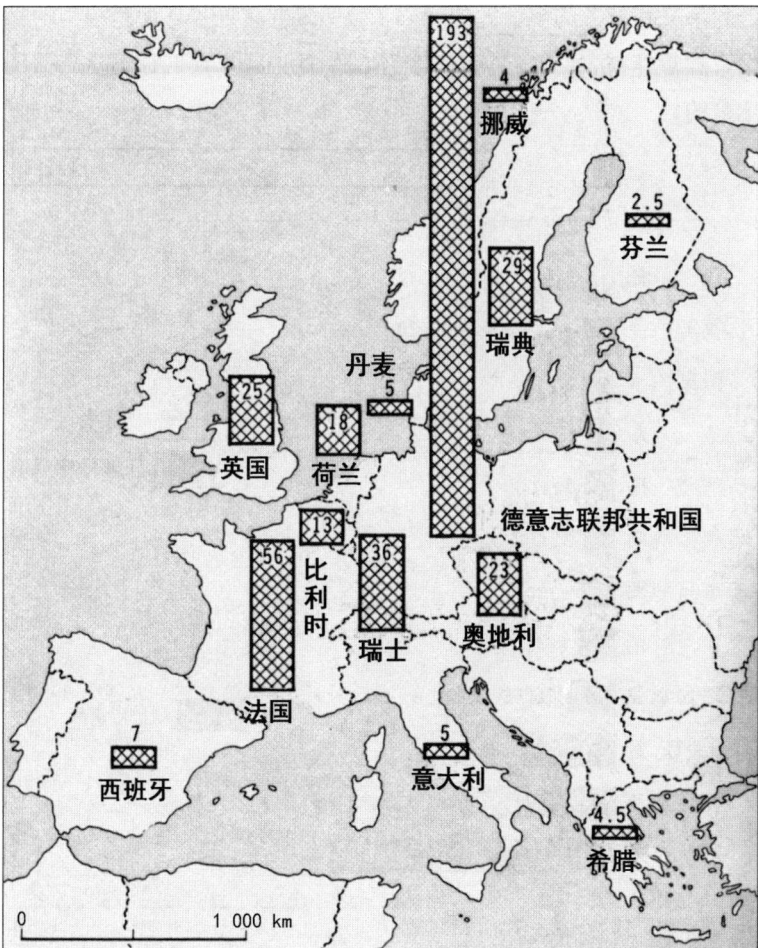

庇护权。1993 年庇护法修订，庇护申请资格被细化了。

庇护权（Asyl）来自希腊语，意思是神圣的场合。无论何人进入其中，都可以免于国家以及警察的追捕，保障自由。现在的德国基本法设置了特别的制度来接纳那些在他国遭受政治迫害的人，显示了德意志联邦共和国高迈的政治理念。

在现实中，庇护申请人主要来自哪里？如表 C 显示，占压倒性多数的是苏联，其次是南斯拉夫、罗马尼亚、波兰、土耳其等。不过，苏联和波兰的申请者的绝大多数不是寻求庇护，而是单纯的移民，数量非常大。他们是因为在本国生活困顿，而向德国提出移民申请的。

表 C　德意志联邦共和国庇护申请数和移民数（1991 年）

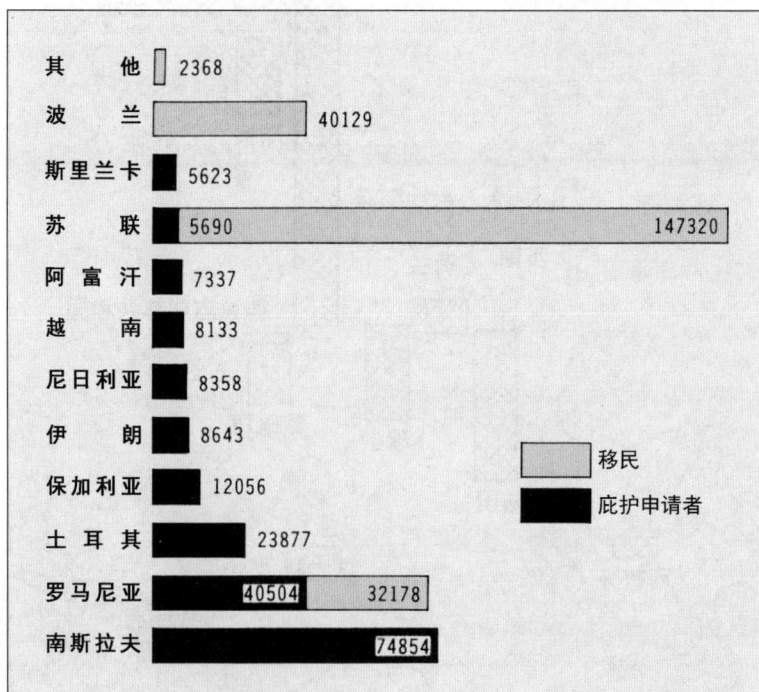

国家	庇护申请者	移民
其 他	2368	
波 兰		40129
斯里兰卡	5623	
苏 联	5690	147320
阿富汗	7337	
越 南	8133	
尼日利亚	8358	
伊 朗	8643	
保加利亚	12056	
土耳其	23877	
罗马尼亚	40504	32178
南斯拉夫	74854	

图例：移民、庇护申请者

出处：《镜报》1992 年 4 月 6 日

庇护权是为那些在母国遭受政治迫害的人设计的制度，限定为政治流亡者。申请者有无接受庇护的资格，需要接受相关审查。

排 外 运 动

德国统一后，前东德地区失业人口激增，前景暗淡之中，"为什么要给外国劳动者工作机会"这样的社会反弹上升，德国各地发生了排斥外国人运动。这是现在的德国最值得关注的问题。

1991 年 9 月，前东德的小城霍耶斯韦达发生排外事件，由于事件的激烈程度以及普通民众的广泛参与，受到瞩目。

霍耶斯韦达是一个人口只有 7 万的城市。城里的外国劳动者宿舍在五个月内频繁遭到放火、投石等攻击，多名外国劳动者受伤。警察当局置之不理，拒绝出警，被逼无奈的 150 名罗马尼亚人和越南人不得不乘坐巴士逃离这个城市。就在巴士开动之前，聚集起来的市民一边欢呼一边向巴士投掷石块，坐在窗边的一名越南人的眼睛被玻璃碎片划伤。排外事件的主力是"光头党"的年轻人，被称为"新纳粹"的他们，高喊着"Sieg Heil！"[1]、"黑人滚出去"等口号。

和霍耶斯韦达事件同类的事件在全国各地都有发生，图 A 是 1991 年下半年的事件分布图。不只是前东德地区，德国全境都有发生，这一点值得关注。

---

[1] 胜利万岁的意思。纳粹时代，政治集会中经常被反复呼喊的口号之一。

图 A　狂乱的东德地区，极右分子攻击外国人事件（1991 年下半年）

对庇护法的思考

日本没有庇护法，但已经有很多外国劳动者来到日本工作。日本关于外国劳动者的讨论也很多，如果有人想要排除外国劳动者，只有通过立法规制。而德国有庇护法这一尊重人权的法律，这是德国吸引众多外国人的原因。事实上，柏林等地的土耳其人不断增加，以至于小学教师如果不懂土耳其语的话，就不能正常上课。

曾经拥有大量海外殖民地的法国有外国劳动者 40 万人，意大利有 260 万，而德国有 430 万。移民潮之下，就算是曾经主张开放国境的绿党的立场也在向政府靠近。

和日本相比不同之处在于：德国有庇护法，德国政府原则上是尊重该法的。新修订的庇护法继续承认庇护权原则，只是在实施中审查严格化了。外国劳动者问题在日本也有，但应对方式完全不同。

为什么会这样？德国基本法为什么认可庇护权？认真挖掘的话，其渊源可以追溯到古代和中世纪。

有学者认为日本的中世纪也有庇护法。但是为什么现在没有？这一点没有人关心和讨论。作为基本人权，这不只是和国家有关，也和教会有关。很有必要从欧洲的历史中去探寻作为基本人权的庇护法的根源。本书在讲述德国历史时，关注了其中的外国人问题。

引发霍耶斯韦达骚乱的年轻人自称"新纳粹"。纳粹曾经是引发德国和欧洲全面对立的肇因，它让德国成了欧洲的鬼魅。统一后的德国日益成为欧洲的中心，成为一大强国，也有人担心纳粹是否会卷土重来。因此，"欧洲到底是什么"、"欧洲之中的德国到底是什么"等问题，是我们在德国史的研究中必须要重点把握的问题。

终章　作为欧盟的一员

德国在欧盟中的作用

在历史长河中，德国曾经是欧洲的鬼魅。德国位于欧洲的心脏部位，从领土面积大小看，成为欧洲霸主显得有点小，但无视的话，它显然又太大了。在纳粹时代，德国成了欧洲乃至世界的敌人。就是这样一个德国，现在正面临着多重变革。德国外交部长根舍（Hans-Dietrich Genscher，1974—1992 年任外交部长兼副总理）在德国统一时这样说过："德国再也不会孤独地前行了。我们的政治不会再脱离欧洲而存在。欧洲就是我们的命运，以后一直会这样；欧洲是我们的机会，除此之外，我们没有其他机会。"作为一国史的德国已经终结了。这个立场被魏茨泽克（Richard Karl Freiherr von Weizsäcker，1920—2015，两德统一后首任总统）继承了下来。

在德国历史上，分裂和统一反复出现，在某种意义上，德国史和欧盟史有重叠。在德国，地区性的"Land"在历史中扮演了重要角色。Land 和国家的结合方式的改变构成了德国史的重要内容。在欧盟中，"地区"依然是重要构成要素。在民族主义时代被忽视的地域，在欧盟时代被寄予了厚望。特别是那些少数民族，对此的期待很大。

在这个意义上，德国在欧盟的发展中应该会发挥重要的作用。说到德国的 Land，并不是所有 Land 都有悠久的历史，很多 Land

是近代才诞生的，从某种意义上说是政治的产物。当然其中也有很多历史悠久的 Land，德国人的生活在很长时间里都没有超越 Land，它和国家拥有一样的意义。

德国的统一要处理的，就是如何将这些 Land 结合起来这一问题。德国在过去经历了很多次尝试。德国的历史是欧盟历史的缩小版。欧盟要成功，就必须去除成员国的民族主义意识，也就是去国民化。

回到难民问题。前面提到的《申根协定》是以欧盟各国的市民为对象的，从非欧盟国家来的难民不在其列。欧盟成立后，各国应对难民问题的政策有很大不同，应该引起关注。就德国的难民政策来说，方向是融合。难民需要学习德语，进行职业训练，然后融入德国社会。一些州还发起了给予外国人地方选举权的运动，最终未果。而在瑞典、丹麦、挪威，外国人已经获得了地方选举权。

德国不承认双重国籍。加入德国国籍意味着舍弃出生国的国籍。即使舍弃了，真的就能成为德国人了吗？没那么简单。首先就存在宗教问题，尤其是伊斯兰教徒不接受政教分离，因此融入极为困难。对伊斯兰教徒尤其是土耳其人来说，融入德国社会实际就意味着同化。如果德国社会不改变，土耳其人的伊斯兰教徒身份也不改变的话，同化将一直是困难的。

围绕这一点，荷兰采取了不同于德国的政策。在荷兰，少数族裔的移居者可以保留自己的文化，他们和荷兰社会及其他群体之间保持着对等关系，这被称为多元共存型民主主义。这样就一切顺利了吗？不尽然。对待移民问题上，荷兰在欧洲可以说是最宽容的，但其社会风俗对于土耳其人等伊斯兰教徒来说，依然是异质性的存在，不容易适应，也很难真正融入。

法国是世界上第一个高举自由、平等、博爱大旗的国家，是一个外国人最容易融入的胸怀宽广的国家。高村光太郎曾经高度赞美接纳一切的文明城市巴黎。但是内滕正典认为，这种胸怀宽广实际上是以文化的同化为前提的。1989 年"头巾事件"的发生背景就是如此。在不能渲染宗教色彩的公立学校，佩戴头巾的穆斯林女学生的到来成了大问题。法国是政教分离的国家，公共空间不能展示宗教色彩。但是女学生的父母认为作为伊斯兰教徒，摘掉头巾是不能容忍的事。这么看来，伊斯兰教徒在伊斯兰团体（社会）中才是真正的伊斯兰教徒，作为个体融入法国社会是不可能的事。伊斯兰教徒和法国社会的摩擦就这样产生了。

欧盟在纠结中成长壮大。随着民族国家的变貌，其内部各个领域都在引发此类问题。

德国人是谁

德国人是谁？这个问题在生物学上没有定论。而民族性是历史形成的，要回答这个问题，还须回到历史中去。

诺贝特·埃利亚斯（Norbert Elias，1897—1990，犹太裔社会学家）认为，要理解德国特色，必须理解德国国家形成过程中的几个侧面。

首先是德意志这个最初使用日耳曼语、后使用德语的民族和邻近的非德语种族之间的关系及其变化。最初，使用日耳曼语的种族被夹在拉丁语种族和斯拉夫语种族之间。

德语民族处在这三大种族的中间，不论是德意志民族，还是周围的其他民族都企图扩大自己的领土，从和德意志的联合中脱离出来独立。古老的例子是瑞士和荷兰等，比较新的例子是德意志民主共和国。

第二个侧面是德国曾经有过伟大、辉煌的历史这一事实。

在中世纪，德意志作为帝国（神圣罗马帝国）在欧洲处于优越的地位。也正因为这样，和其他欧洲国家相比，德意志在国家形态上落后了。当其他各国在形成中央集权体制的时候，德意志的中央集权体制却瓦解了。

第三，在德意志闪耀着荣光的时期，帝国是一个世俗战士和神职人员，即世俗权力者和教界权力者相合作的产物，它在两者的抗衡中存续。在欧洲各国发展最快的时期，德意志经历了三十年战争，失去了人口的三分之一。这些体验给德意志人留下了巨大的创伤。

国家形成的特点

埃利亚斯认为，这些不幸的体验甚至影响了德国人的饮酒方式。尽管宫廷和上流社会经常喝到酩酊大醉，但一般德意志人形成了自我约束、不与他人争辩、不张狂的饮酒方式。这是从深重的不幸中生长出来的习惯。

和法国、荷兰、英国相比，德国的国家形成中有很多断裂、跳跃。作为英国首都的伦敦沉稳大气；法国的国家形成基本是直线前进的，其首都巴黎文化底蕴深厚。和它们相比，柏林是个年轻的城市，它没有可以追溯到中世纪的历史传统。包括柏林在内，德国的城市对于市民来说，不是和国家一体化的存在。荷兰和英国的市民与贵族相比虽然处于二等地位，但他们掌握了城市，承接了代表共和国的中世纪以来的自治传统，形成了不依靠武力，而是通过畅所欲言来实现治理的集团。

相比之下，在德国的城市中，基于命令和服从的军事化模式是主流。埃利亚斯借父子关系来说明德国和荷兰的不同。相较于德国人，荷兰人对孩子比较放任，荷兰孩子在礼貌方面做得比较差，就是因为这两个国家不同的父子关系造成的。

并且，德国资产阶级的代表通往政治的道路是封闭的。德意志文化具有的非政治性特点也与此有关。长期以来，德意志一直在谋求统一以及分邦体制的终结。

以军事方式解决这个问题的是普鲁士。这是德意志贵族对市民阶层的胜利。霍亨索伦家族强化了军人贵族和宫廷贵族的统治，德意志的市民阶层也顺应了军国主义国家的要求，接受了它的模式和规范。德国经历了两次世界大战的失败，战败前，德国领导人说："如果战败，德国就完了。"埃利亚斯认为并非如此。把战败后的德国从经济崩溃中拯救出来，本身也符合西方各国的利益，这就是所谓现代的特点。

埃利亚斯追问民族的命运和构成国家的个体国民的属性之间的关系，提到了决斗的习俗。决斗的习俗在欧洲各地的贵族文化中都可以找到。在其他国家，随着市民阶层的崛起，决斗丧失了意义。但是在德国，由于中产阶级继承了贵族文化模式，决斗在中产阶级出身的学生中间也流行开来。决斗是一种吊诡的现象，即本来应该受到限制的暴力行为反而得到了奖赏。

关于希特勒现象，我们应该反思：社会认可暴力行为、社会不平等这一模式的普及，正是希特勒上台的原因之一。当然，这些问题背后还有国民自尊心问题。

德国在欧盟中的可能性

埃利亚斯的问题意识很重要，他的分析对思考难民问题也有很大帮助。但埃利亚斯并没有把欧盟纳入考察范围。现在我们讨论德国，必须放在欧盟的视野中。

本书试图在中世纪以来的历史传统中把握现今德国人的存在状态。在和国家没有多少密切关系的城市所形成的知识传承体系中，藏有理解德国人的密码。通过与掌控那个不可见的世界的教会建立紧密关系，诞生了德意志的帝国（神圣罗马帝国），这在德国历史中留下了深刻的烙印。

除了教会和国家关系外，普通民众的生活也深受影响。要理解这一点，就必须认识支配中世纪民众头脑的"两个宇宙"的世界观。

现在，德国是欧盟的一员，对欧盟的发展起到了积极作用，民族主义的时代正在走向终结。埃利亚斯的观点，用来分析历史上的德国，十分犀利，值得高度评价。尽管如此，作为欧盟的一员，德国应该会尝试和过去建立一种不一样的联系。它到底是什么？要圆满回答这个问题为时尚早，本书只是做了些初步尝试。

在欧盟时代，德国会逐步消除埃利亚斯所说的特性，走向完全的新生吗？我们拭目以待。

后　记

　　距离约稿，一晃时间过去七年多了。其实，收到邀约后我就动笔了，但由于教务繁忙，耽搁了下来。这期间，德国实现了统一，欧盟也有了新框架，这样，对德国史的构想必须推倒重来。教务依然繁忙，但和木村史彦先生的约定还是得去完成。1997年暑假，我提笔更新了写作框架，对已经写完的部分进行了改写，经过最近这段时间的全力冲刺，终于完稿了。

　　我和德国史研究的渊源可以追溯到初中时代。我曾经有机会在一所修道院里倾听一位德国神父的介绍，还跟着他学唱民谣，不知不觉中对从未谋面的德国产生了好奇和憧憬。上大学后，我被德国哲学和音乐深深吸引，参加了大畑末吉教授的讨论课，阅读了好多作品，我开始思考"德国特色到底是什么"这个问题。高中到大学期间，我沉浸在德国音乐特别是古典音乐的熏陶里。不过奇怪的是，中年以后，我除了特定声乐家的作品，不再想听其他人的作品了。很长时间里，我过着和音乐完全无缘的生活。那个时候，工作堆积如山，一个人独自过上几周都是常有的事，我反反复复地听着特定的音乐，对交响乐有一种莫名的抗拒感，十几年时间就这样过去了。

　　最近，我的兴趣复苏了，开始听暌隔已久的贝多芬交响乐，还特别对钢琴奏鸣曲着了迷。我身上到底发生了什么呢？我说不清。现在听这些作品时，我会对这些作品的诞生背景产生浓厚的兴趣，我想是德国音乐的社会和历史背景吸引了我吧。说到底，德国人对世界的最大贡献就是音乐。本书尝试解读德国的音乐贡献背后的原因，但只是粗粗涉及而已。下次有机会的话，我很想专门从音乐的角度来写一部德国史。就这样，我对德国史的兴趣和我对音乐的兴趣有着不解之缘。

德国是欧盟进程中的主角，这会对德国特色产生怎样的影响呢？有待继续观察。传统的民族国家在欧盟进程中将会发生怎样的变貌？这一点值得关注。对于我来说，撰写本书让我发现了许多重要的问题，这一点十分宝贵。我难以揣测本书对于读者的价值，但我希望它也能成为读者发现问题的契机。

在卷末的年表制作中，一桥大学的研究生泷泽秀雄做了大量细致的工作；庇护权相关文献的收集工作得到了柏林的山口叶子女士的帮助，在此一并对二位表示衷心感谢。

阿部谨也

1998 年 1 月 21 日

文 献 目 録

西川正雄編『ドイツ史研究入門』東京大学出版会 1984

林健太郎編『ドイツ史（新版)』山川出版社 1977

成瀬治他編『ドイツ史』1—3 山川出版社 1997

ミッタイス，リーベリッヒ，世良晃志郎訳『ドイツ法制史概説』
創文社 1971

ハンス・ウルリヒ・ヴェーラー，大野英二・肥前栄一訳『ドイツ
帝国 1871—1918 年』未来社 1983

ディーター・ラフ，松本彰他訳『ドイツ近現代史』シュプリンガ
ーフュアラーク東京 1990

シャルル・イグネ，宮島直機訳『ドイツ植民と東欧世界の形成』
彩流社 1997

ハインペル，H.，阿部謹也訳『人間とその現在』（新装版）未来社
1991

Bookmann, H., Schilling, H. et al., *Mitten in Europa.* Siedler Berlin 1984

Conze, W., Mentschel, V., *Ploetz Deutsche Geschichte.* Würzburg 1979

Deutsche Geschichte in Daten. 3 Bde. München 1979—1982

Gebhardt, *Handbuch der deutschen Geschichte.* 4 Bde. Stuttgart 1970—
1976

Rössler, H., Franz, G., *Sachwörterbuch der deutschen Geschichte.*
München 1958

212

Wehler, H., -U., *Deutsche Gesellschaftsgeschichte*. 3 Bde. München 1987—1995

Weisgerber, L., *Deutsch als Volksname. Ursprung und Bedeutung.* Stuttgart 1954

山田欣吾「"ドイツ国"のはじまり——レーグヌム・テウトニクム概念の出現と普及をめぐって」『一橋論叢』84—3 1980

三佐川亮宏「"Theodiscus"の起源——L. ヴァイスゲルバーの所説の検討を中心に」『北大史学』31号 1991

トゥールのグレゴリウス，兼岩正夫他訳『歴史十巻』東海大学出版会 1975

今野国雄『修道院』近藤出版社 1971

今野国雄『西欧中世の社会と教会』岩波書店 1973

増田四郎『西洋封建社会成立期の研究』岩波書店 1959

Kirn, P., *Politische Geschichte der deutschen Grenzen*. Mannheim 1958

Schieffer, Th., *Die Karolinger*. Stuttgart 1992

Schneider, R., *Das Frankenreich*. München 1990

Althoff, G., Keller, H., *Heinrich I. und Otto der Große*. 2 Bde. Göttingen 1983

山田欣吾『教会から国家へ』創文社 1992

Hlavitschka, E., *Vorn Frankenreich zur Formierung der europäischer Staaten- und Völkergemeinschaft*. Darmstadt 1986

Müller-Hertens, *Regnum Teutonicum*. Berlin 1970

野口洋二『グレゴリウス改革の研究』創文社 1978

Blumenthal, U. -R., *Der Investiturstreit*, Stuttgart 1982

Hartmann, W., *Der Investiturstreit*. München 1996

Brown, P., *The Cult of the Saints*. London 1981

Brown, P., *Society and the Holy in Late Antiquity*. Los Angeles 1982

Brown, P., *The Body and Society, Men, Women and Sexual Renunciation in Early Christianity*. New York 1988

ヴェルナー・フォグラー，阿部謹也訳『修道院の中のヨーロッパ：ザンクト・ガレン修道院にみる』朝日新聞社 1994

Hammerstein, R., *Diabolus in Musica*. Bern 1974

Gülke, P., *Mönche, Bürger, Minnesänger*. Wien 1980

Meckseper, C., *Stadt im Wandel*. 2 Bde. Stuttgart 1985

Graus, F., *Pest- Geißler-Judenmorde*. Göttingen 1987

Schmitz, H. J., *Die Bußbücher und die Bußdisciplin der Kirche*. 2 Bde. Graz 1958

Gurjewitsch, A. J., *Das Weltbild der mittelalterlichen Menschen*. München 1980

Ullmann, W., *Carolingian Renaissance and the Idea of Kingship*. London 1969

Engels, O., *Die Staufer*, Stuttgart 1984

山田欣吾『国家そして社会』創文社 1992

Kantorowicz, E. R., *Kaiser Friedrich der Zweite*. Düsseldorf 1927

Wolf, G. G., *Stupor Mundi*. Darmstadt 1982

阿部謹也『ドイツ中世後期の世界』未来社 1974

エネン, E., 阿部謹也・泉真樹子訳『西洋中世の女たち』人文書院 1992

高橋理『ハンザ同盟』教育社 1980

Schutz, A., *Das höfliche Leben zur Zeit der Minnesinger*. 2 Bde. Leipzig 1879

Cairns, C., *Medieval Castles*. New York 1987

Angermeier, H., *Die Reichsreform. 1410—1555*. München 1984

Brunner, O., *Land und Herrschaft*. Wien 1965

ブリックレ, P., 田中直造他訳『ドイツの宗教改革』教文館 1991

メラ, B., 森田安一他訳『帝国都市と宗教改革』教文館 1990

松浦純『十字架と薔薇——知られざるルター』岩波書店 1994

フランツ, G., 寺尾誠他訳『ドイツ農民戦争』未来社 1989

ベイントン, R. H., 青山一浪・岸千年訳『我ここに立つ: マルティン・ルターの生涯』聖文舎 1954

ベンジング, ホイヤー, 瀬原義生訳『ドイツ農民戦争: 1525—1526 年』未来社 1969

Scribner, R. W., *Flugblatt und Analphabetentum. Wie kam der gemein Mann zur reformatorischer Ideen?* Stuttgart 1980

Roob, A., *Alchemy and Mysticism.* Köln 1997

阿部謹也訳『ティル・オイレンシュピーゲルのゆかいないたずら』岩波書店 1991

Ritter, M., von Frauenholz, E., *Der Dreißigjährige Krieg.* 1942

Franz, G., Der *Dreißigjährige Krieg und das deutsche Volk.* 1943

Hubatsch, W., *Absolutismus.* Darmstadt 1973

ブリュフォード, W. H., 上西川原章訳『18 世紀のドイツ——ゲーテ時代の社会的背景』三修社 1974

アザール, P., 野沢協訳『ヨーロッパ精神の危機 1680—1715』法政大学出版局 1973

ハルトゥング, F., 成瀬治訳『伝統社会と近代国家』岩波書店 1982

ディルタイ, W., 村岡哲訳『フリードリヒ大王とドイツ啓蒙主義』創文社 1975

石部雅亮『啓蒙的絶対主義の法構造——プロイセン一般ラント法の成立』有斐閣 1969

良知力編著『共同研究 1848 年革命』大月書店 1979

良知力『向う岸からの世界史』未来社 1978

良知力「1848 年にとってプロレタリアートとは何か」『思想』1978
　（645）

柳沢治『ドイツ三月革命の研究』岩波書店 1974

上山安敏『ドイツ官僚制成立論』有斐閣 1964

エンゲルジング, R., 中川勇治訳『文盲と読書の社会史』思索社
　1985

シュルスキー，ヘルムート『大学の孤独と自由──ドイツの大学
　ならびにその改革の理念と形態』田中昭徳・阿部謹也・中川勇
　治訳 未来社 1970

成瀬治・黒川康・伊東孝之『ドイツ現代史』山川出版社 1987

木谷勤・望田幸男『ドイツ近代史』ミネルヴァ書房 1992

フィッシャー, W., 加藤栄一訳『ヴァイマルからナチズムへ』みす
　ず書房 1982

リンガー, F., 西村稔訳『読書人の没落』名古屋大学出版会 1991

大野英二『現代ドイツ社会史研究序説』岩波書店 1982

ローゼンベルク, A., 足利末男訳『ヴァイマル共和国成立史』みす
　ず書房 1969

フィッシャー, F., 村瀬興雄監訳『世界強国への道』岩波書店 1972

アドルノ, Th. W., 渡辺健・高辻知義訳『音楽社会学序説』音楽の
　友社 1970

クピッシュ, K., 雨宮栄一訳『ドイツ教会闘争への道』新教出版社
　1967

樋口隆一『バッハ探究』春秋社 1993

喜多尾道冬『シューベルト』朝日新聞社 1997

フィッシャー・ディースカウ，原田蔵生訳『シューベルトの歌曲
　をたどって』白水社 1976

山口知三『ドイツを追われた人びと』人文書院 1991

アイク, E., 郷仁郷繁編『ワイマル共和国史』ぺりかん社 1983—
　1989

栗原優『ナチズム体制の成立』ミネルヴァ書房 1981

マティアス, E., 安世舟他訳『なぜヒトラーを阻止できなかった
　か』岩波書店 1984

平井正『ベルリン』3 巻，せりか書房 1981—1982

田村栄子『若き教養市民層とナチズム』名古屋大学出版会 1996

野田宣雄『教養市民層からナチズムへ』名古屋大学出版会 1988

ヴァイツゼッカー, R., 永井清彦訳『歴史の終りか幕あけか』岩波
　書店 1993

坂井栄八郎・保坂一夫編『ヨーロッパドイツへの道——ドイツの
　現状と課題』東京大学出版会 1996

西川長夫・宮島喬編『ヨーロッパ統合と文化・民族問題』人文書
　院 1995

宮島喬・梶田孝道編『統合と分化のなかのヨーロッパ』有信堂
　1991

加藤節・宮島喬編『難民』東京大学出版会 1996

内藤正典編『もうひとつのヨーロッパ——多文化共生の舞台』古
　今書院 1996

Bundesministerium des Innern, *Aufzeichnung zur Ausländerpolitik und
　zum Ausländerecht in der Bundesrepublik Deutschland*. August 1997

Bundesgesetzblatt. Teil 2. Bonn 1993

Bundesministerium des Innern, *Das neue Asylrecht. Fragen und
　Antworten*. 1993

Hilmar Kopper, *Europa Wohin?* Stuttgart 1996

Christine Proske et al., *Stichwort EU*. München 1994

德国史大事年表

年　　代	政　　治	经济·社会	文　　化	世　　界
中石器时代，前约10000—	日耳曼人开始移居波罗的海沿岸		灯心草土器	
新石器时代，前约4000—		农耕，畜牧，开始定居	西部的莱茵河文化、多瑙河文化等 北部文化圈修筑巨石坟墓	
青铜器时代，前约1000— 铁器时代，前约800—			骨灰瓮文化等 哈尔施塔特文化时期，凯尔特人在德意志南部，创造了铁器文化	
前500	波罗的海周边的日耳曼人分成西、东、北三个分支开始迁徙、扩张	拉登文化时期，凯尔特人形成城市型聚落，和中欧开展远途贸易 日耳曼人发明了有轮犁		前334 亚历山大大帝（前356—前323）开始东征

续 表

年　代	政　治	经济·社会	文　化	世　界
前 3 世纪前后	日耳曼人驱逐和征服凯尔特原住民，南下			前 221　秦王朝建立
前 71	斯维比人在阿尔萨斯败于恺撒			前 60　罗马前三头政治
前 56	乌西皮特人（Usipetes）和滕克特里人（Tencteri）在埃菲尔地区被恺撒击溃（前 56—前 55）		前 52　恺撒完成《高卢战记》	前 46 年　《儒略历》创制
前 12	德鲁苏斯（前 38—前 9）征讨日耳曼（前 12—前 9）			前 27　罗马帝政开始
9	日耳曼各部族因税收问题反抗罗马，爆发起义。在条顿堡森林战役中战胜罗马军队			
14	日耳曼尼库斯远征莱茵河，易北河地区（14—16）			25　东汉（25—220）建立

续表

年代	政治	经济·社会	文化	世界
50	罗马帝国建设科隆市			30 耶稣被害
73	罗马征服巴登南部和内卡河周上游	这时起，罗马军团的驻屯地周边地形成城市型聚落。莱茵河流域工商业繁盛		
83, 89	多米提安吞并韦特劳，陶努斯北部			
约90	莱茵河多瑙河之间，开始建设国境墙（约90—约160）罗马设置高卢各附属州		约98 塔西佗完成《日耳曼尼亚志》	96 罗马五贤帝时代开始
2世纪中期	哥特人、勃艮第人开始迁徙			
166	马科曼尼战争（166—180），马可·奥勒留皇帝击退马科曼尼人的进攻。后者向其他日耳曼部族求援	这一时期起日耳曼人奴隶、雇佣兵、小农、手工业者移居罗马境内的人数增加		

续 表

年　代	政　治	经济·社会	文　化	世　界
213	阿勒曼人开始入侵高卢			226 波斯萨珊王朝建立
				235 罗马开启军人皇帝时代（235—284）
				239 日本卑弥呼派遣使节入魏
257	法兰克人大举入侵高卢			
259	阿勒曼人大举入侵，罗马放弃国境墙			265 西晋建立
				313 罗马承认基督教合法化
				330 罗马迁都君士坦丁堡
358	法兰克人的分支撒利克人作为罗马的同盟者，定居托克桑德里亚（北布拉班特）			375 匈奴人征服黑海北岸的东哥特人。西哥特人迁徙到多瑙河南部。民族大迁徙开始

续 表

年　代	政　　治	经济·社会	文　化	世　界
				392 罗马定基督教为国教 395 罗马帝国东西分裂
406	汪达尔人、勃艮第人等人侵高卢。法兰克人的里普阿尔河沿岸。日耳曼人的部族国家群兴起		427 奥古斯丁完成《上帝之城》	415 西哥特王国建立 420 南北朝时期（420—589）
451	罗马高卢联军，在卡大隆尼会战中击败匈奴			
482	克洛维即位为法兰克王			476 西罗马帝国灭亡
496	克洛维征服阿勒曼人的王国，并入法兰克王国的版图			493 东哥特王国建立
496/497	克洛维改信天主教（一说 497/498）			

续 表

年　代	政　　　治	经济·社会	文　　　化	世　　　界
500	征服勃艮第王国			
507	驱逐阿奎塔尼亚（或译阿基坦）的西哥特人			
508	克洛维接受东罗马帝国皇帝阿纳斯塔修斯一世授予的荣誉属州执政官称号			
511	克洛维死去，四个儿子分割继承王国			
531	图林根、勃艮第两王国被置于法兰克的统治之下（531—534）			534 东罗马帝国完成《罗马法大全》。东罗马帝国征服汪达尔王国
558	克洛塔尔一世再次统一法兰克王国			
561	克洛塔尔一世死去，他的四个儿子再次分割继承王国			

续 表

年 代	政 治	经济·社会	文 化	世 界
567	由于四个儿子中的一人查理贝尔特拉一世早逝，形成奥斯特拉西亚、勃艮第、纽斯特里亚三国体制	590 圣科伦巴开始在北欧传教	594 《法兰克人史》的作者、图尔斯主教格列高利去世 这个时期，圣科伦巴完成了《赎罪守则》	581 隋朝兴起 590 教皇格列高利一世即位 598 英国"七王国时代"开始
613	克洛塔尔二世重新统一法兰克王国			604 日本制定十七条宪法 607 日本派出遣隋使
614	克洛塔尔二世发布《巴黎敕令》			610 前后 穆罕默德创立伊斯兰教 618 唐朝建立
			630 前后 圣加仑修道院的创始人加卢斯（Gallus）去世	630 穆罕默德占领麦加
				645 日本大化改新 651 波斯萨珊王朝灭亡

续表

年代	政 治	经济·社会	文 化	世 界
687	奥斯特拉西亚的宫相中丕平掌握了整个王国的实权			
714	查理·马特成为宫相		719 "德意志人的使徒"圣卜尼法斯开始传道。严格宗教纪律，建立教会组织	711 伊斯兰征服西哥特王国 712 日本《古事记》撰成 720 《日本书纪》撰成
732	普瓦提埃战役（或称图尔战役），查理·马特击退伊斯兰军队			
751	小丕平（丕平三世）登基成为法兰克国王。加洛林王朝开始	加洛林王朝时期，商业的重心从远途贸易转为欧洲内部的自立型经济活动 领主制和封建制的摇篮期		750 阿巴斯王朝（750—1258）建立
754	小丕平和他的儿子们接受教皇斯蒂芬二世的涂油			

续表

年 代	政 治	经济·社会	文 化	世 界
756	小丕平远征意大利，把占领地赠送给教皇（"丕平献土"）			756 后倭马亚王朝（756—1031）兴起
768	小丕平死去，查理曼一世、卡洛曼一世兄弟的共同统治			
771	卡洛曼死去，查理一世（大帝）成为全法兰克的国王			
772	萨克森战争（772—804）开始			
774	征服伦巴德王国	8世纪末 作为民众的语言，"德意志"的原型 theodiscus 开始使用	8世纪末以后，在圣加仑修道院等地，手抄本的装帧、插图等绘画和雕刻艺术隆盛	

续 表

年　代	政　　治	经济·社会	文　　化	世　　界
788 800	兼并巴伐利亚公国 查理由教皇利奥三世加冕为西罗马皇帝		796　查理招揽阿尔昆等名人，加洛林文艺复兴开始。创制加洛林小楷，推动圣经文本的统一化等	786　阿巴斯王朝，哈伦·拉希德即位哈里发
843	《凡尔登条约》三分帝国，德意志人路易成为"东法兰克王国"国王	845　诺曼人侵入莱茵河下游劫掠 这时起，王权弱化，教俗诸侯崛起		827　伊斯兰军队侵入西西里岛 829　威塞克斯国王埃格伯特统一英格兰 862　诺夫哥罗德公国建立
870	《梅尔森条约》，瓜分中法兰克王国。东法兰克获得洛林东部			867　君士坦丁堡公会议，总主教弗提乌斯公开谴责教皇尼古拉一世传播异教，并宣布给予开除教籍的处分

续表

年　代	政　　治	经济·社会	文　化	世　界
885	查理三世统一整个法兰克王国	879 这时起，诺曼人的入侵，掠夺加剧		882 基辅王国建立
887	克恩滕公爵阿努尔夫废黜并取代查理三世			893 马扎尔人入侵匈牙利
900	路易四世（孩童王）即位	从这时起，马扎尔人的入侵频繁		907 唐朝灭亡
911	康拉德家族的康拉德一世即位。洛林从东法兰克脱离。王权弱化	部族公国形成，以此为基础，实力派贵族崛起		911 诺曼底公国建立
919	萨克森家族的亨利一世即位。围绕洛林，萨克森王朝（919—1024）开始与西法兰克相争	10世纪前半期，克吕尼修道院等发起宗教改革运动		918 高丽建立
921	《波恩条约》，确立东法兰克与西法兰克的对等地位			936 高丽统一朝鲜半岛

续　表

年　代	政　治	经济·社会	文　化	世　界
936	奥托一世（大帝）即位。宣言"王国不可分"			
951	奥托远征意大利			946　布韦希王朝入侵巴格达，取代哈里发掌握全权
955	奥托在奥格斯堡附近的莱希费尔德击败马扎尔人的进攻，马扎尔人入侵的历史就此结束			
962	奥托加冕为皇帝	968　作为面向东北部斯拉夫人传教基地，设立马格德堡主教区	约965　富尔达修道院，最古的画像福音书《威特金特读本》	960　北宋建立 962　阿富汗，伽色尼王朝兴起
973	奥托二世即位	971—975　圣加仑修道院建起外墙，以此为契机，圣加仑城开始发展		969　法蒂玛王朝征服埃及 979　北宋统一中国
982	奥托二世在意大利南部的科隆纳，败于伊斯兰军队			

续 表

年　代	政　治	经济·社会	文　化	世　界
983	斯拉夫人发生大规模叛乱，易北河以东北的大部分土地丧失 奥托三世即位		10世纪末 "神的和平"运动开始 10世纪末 赖谢瑙修道院，手抄本艺术隆盛	987 法国加佩王朝建立
996	奥托三世任命德意志人宫廷主教布鲁诺为教皇格列高利五世。奥托由后者加冕为皇帝。宣布和东罗马帝国皇帝分庭抗礼。试图把罗马设为帝国首都		1000前后 接受在意大利的用法，teutonicus一词具有了"德意志"的意思 沃尔姆斯主教布尔夏德写作《既是矫正者，也是医生》。这个时期，告解手册的性质有所变化	约1000 西非加纳帝国进入最盛期 1001 伽色尼王朝入侵印度
1002	亨利二世即位			约1011 紫式部《源氏物语》（日本）
1021	击退入侵意大利南部的拜占庭（东罗马帝国）军队			1016 丹麦国王克努特大帝征服英格兰

续 表

年　代	政　治	经济·社会	文　化	世　界
1024	萨利安家族的康拉德二世即位。萨利安王朝（1024—1125）建立			
1033	兼并勃艮第王国			
1037	"封建立法"，承认封地可以世袭			
1039	亨利三世即位			1038　塞尔柱王朝建立。西夏建国
1046	亨利三世赴意大利苏特里召集宗教会议。废黜三名鼎立的教皇，先后任命三个德意志人为教皇	1049　教皇利奥九世即位，推动教会改革		
1056	亨利四世即位			1054　东正教和罗马天主教完全分离 1055　塞尔柱王朝进入巴格达城，布韦希王朝灭亡

续表

年代	政治	经济·社会	文化	世界
				1066 黑斯廷斯战役。诺曼底公爵威廉征服英格兰，诺曼王朝开始
		1073 教皇格列高利七世即位，格列高利改革开始		1071 曼齐刻尔特战役，拜占庭惨败于塞尔柱突厥 1072 诺曼人征服西西里岛
				1076 加纳王国被穆拉比特王国所灭
1076	沃尔姆斯宗教会议，亨利四世宣布废除教皇格列高利七世，教皇将亨利革出教门（破门）			
1077	卡诺莎的屈辱：亨利在教皇面前忏悔，获得赦免 土瓦本公爵鲁道夫被选为对立国王			

续表

年代	政 治	经济·社会	文 化	世 界
1080	亨利再次面对破门威胁,拥立对立教皇克莱芒三世 因为在埃尔斯特河畔的会战中受伤,对立国王鲁道夫死去			
1081	亨利远征意大利	11世纪 以城塞为中心,各大贵族的领地支配开始形成		
1084	亨利进入罗马城。克莱芒三世为其加冕	1084 施佩耶尔给予犹太人特许状		
1085	格列高利七世在萨莱诺死去	约11世纪末 城市居民共同体具有了自主性 11世纪末起,有教会人员参与骑士叙任式上,		1086 日本,院政开始。英国,《末日审判书》完成
1096	第一次十字军东征(1096—1099)	十字军士兵在前往圣地途中,向"身边的异教徒"犹太人开刀,屠杀		1093 安瑟伦就任坎特伯雷大主教 1095 教皇乌尔班二世发出"收复圣地"的号召

续表

年代	政治	经济·社会	文化	世界
1103	美因茨发布最初的国内和平令。包含了保护犹太人的条文，但也禁止犹太人携带武器外出，否定其自力救济权	12世纪 教俗诸侯的殖民城市建设开始 各城市开始形成职业团体行会（Zunft）		1098 熙笃修道会创设 1099 十字军建立耶路撒冷王国
1106	亨利五世即位			
1122	《沃尔姆斯协定》，叙任权斗争问题解决			1113 圣约翰骑士团（医院骑士团）得到教皇认可
1125	萨克森公爵洛塔尔二世被选为国王			1127 南宋建立 1130 两西西里王国建立
1138	斯陶芬家族的康拉德三世即位，霍亨斯陶芬王朝建立		斯陶芬时期，骑士文化和宫廷文化繁荣	
			1141 意大利波伦那大学的修士格拉蒂安编纂《格拉蒂安教令集》，教会法体系化	1142 彼得·阿伯拉尔（法国著名神学家和经院哲学家）去世

续 表

年　代	政　治	经济·社会	文　化	世　界
1147	第二次十字军（1147—1149）			
1152	弗里德里希一世巴巴罗萨即位	12世纪中期人口显著增加，东德意志拓殖开始		1143　葡萄牙王国从卡斯蒂利亚分离，独立
1155	在教皇阿德里安四世的主持下，巴巴罗萨加冕为皇帝			1154　英格兰金雀花王朝建立
1156	创设奥地利公国。德意志和自主性增强的意大利北部城市（伦巴第等）之间的对立开始			
1158	隆卡利亚帝国会议			
1159	巴巴罗萨介入教皇选举，招致教会分裂（1159—1177）。和教皇亚历山大三世对立	狮子公爵亨利重建吕贝克		

续 表

年　代	政　治	经济·社会	文　化	世　界
1167	伦巴第城市同盟成立，反抗帝国对北意大利的统治			1169 阿尤布王朝兴起，创立人为库尔德人萨拉丁·优素福·本·阿尤布（1138—1193）
1177	莱尼亚诺战役，巴巴罗萨败于伦巴第同盟			1171 萨拉丁灭法蒂玛王朝
1180	对狮子亨利提起诉讼"帝国诸侯"身份形成			
1183	《康斯坦茨和约》，与伦巴第城市同盟和解			
1186	巴巴罗萨的儿子亨利六世和西西里公主康斯坦担结婚，成为意大利国王			1186 古尔王朝统一阿富汗
				1187 萨拉丁夺回耶路撒冷

续表

年代	政治	经济·社会	文化	世界
1189	巴巴罗萨参加第三次十字军东征，出发			
1190	巴巴罗萨在行军途中死亡在十字军的占领地阿卡，德意志骑士修道会建立		12世纪末 里尔的阿拉努斯写作《苦行赎罪书》，第一次明确了被救赎者个人的责任	1192 日本镰仓幕府成立 1193 古尔王朝统治印度北部
1191	亨利六世，皇帝加冕			
1194	亨利即位为西西里国王			1194 塞尔柱突厥王朝 (1038—1194) 灭亡
1196	维尔茨堡帝国会议，"世袭帝国计划"提案被否决			
1198	斯陶芬家族的士瓦本公爵菲利普和韦尔夫家族的奥托四世分别被选为国王		约1200 《尼伯龙根之歌》问世。中世纪宫廷叙事诗之父、维尔德克的海因因里希去世，代表作《依尼亚特》	1198 教皇英诺森三世即位

续 表

年　代	政　治	经济·社会	文　化	世　界
1201	教皇英诺森三世承认奥托的王位。教皇开始介入国王选举	13世纪 易北河以东的拓殖真正开始　城市导入参议会制度，作为居民共同体的城市的自治得到发展		1204 十字军占领君士坦丁堡，建立拉丁帝国
1202	第四次十字军东征（1202—1204）			
				1206 蒙古帝国成立　德里苏丹国成立
				1209 法国南部兴起阿尔比十字军
			约1210 戈特弗里德·冯·斯特拉斯堡创作长篇叙事诗体小说《特里斯坦与伊索尔德》	1210 教皇口头承认弗朗西斯科会（教派），正式承认要到1223年
1212	弗里德里希二世，被选为对立国王			1212 儿童十字军东征
1214	布汶战役，和英国联手的奥托四世败于法军			

续表

年　　代	政　　治	经济·社会	文　　化	世　　界
1215	拉特兰第四次公议会议，英诺森三世承认弗里德里希二世为国王。禁止神甫主持神判。规定所有基督徒每年必须进行一次圣体拜领和告解。规定犹太人的着装		约1215　沃尔弗拉姆·冯·埃申巴赫创作最早的教养小说《帕齐伐尔》。《可怜的亨利希》的作者，诗人哈特曼·冯·奥厄去世	1215　英国失地王约翰在《大宪章》上签字 1216　教皇承认多米尼克会 1219　成吉思汗开始西征
1220	弗里德里希二世皇帝加冕 (1220—1250) 弗里德里希二世之子亨利七世即国王位	1221　科隆建立德国第一个多米尼克修道会，此后相继兴建两托钵修道会	约1220—1230　艾克·冯·雷普戈编纂最早的德语法律典籍《萨克森之镜》	1220　西非的卡奈姆-博尔努帝国处于最盛期 约1225　窝阔台汗国建立 (1225—1310)
1227	教皇格列高利九世对拖延执行十字军东征的弗里德里希实施破门律			1227　察合台汗国建立 (1227—1320)
1228	第五次十字军东征 (1228—1229)，亨利七世统治德意志 (1228—1235)，诸侯对王权的支持减退		约1229　抒情诗人瓦尔特·封·德尔·福格尔魏德去世	约1229　蒙古，窝阔台汗即位

续 表

年代	政 治	经济·社会	文 化	世 界
1231	亨利七世颁布《大法规》（关于诸侯利益的协定）	1231 德意志骑士修道会占领普鲁士，开始殖民活动		1232 日本制定《御成败式目》（武士政权的基本法令）
1235	美因茨发布"国内和平令"			
1237	科尔泰努瓦战役，皇帝击溃伦巴第城市同盟			
1241	瓦尔施塔特战役，德意志联军败于拔都率领的蒙古军	1241 吕贝克和汉堡同盟。汉萨同盟兴起		
1245	里昂公会议，教皇英诺森四世宣布废黜弗里德里希的皇位	1244 奥地利公爵弗里德里希二世发给犹太人特许状		1243 拔都在今天的俄罗斯南部建立金帐汗国（钦察汗国）
1246	教皇派拥立图林根侯爵亨利·拉斯佩为对立国王（1246—1256）			
1247	教皇派拥立荷兰伯爵威廉为对立国王（1247—1256）			

续表

年代	政治	经济·社会	文化	世界
1250	康拉德四世国王即位 (1250—1254)，专注于意大利政策		约1250 德意志、哥特式建筑的最盛期	1250 马穆鲁克王朝兴起
1256	威廉战死，大空位时代开始	1254 莱茵城市同盟成立		
1257	康沃尔伯爵理查德 (1272年死去) 和卡斯蒂利亚的阿方索十世 (1284年死去) 的"双国王"时期。"七大选侯"登场			1260 忽必烈汗即位
1268	康拉德四世的儿子康拉丁败于那不勒斯国王安茹的查理后，被处死。斯陶芬家族男性继承人断绝			1270 第七次十字军东征 1271 元朝 (1271—1368) 建立
1273	哈布斯堡伯爵鲁道夫即位，称鲁道夫一世，大空位时代结束			1274 日本文永之役

续表

年代	政　治	经济·社会	文　化	世　界
1278	马希费尔德战役，鲁道夫击败波希米亚国王奥托卡尔二世，得到奥地利和施蒂里亚	1276　布雷斯劳教会会议，规定对犹太人居住区实施隔离		
		1283　德意志骑士修道会征服普鲁士，和立陶宛对立		1281　日本弘安之役
1291	瑞士三个州结成"永久同盟"，开始了从哈布斯堡家族统治下争取独立的抗争			1291　马穆鲁克王朝攻占阿克城，灭耶路撒冷王国。十字军结束
1292	拿骚的阿道夫国王即位（1292—1298）			
1298	帝国诸侯废黜阿道夫一世。哈布斯堡的阿尔布雷希特即位，称阿尔布雷希特一世（1298—1308）			1295　英国爱德华一世召开模范国会 1299　奥斯曼土耳其帝国建立

续表

年代	政　治	经济·社会	文　化	世　界
				1302 法国国王腓力四世召开三级会议
1308	阿尔布雷希特一世被暗杀。卢森堡的亨利即位，称亨利七世 (1308—1313)	14世纪初 因为农业歉收，农村流入城市的人口增加。贫富差距扩大		1309 教皇成为"阿维农之囚"(1309—1377)
1312	亨利七世皇帝加冕			
1314	双重国王选举，哈布斯堡家族的弗里德里希三世和维特斯巴赫家族的巴伐利亚公爵路易四世形成对立			
1315	瑞士"永久同盟"作为帝国城市从路易四世处获得自由权	14世纪初 各城市的手工业行会 (Zunft) 斗争激化	1321 但丁《神曲》	
1322	路易击败弗里德里希			1320 印度图格鲁克王朝 (1320—1414) 建立

续表

年代	政治	经济·社会	文化	世界
1324	约翰二十二世以选举未得到教皇认可为由，对路易四世处以破门律。围绕教皇的国王认可权，双方矛盾激化			
1327	路易四世远征意大利 (1327—1330)		1327 神秘主义思想家埃克哈特去世	
1328	路易四世以罗马人民的名义加冕，宣布将教皇破门，拥立尼古拉五世 (1328—1330) 为对立教皇			1328 法国瓦卢瓦王朝建立 1334 日本建武新政 1337 英法百年战争爆发
1338	伦斯选侯会议判决否定教皇的认可权			1338 日本室町幕府建立
1346	路易四世让蒂罗尔女伯爵离婚并和他自己的儿子结婚 (1342年)，被废位。卢森堡家族的查理四世被选为对立国王	1348 黑死病大流行。直至 14 世纪末，数次流行。自我鞭打苦修的人增多	1348 德意志境内最早的大学在布拉格诞生	

续表

年　代	政　　治	经济·社会	文　　化	世　　界
1349	查理四世得到教皇认可，即位为国王（1349—1378）			
			1353　诺伊马克特主教约翰就任中书令长（或译中书令），他的文章成为德语散文的范本	14世纪后半期　奥斯曼帝国开始入侵巴尔干半岛
1355	查理四世皇帝加冕	14世纪后半期　汉萨城市同盟兴隆。领地主权得到巩固和发展。领主和城市发生利害冲突，成为城市同盟形成的原因	1356　意大利学者、诗人和早期人文主义者彼特拉克，留驻在于布拉格的查理四世的宫廷	1355　伊本·白图泰的旅行见闻整理成书（《伊本·白图泰游记》）
1356	《金玺诏书》发布，正式确立七大选侯选举国王的制度		1361　神秘主义思想家约翰内斯·陶勒去世	1358　法国爆发扎克雷农民起义
			1365　维也纳大学创立 1366　神秘主义思想家海因里希·佐伊泽去世	1368　明朝建立 1370　帖木儿帝国（1370—1507）建立

续 表

年　代	政　治	经济·社会	文　化	世　界
1373	获取勃兰登堡边区伯爵领地			
1376	文策尔国王即位			
1378	查理四世死去。文策尔的单独统治（1378—1400）。国内混乱。教会发生大分裂			1378 约翰·威克里夫把圣经翻译成英文 1381 英国发生瓦特·泰勒农民起义
		1388 斯特拉斯堡发生迫害犹太人事件	1386 海德堡大学创立	
		1390/1391 普法尔茨发生迫害犹太人事件	1390 纽伦堡诞生德意志最早的造纸厂	
		14世纪末开始，很多城市，诸侯领地发出"永久驱逐犹太人令"	1392 爱尔福特大学创立	1392 李氏朝鲜王朝建立
				1395 帖木儿帝国统治西亚

续 表

年 代	政 治	经济·社会	文 化	世 界
1400	文策尔被废位。普法尔茨伯爵鲁普雷希特即位(1400—1410)	1402 胡斯倡导教会改革	约1400 约翰内斯创作《波希米亚的农夫》	1396 尼科波利斯战役,奥斯曼帝国征服巴尔干半岛 1398 帖木儿占领德里
1410	国王选举混乱,匈牙利王西吉斯蒙德(1410—1437)等三王鼎立		1409 莱比锡大学创立	1405 明朝郑和下西洋(至1433年,共7次) 1409 比萨公会议,招致三教皇鼎立
1411	西吉斯蒙德再次当选			
1414	西吉斯蒙德即位。召开康斯坦茨公会议(1414—1418)			
1415	胡斯被处以火刑			

续 表

年代	政 治	经济·社会	文 化	世 界
1417	新教皇马丁五世即位，教会大分裂结束	1417 罗姆人族群出现在巴讷堡		
1419	胡斯战争 (1419—1436) 爆发	1418 特里尔发生迫害犹太人事件		
		1420 美因茨发生迫害犹太人事件		1421 明朝迁都北京
		1423 西吉斯蒙德发出"罗姆人保护令"		
		1424 科隆、弗赖堡发生迫害犹太人事件		1428 日本发生正长农民起义
1431	巴塞尔公会议 (1431—1437) 开始			
1433	西吉斯蒙德皇帝加冕			1434 科西莫·美第奇 (1389—1464) 掌握佛罗伦萨市政

续 表

年代	政治	经济·社会	文化	世界
1438	哈布斯堡的阿尔布雷希特二世即位，开始了哈布斯堡家族的统治（1438—1740）	1436 苏黎世发生迫害犹太人事件 1439 奥格斯堡发生迫害犹太人事件		
1440	弗里德里希三世被选为罗马王，两年后即位（1442—1493）		约1440 古腾堡在美因茨开始活字印刷的研究	
		1446 莱比锡发生迫害犹太人事件	1443/1444 尼古拉·库萨（1401—1464）发表《论公教和谐》	1443 李朝发明朝鲜文字
1452	弗里德里希三世皇帝加冕	1451 圣加仑修道院加入"瑞士宣誓同盟"		1450 津巴布韦的莫诺莫塔帕王国进入最强盛期 1453 奥斯曼帝国占领君士坦丁堡，拜占庭帝国灭亡
				1455 英国爆发玫瑰战争
1466	德意志骑士修道会臣服于波兰国王			1467 日本发生应仁之乱（1467—1477）

续 表

年　代	政　治	经济·社会	文　化	世　界
	弗里德里希和勃艮第公爵查理的女儿玛丽亚订婚。在查理死后获得勃艮第公爵领地，成为之后哈布斯堡和法国敌对的原因	1470 美因茨大主教区发生迫害犹太人事件	1471 写作《效法基督》的托马斯·肯皮斯去世	1479 西班牙王国建立 1480 莫斯科大公伊凡三世从金帐汗国独立
1477				
		约1486 确立"德意志民族的神圣罗马帝国"的概念		1485 英国都铎王朝建立 1488 迪亚士发现好望角
1493	《桑利斯和约》。在马克西米利安一世手中，哈布斯堡家族获得法国承认。他统治获得对勃艮第和放弃意大利远征，作为"选出的皇帝"即位			1492 哥伦布到达巴哈马群岛

续　表

年　代	政　　治	经济·社会	文　　化	世　　界
1494	法国国王查理八世进犯意大利，意大利战争 (1494—1559) 爆发			1494 萨伏那洛拉建立并统治佛罗伦萨宗教共和国 (1494—1498)
1495	沃尔姆斯帝国议会，发布永久国内和平令，设置帝国最高法院，决定征收帝国税，引入罗马法	1497 林道帝国国会召开，宣布西吉斯蒙德的罗姆人保护令无效		
1499	《巴塞尔和约》签订，瑞士13州独立	1498 纽伦堡、萨尔茨堡发生迫害犹太人事件		1498 葡萄牙人达·伽马绕好望角到达印度西岸的卡里卡特
		16世纪初开始，圣母玛丽亚信仰大流行	16世纪初 民众读物《揭蛋鬼提尔》问世	约1500 印加帝国在安第斯高原建立起地域广大的统一国家
		1500 富格尔家族在罗马设立银行		1501 伊朗萨非王朝 (1501—1736) 建立
				1505 中亚建立布哈拉汗国 (1505—1920)

续 表

年代	政治	经济·社会	文化	世界
		1517 德意志贩售赎罪券。路德发表《九十五条纲领》，宗教改革开始	1509 伊拉斯谟创作《愚人颂》，批判天主教 1516 伊拉斯谟校订出版《新约圣经》	1512 中亚建立希瓦汗国 (1512—1920) 1515 法国，弗朗索瓦一世即位
1519	西班牙国王卡洛斯一世打败法国国王弗朗索瓦一世，被选为罗马王，皇帝，称查理五世	1518 瑞士茨温利开始宗教改革 1519 路德和埃克（天主教神学家）的神学论争		
1521	沃尔姆斯敕令，路德被处以驱逐令。查理五世和弗朗索瓦一世之间再次爆发战争，即第一次意大利战争 (1521—1526)	16 世纪 东德意志形成大规模领主直营庄园（一直维持到18世纪末） 1522—1526 骑士战争。骑士阶层的决定性没落 1524—1525 农民战争	1520 路德发表《论基督徒的自由》。乌尔里希·冯·胡滕创作《对话集》 1522 路德将《新约圣经》翻译成德语，对近代德语的形成做出贡献	1520 奥斯曼土耳其帝国苏莱曼（立法者）一世即位 1521 科尔特斯率领的西班牙侵略军征服阿兹特克帝国

续表

年　代	政　治	经济·社会	文　化	世　界
1525	普鲁士的德意志骑士团领地接纳新教（路德派），成为世俗公领地	1525　土瓦本北部农民军制定《十二条款》。宗教改革和农民战运动相结合。农民战争的领导人托马斯·闵采尔被处死		嘉靖年间（1522—1566）倭寇问题
1526	第一次施佩耶尔帝国议会，接受新教。领邦教会体制开始形成			1526　莫卧儿帝国建立
1527	第二次意大利战争（1527—1529）	1528　茨温利，"基督教城市同盟"结成	1528　创作"四使徒"、"凯旋门"的阿尔布雷希特·丢勒去世	1527　英国亨利八世因为和王妃的离婚问题，与教皇对立
1529	第二次施佩耶尔帝国议会，决定实施沃尔姆斯敕令，路德派诸侯们抗议（新教徒一词出现）。奥斯曼军队第一次包围维也纳			

续　表

年　代	政　治	经济·社会	文　化	世　界
1530	奥格斯堡帝国会议，再次确认实施沃尔姆斯敕令。路德派提出"信仰告白"			
1531	反皇帝派结成施马尔卡尔登同盟			1531 日本净土真宗信徒发动起义（一向一揆）
1532	新教诸侯同盟与皇帝签订《纽伦堡宗教和约》，决定临时休战			1533 弗朗西斯科·皮扎诺征服印加帝国。俄国，伊凡四世（雷帝）即位
		1534 德意志再洗礼派教徒在明斯特起义（1534—1535）		1534 耶稣会创设，对抗宗教改革。英国国教成立
1536	第三、第四次意大利战争（1536—1544）			1536 法国出版加尔文的《基督教要义》
1544	《克雷皮和约》签订，意大利战争临时休战		1543 创作享利八世、莫尔爵士等人物肖像的画家小汉斯·霍尔拜因去世	1538 普鲁士韦扎海战，奥斯曼帝国击败西班牙、威尼斯和教皇的联军，称霸欧洲和地中海

续表

年代	政　治	经济·社会	文　化	世　界
1545	特伦托公会议，教权至上。确认天主教教义			
1546	施马尔卡尔登战争(1546—1547)，神圣罗马帝国皇帝查理五世击败施马尔卡尔登同盟	16世纪40年代末　耶稣会士开始在德意志境内开展活动		1547　俄国伊凡四世正式使用"沙皇"（恺撒的音译）的称号
1552	萨克森选侯转向支持新教。允许自由选择新教或旧教（天主教）的《巴塞尔条约》出台	16世纪后半期　汉萨同盟衰落。"早期资本家"没落。物价高涨，手工业停滞		1549　传教士圣方济各·沙勿略到达日本鹿儿岛
1555	奥格斯堡宗教和平令。承认诸侯和各城市有宗教（新、旧教）选择权			
1556	查理五世把帝位让给费尔南德一世，退位			1558　英国伊丽莎白一世即位
1560	费尔南德一世皇帝加冕(1560—1564)		1560　路德的协助者和友人、人文主义者梅兰希通去世	1561　莫卧儿帝国统一北印度

255

续 表

年　代	政　治	经济·社会	文　化	世　界
1564	马克西米利安二世皇帝即位（1564—1576）			1562　法国国内天主教徒和胡格诺派的宗教战争（1562—1598）爆发
				1565　西班牙征服菲律宾
				1568　尼德兰独立战争（1568—1609）
				1571　勒班陀（纳夫帕克托斯的旧称）海战。奥斯曼海军战败，失去地中海制海权
1576	鲁道夫二世皇帝即位（1576—1612）			1579　哥萨克越过乌拉尔，侵入西伯利亚
				1581　尼德兰联省共和国（荷兰）成立
				1582　丰臣秀吉在日本全国进行土地测绘（太阁检地）。《格列高利历》颁布

续 表

年　代	政　　治	经济·社会	文　化	世　　界
				1588 英国击败西班牙无敌舰队
		1598 汉萨同盟的伦敦据点关闭。汉萨同盟谢幕		1598 法国发布《南特敕令》，承认国内胡格诺教徒的信仰自由，在法律上享有和公民同等的权利
				1600 日本关原之战。英国设立东印度公司
				1603 英国斯图亚特王朝建立。日本江户幕府建立
1608 1609	新教各派结成同盟 旧教各派结成同盟			1611 瑞典古斯塔夫·阿道夫即位
1612	马蒂亚斯皇帝加冕 (1612—1619)			1613 俄国罗曼诺夫王朝建立

续　表

年　代	政　　治	经济·社会	文　化	世　界
1618	布拉格发生新教徒起义，三十年战争（1618—1648）爆发			1616 后金建立
1619	费尔南德二世当选波希米亚国王。波希米亚推选普鲁士选侯弗里德里希五世为对立国王。波希米亚-普法尔茨战争（1619—1637）爆发			1620 "五月花号"到达北美普利茅斯
1625	信仰新教的丹麦国王克里斯蒂安四世支持帝国的新教徒反对费尔南德二世。丹麦-下萨克森战争（1625—1629）爆发			1624 法国，黎塞留就任首相 1628 英国议会向国王提出《权利请愿书》
1630	瑞典国王古斯塔夫·阿道夫支持新教徒，瑞典战争（1630—1635）爆发			

258

续表

年　代	政　治	经济·社会	文　化	世　界
1635	法国首相黎塞留介入战争。瑞法战争爆发。皇帝和萨克森选侯签订《布拉格和平条约》			1636　后金改国号为清
1637	费尔南德三世即位		1637　笛卡儿发表《走向真理之途（方法论）》	
1640	勃兰登堡大选侯弗里德里希·威廉即位（1640—1688），推进中央集权，设置常备军，征收一般税			1639　日本发布锁国令 1642　英国爆发清教徒革命（资产阶级革命）
1648	《威斯特伐利亚条约》签订，三十年战争结束。路德也得到承认，加尔文派也得到承认。"领邦国家"的主权获得承认。瑞士和荷兰的独立获得承认			1644　清军占领北京 1649　英国宣布成立共和国

续表

年代	政治	经济·社会	文化	世界	
1657	弗里德里希·威廉从波兰获得普鲁士的完整的主权			1652	第一次英荷战争爆发
1658	利奥波德一世，皇帝即位			1660	英国，斯图亚特王朝复辟
				1665	第二次英荷战争爆发
				1672	第三次英荷战争爆发
1683	奥斯曼军队包围维也纳		包围解除后，维也纳开始流行巴洛克建筑	1682	俄国，彼得一世（大帝）即位
			1686 莱布尼兹完成《形而上学论》		
1688	弗里德里希三世，勃兰登堡选侯即位			1688	英国光荣革命

续 表

年 代	政 治	经济·社会	文 化	世 界
1699	《卡尔洛维茨和约》。和奥斯曼帝国讲和，获取匈牙利			1698 英国设立伦敦证券交易所
1701	勃兰登堡选侯兼普鲁士公爵弗里德里希三世的普鲁士王位获得皇帝利奥波德一世承认，即位成为普鲁士国王，称弗里德里希一世		18世纪 报纸、杂志相继创刊。拉丁语书籍大幅衰减	1700 俄国和瑞典之间爆发北方战争（1700—1721）
1705	约瑟夫一世皇帝即位（1705—1711）			1707 大不列颠王国成立
1711	查理六世皇帝即位（1711—1740）			
1713	普鲁士，弗里德里希·威廉一世即位。查理六世制定《国本诏书》，确立哈布斯堡家族的全部领地不可分割			

续表

年　代	政　　治	经济·社会	文　化	世　界
1714	奥地利和法国签订《拉什塔特和约》，获取在尼德兰和意大利的西班牙领地			1714 英国乔治一世即位，汉诺威王朝开始 1716 日本享保改革
1718	奥地利和土耳其签订《波日阿雷瓦茨和约》			1721 英国沃波尔内阁成立。俄国与瑞典签订《尼斯塔德条约》，北方战争结束
			1727 戈特舍德设立德语协会	1723 清朝禁止基督教传播
1733	波兰王位继承战争（1733—1735）爆发		1729 巴赫创作《马太受难曲》，《勃兰登堡协奏曲》第1—6乐章	1733 北美13个殖民地成立
1735	维也纳讲和预备条约（正式条约：1738）缔结			

续表

年代	政　治	经济·社会	文　化	世　界
1736	玛丽亚·特蕾西娅和洛林公国的弗朗茨·斯蒂芬结婚。奥土战争(1736—1738)开始		1737 哥廷根大学创立	1736 伊朗阿夫沙尔王朝建立
1740	普鲁士，弗里德里希二世即位。奥地利玛丽亚·特蕾西娅女王即位。普鲁士攻入西里西亚，第一次西里西亚战争爆发，奥地利王位继承战争(1740—1748)开始			1741 法国在奥地利王位继承战中加入反奥阵营(1744年参战)
1742	巴伐利亚选侯查理·阿尔布雷希特即位(1742—1745)，称查理七世。普奥柏林讲和，第一次西里西亚战争结束			
1744	普鲁士进攻萨克森，第二次西里西亚战争(1744—1745)爆发			1744 英国加入奥地利阵营参战。北美发生乔治王战争

续表

年　代	政　治	经济·社会	文　化	世　界
1745	玛丽亚·特蕾西娅的丈夫皇帝即位，称弗朗茨一世（1745—1765）			
1748	《亚琛和约》，承认《国本诏书》（哈布斯堡王朝得以延续，直至1918年奥地利帝国覆亡）	1749 禁止驱逐农民令，作为王权对农民的保护政策的一部分	1747 普鲁士完成无忧宫建造	
1756	普鲁士进攻萨克森，第三次西里西亚战争（七年战争，1756—1763）爆发	18世纪中叶开始，人口激增。农村地区的纺织工场大发展	18世纪后半期 书籍出版激增	1756 英法之间爆发七年战争（1756—1763）　1760前后 英国圈地运动盛行，农业的资本主义文化
1762	俄国皇帝彼得三世与普鲁士讲和			1762 俄国叶卡捷琳娜二世即位

续表

年　代	政　治	经济·社会	文　化	世　界
1763	普奥缔结《胡贝图斯堡和约》，七年战争结束	1763 莱比锡成立农业协会。此后，市民协会包括读书协会在内的各类协会、团体		1763 英、法、西班牙签订《巴黎条约》，议和
1765	皇帝约瑟夫二世即位。1778年之前，和玛丽亚·特蕾西娅共同统治			1765 瓦特改良蒸汽机 1770 库克到达澳大利亚
1772	普鲁士、奥地利、俄国，第一次瓜分波兰		1773 赫尔德编辑出版《德意志的风格和艺术》，歌德剧作戏剧《葛兹·冯·伯利欣根》 1774 歌德《少年维特之烦恼》	1773 俄国爆发普加乔夫农民起义。北美发生波士顿倾茶事件 1775 美国独立战争
1778	巴伐利亚王位继承战争（1778—1779）爆发。普鲁士—萨克森同盟对奥地利宣战		1777 海顿创作一系列长调交响曲	1776 美国独立宣言

续　表

年　代	政　治	经济·社会	文　化	世　界
1779	以法、俄为担保国，普鲁士、奥地利在泰申（捷克捷欣的旧称）议和		1779　德国剧作家莱辛发表《智者纳旦》	
1785	普鲁士国王弗里德希二世组织"德意志诸侯同盟"，阻止奥地利取巴伐利亚	1783　巴登废除体小制（农奴制）	1781　康德发表《纯粹理性批判》。克里斯蒂安·威廉·多姆发表《关于犹太人市民待遇的改善》。尤斯图斯·默泽发表《德意志的语言和文艺》。席勒发表《群盗》 1784　康德发表《启蒙是什么》。席勒的剧作《阴谋与爱情》公演	1782—1787　日本发生"天明大饥荒"
1786	普鲁士，弗里德希·威廉二世即位（1786—1797）		1787　莫扎特创作歌剧《唐璜》	1787　日本宽政年间的改革。美利坚合众国制定宪法

续 表

年 代	政 治	经济·社会	文 化	世 界
1792	普奥结成反法同盟。皇帝弗朗茨二世即位。对法干涉战争。法军占领施佩耶尔，沃尔姆斯，美因茨	1790 萨克森农民起义	1788 康德发表《实践理性批判》。莫扎特创作第39, 40, 41交响曲 1790 康德发表《判断力批判》	1789 华盛顿当选美国第一任总统。法国革命爆发 1792 俄国使节拉克斯曼来到日本根室。法国国民公会成立
1793	普鲁士和俄国第二次瓜分波兰			1793 第一次反法大同盟结成 1794 法国热月政变
1795	普法《巴塞尔讲和条约》。帝国事实上南北分裂。普、奥、俄第三次瓜分波兰。波兰王国灭亡		1795 康德发表《永久和平论》。歌德创作《威廉·迈斯特的学徒时代》(1795—1796)	1795 法国成立督政府 1796 法国拿破仑远征意大利
1797	普鲁士弗里德里希·威廉三世即位			

续表

年　代	政　　治	经济·社会	文　化	世　界
1799	英、俄、奥等结成第二次反法大同盟		1798 歌德发表《赫尔曼与窦绿蒂》	1798 法国拿破仑远征埃及 1799 法国雾月十八日政变 1800 拿破仑第二次远征意大利
1801	奥法签订《吕内维尔和约》，莱茵河左岸正式割让给法国		1801 高斯发表《整数论研究》 1802 诺瓦利斯《青花》	1801 英国兼并爱尔兰，大不列颠及爱尔兰联合王国成立
1803	帝国代表会议总决议，帝国领地的世俗化，很多诸侯领地消亡和"陪臣化"。帝国名存实亡		1803 席勒发表《墨西拿的新娘》 1804 席勒发表《威廉·退尔》。贝多芬创作《第三交响曲（英雄）》	1804 拿破仑皇帝加冕（1804—1814）
1805	英、俄、奥等结成第三次反法大同盟，与法国开战。奥地利败于法国，签订《普雷斯堡和约》。巴伐利亚、符腾堡升格为王国			

续 表

年　代	政　治	经济·社会	文　化	世　界
1806	西南德意志的 16 个领邦结成以拿破仑为保护者的"莱茵联邦",从帝国脱离。弗朗茨二世退位。神圣罗马帝国消亡。普法战争。法军占领汉萨诸城市			1806　拿破仑在柏林发布"大陆封锁令"
1807	普、俄、法签订《提尔西特和约》。普鲁士失去国土的西半部分。拿破仑的幼弟热罗姆即位为威斯特伐利亚国王	1807　巴登改善犹太人的法律地位。普鲁士开始解放农民。以后,实行城市自治,改革营业自由,改革学制	1807　费希特连续发表"对德意志国民的告白"(1807—1808)	
1808	巴伐利亚制定宪法	1808　巴伐利亚废除国内关税	1808　歌德完成《浮士德》(第一部)。贝多芬创作《第五交响曲(命运)》	
1809	法奥战争。《申布伦和约》			

续 表

年代	政治	经济·社会	文化	世界
1810	法国兼并汉萨诸城市、西北德意志的小领邦		1810 柏林大学创立	
			1811 歌德发表《诗与真》(1811—1833)	1811 英国爆发卢德运动
1812	拿破仑远征俄罗斯，普奥参加。《陶罗根协定》，普军单方面脱离拿破仑军队	1812 普鲁士发布"犹太人解放令"	1812 黑格尔发表《逻辑学》。格林兄弟发表《儿童与家庭童话集》(1812—1823)	1812 美英战争(1812—1814)爆发
1813	普俄同盟。德意志解放战争(1813—1815)。莱比锡各民族大会战，反法联军打败拿破仑军队	1813 巴伐利亚改善犹太人的法律地位		
1814	反法联军进入巴黎，拿破仑退位。路易十八即位。第一次巴黎条约缔结，德意志边境回到1792年的状态。维也纳会议			

续 表

年　代	政　治	经济·社会	文　化	世　界
1815	德意志联邦（1815—1866）结成。第二次巴黎条约签订。德法边境回到 1790 年的状态	1815 学生团体"德意志学生兄弟会"成立		1815 法国，拿破仑的"百日王朝"
		1817 学生兄弟会在瓦特堡的节日里制造"焚书事件"		1816 阿根廷独立宣言
1819	卡尔斯巴德国会议，10 个主要邦国参加，决定加强对大学、出版、革命活动的监视	1818 普鲁士废除国内关税		
1820	维也纳最后议定书。宣布限制各邦国的议会制，贯彻君主制		1821 黑格尔发表《法哲学原理》	1821 希腊独立战争（1821—1829）爆发。俄国宣布占领阿拉斯加
			1822 舒伯特创作《第八交响曲（未完成的交响曲）》	

续　表

年　代	政　治	经济·社会	文　化	世　界
			1823 贝多芬发表《第九交响曲（合唱）》	1823 美国发表"门罗宣言"
			1824 兰克发表《拉丁与日耳曼民族史》	1825 俄国发生十二月党人起义
		1828 符腾堡改善扩大人的法律地位	1827 海涅发表《诗歌集》	
		1830 汉诺威、黑森（选帝侯国）等地发生立宪运动	1831 歌德完成《浮士德》（第二部）	1830 法国爆发七月革命。比利时宣布从荷兰独立
1834	德意志关税同盟成立		1835 德意志最早的蒸汽机车铁路开通	
1840	普鲁士，弗里德里希·威廉四世即位		1837 黑格尔《历史哲学》	1840—1842 鸦片战争（1840—1842）爆发
		1844 西里西亚纺织工人起义	1842 迈尔发现"能量守恒定律"	1842 清政府和英国签订《南京条约》

续表

年代	政 治	经济·社会	文 化	世 界
		1845 普鲁士重新局部引入手工业行会（Zunft）制度。农业歉收，食品价格高企（1845—1847）。海外移民激增	1845 瓦格纳创作《汤豪瑟》	1846 美墨战争（1846—1848）爆发
		1847 各地爆发饥荒素动。柏林发生马铃薯革命。金融恐慌	1847 亥姆霍兹确立能量守恒定律	
1848	普鲁士，柏林三月革命。普鲁士国民议会开会。发布钦定宪法。奥地利，维也纳三月革命，发布钦定宪法，费尔南德一世退位，弗朗茨·约瑟夫一世即位。法兰克福国民议会开会	1848 法兰克福国民议会通过"德意志人民的基本权利"决议，强调信仰自由		1848 法国二月革命

续 表

年　代	政　治	经济·社会	文　化	世　界
1849	法兰克福国民议会制定德意志帝国宪法、选举普鲁士国王为皇帝。萨克森、汉诺威两国国王和普鲁士结成三王同盟，目的是建立（不包括奥地利的）"小德意志联邦"。和主张创设大德意志联邦的奥地利对立。普鲁士拒绝承认帝国宪法的诸邦爆发了护宪运动，遭到镇压，革命终结。法兰克福国民议会名存实亡，解散			1849　意大利建立共和国，因法国的介入而倒台
1850	普鲁士的爱尔福特会议召开。普奥签订《奥尔米茨协约》，普鲁士放弃小德意志联邦构想，奥地利主导下的大德意志联邦方案复活	1850　德意志关税圈内，工业化得到推进		

续表

年　代	政　　治	经济·社会	文　　化	世　　界
1851	奥地利废止钦定宪法，绝对主义复活			1851　中国太平天国运动爆发
				1852　法国，拿破仑三世的第二帝政开始
				1853　佩里来航（日本）。克里米亚战争（1853—1856）爆发
				1856　清朝和列强间爆发第二次鸦片战争（1856—1860）
				1857　印度民族起义
1858	普鲁士，国王的弟弟威廉就任摄政			1858　莫卧尔帝国灭亡。英国开始直接统治印度
				1860　《北京条约》签订

续表

年　代	政　治	经济·社会	文　化	世　界
1861	普鲁士，威廉一世即位			1861　俄国，农奴解放令。意大利王国建立。美国爆发南北战争（1861—1865）
1862	普鲁士，俾斯麦就任首相，发表"铁血演说"			1863　美国发表"解放奴隶宣言"
1864	丹麦国王强行合并石勒苏益格公国，普奥联军进入石勒苏益格。《维也纳和约》签订			1864　第一国际在伦敦成立。太平天国灭亡
1865	普奥签订《加斯坦因专约》，将荷尔斯泰因划归普鲁士，石勒苏益格划归奥地利，分割统治			
1866	普奥战争。《布拉格和平条约》缔结，德意志联邦解体			

续表

年　代	政　治	经济·社会	文　化	世　界
1867	在普鲁士主导下，北德意志联邦成立。奥地利的弗朗茨·约瑟夫一世加冕。奥地利-匈牙利联合帝国（奥匈帝国）成立		1867 马克思发表《资本论》第1卷	1867 大政奉还（日本） 1868 明治维新（日本）
				1869 梵蒂冈公会议（1869—1870），宣布"教皇不可谬性"，拒绝自由主义诸原则。苏伊士运河开通
1870	以西班牙王位继承问题为契机，普法战争（1870—1871）爆发。南德意志各邦国相继加入北德意志联邦			1870 法国建立第三共和国
1871	威廉一世皇帝即位，德意志帝国建立。《凡尔赛暂定条约》签订，德意志从法国获取阿尔萨斯、洛林	1871 对神职人员的布道内容进行限制的"布道条规"出台。与南德意志天主教势力的"文化斗争"开始		1871 巴黎公社

续表

年代	政　治	经济·社会	文　化	世　界
1873	德、俄、奥签订"三皇协定"(第一次三皇同盟)	1872　决定禁止耶稣会的活动，驱逐海外(1872—1904)	1872　尼采发表《悲剧的诞生》	
		1873　普鲁士发布"五月诸法"，强化国家对教会的控制		
		1875　德意志帝国境内强制实行民事婚(不是由教会，而是由政府来主持，设置户籍吏)		1875　万国邮政联盟成立。江华岛事件(朝鲜半岛)
1878	柏林会议召开。波斯尼亚和黑塞哥维那划归奥地利管辖	1878　社会主义者镇压法制定。营业条例改订。加强劳动者保护。以后又制定了《疾病保险法》(1883)等		1877　俄土战争(1877—1878)爆发
1879	对抗俄国的《德奥防卫协定》缔结			

续表

年代	政治	经济·社会	文化	世界
1881	德、奥、俄《三皇条约》签订（第二次三皇同盟）	1880 从这一年起"五月诏法"逐步废除	1881 兰克发表《世界史》第1卷	1881 俄国沙皇亚历山大二世被暗杀。埃及发生反英民族斗争
1882	德、奥、意三国同盟成立			
1884	西南非洲以及东非殖民地建设			1884 中法战争（1884—1885）爆发
1885				1885 印度召开第一次国民会议
1887	德国和俄国签订"再保险条约"			1887 法属印度支那联邦成立
1888	威廉二世即位			1889 《大日本帝国宪法》发布。第二国际在巴黎成立
1890	俾斯麦辞职。"再保险条约"没有更新	1890 社会主义者镇压法失效		

续表

年　代	政　治	经济·社会	文　化	世　界
1895	德国和俄法联合对日本进行三国干涉			1894 中日（甲午）战争（1894—1895）爆发
				1897 在巴塞尔，第一次锡安主义（犹太复国主义）代表会议召开
1898	第一次舰队法成立，海军力量增强。强行租借胶州湾，获得山东半岛权益		1899 弗洛伊德发表《梦的解析》	1898 美西战争 1899 南非战争（布尔战争，1899—1902）爆发
1900	第二次舰队法成立			1900 义和团事件
1901	德国和英国的同盟交涉失败		1901 托马斯·曼发表《布登勃洛克一家》	
				1902 日英同盟缔结。西伯利亚铁路开通
				1903 莱特兄弟发明飞机

续 表

年　代	政　治	经济·社会	文　化	世　界
1905	第一次摩洛哥事件。威廉二世访问摩洛哥的丹吉尔		1904 韦伯发表《新教伦理与资本主义精神》	1904 日俄战争（1904—1905）爆发。英法协约体制成立
			1905 爱因斯坦发表"狭义相对论"（《论动体的电动力学》）	1905 血色星期日事件。引发俄国第一次革命
			1906 黑塞发表《在轮下》	1906 印度国民会议加尔各答大会
				1907 英俄协约，三国协约体制成立
				1908 青年土耳其党革命。奥匈帝国吞并波斯尼亚和黑塞哥维那
				1909 T型福特汽车发售
			1910 里尔克发表《马尔特手记》。弗里德里希·丹纳曼发表《大自然科学史》	1910 日本吞并韩国

续表

年代	政 治	经济·社会	文 化	世 界
1911	第二次摩洛哥事件			1911 意土战争。辛亥革命爆发
				1912 中华民国成立。第一次巴尔干战争
				1913 第二次巴尔干战争
1914	奥匈帝国皇储遭暗杀。德国对俄、法宣战，侵犯比利时的中立。英国对德宣战			1914 奥匈帝国向塞尔维亚宣战。第一次世界大战爆发。巴拿马运河开通
				1915 日本向中国提出"二十一条"要求。意大利退出三国同盟，对奥匈帝国宣战
1916	社会民主党左翼"斯巴达克同盟"成立。意大利对德宣战		1916 爱因斯坦发表《广义相对论的基础》	
1917	德国宣布实行"无限制潜艇战"。美国对德宣战。社会民主党分裂，独立社会民主党成立。德国和苏俄政府签订休战协定			1917 俄国二月革命。十月革命爆发，苏维埃政府成立

续表

年代	政　治	经济·社会	文　化	世　界
1918	德国与苏俄政府讲和，威廉二世退位，流亡。德意志共和国成立。德国和协约国签订停战协定，第一次世界大战结束			1918　美国威尔逊总统发表"十四点"和平纲领。苏俄，布尔什维克党单独掌握政权
1919	斯巴达克同盟发起的共产主义革命遭到镇压。《凡尔赛条约》签订。魏玛宪法成立	1919　德国工人党（纳粹党的前身）成立		1919　巴黎和会。墨索里尼组建法西斯政党。共产国际（第三国际）在莫斯科成立
1920	民族社会主义德意志工人党（纳粹）第一次集会。卡普暴动			1920　国际联盟成立
1921 1922	德国共产党，三月起义 德国和苏俄签订《拉巴洛条约》		1922　斯宾格勒的著作《西方的没落》刊行	1922　意大利建立墨索里尼法西斯政权。奥斯曼帝国灭亡。苏维埃社会主义共和国联邦成立。《华盛顿海军裁军条约》缔结。《九国公约》缔结

续表

年　代	政　治	经济·社会	文　化	世　界
1923	法国、比利时联合军占领鲁尔地区（1923—1925）。希特勒发动慕尼黑暴动	1923 通胀高企。德国马克暴跌。以地产为抵押，发行地产抵押马克，通胀得到缓解	1923 阿诺德·勋伯格创作《钢琴曲五首》(op.23)	1923 日本关东大地震
1924	削减德国赔偿金额的道威斯方案被接受		1924 托马斯·曼的《魔山》刊行	1924 中国，第一次国共合作
1925	兴登堡当选总统。《洛迦诺条约》签订		1925 海森堡等确立量子力学的基础。希特勒写作《我的奋斗》	
1926	德国加入国际联盟			1926 广州国民政府开始北伐
1927	德国与法国签订通商协定		1927 海德格尔发表《存在与时间》	1927 蒋介石建立南京国民政府。日本发生金融恐慌
1928		1928 失业者突破300万		1928 15国签订"不战条约"

续 表

年　代	政　治	经济·社会	文　化	世　界
1929	削减德国赔偿金额的《杨格条约》签订			1929 华尔街股市暴跌
1930	布吕宁内阁成立。经济财政紧急令			1930 伦敦裁军会议
1931	美国总统胡佛提议暂停德国的战争债务和赔款一年	1931 金融危机。所有金融机构业务停止		1931 西班牙革命。"九一八"事变
1932	纳粹党成为第一大党			1932 日内瓦裁军会议举行。渥太华会议召开,英联邦形成经济圈
1933	希特勒内阁成立。纳粹一党独裁体制。德国退出日内瓦裁军会议,继而退出国际联盟		1933 "非德意志"的书籍遭到焚毁	1933 日本退出国际联盟
1934	罗姆事件,纳粹党内反希特勒分子被肃清。兴登堡总统去世。希特勒当上总统			1934 中国共产党开始长征

续 表

年　代	政　　治	经济·社会	文　　化	世　界
1935	萨尔地区通过居民投票回归德国。德国宣布重新军备，撕毁《凡尔赛条约》，制定《纽伦堡法》，剥夺犹太人的公民权		1935　雅斯贝斯发表《理性和生存》	1935　意大利进攻埃塞俄比亚
1936	德军进驻莱茵兰，撕毁《洛迦诺条约》。介入西班牙内乱。发表"再次军备四年计划"。和意大利缔结"罗马-柏林轴心"。日德签订《反共产国际协定》	1936　柏林奥运会		1936　西班牙内战（1936—1939）爆发。"二·一六"事件
1937	德军对格尔尼卡（西班牙城市）实施无差别轰炸。日、德、意三国签订《反共产国际协定》		1937　"大德意志艺术展"，"颓废艺术展"	1937　中日战争爆发。第二次国共合作

续 表

年代	政 治	经济·社会	文 化	世 界
1938	德国吞并奥地利。英、法、德、意召开慕尼黑会议,承认德国对捷克斯洛伐克苏台德地区的吞并	1938 "帝国水晶之夜",对犹太人的迫害升级	1938 哈恩、施特拉斯曼用中子轰击铀发现核裂变。莱妮·里芬施塔尔导演《奥林匹亚》,《美的节日》,《民族的节日》	
1939	德国进攻捷克斯洛伐克。德意军事同盟。《德苏互不侵犯条约》。第二次世界大战爆发。英、法对德宣战			1939 意大利吞并阿尔巴尼亚。苏联吞并波罗的海三国。诺门坎事件
1940	德国进攻丹麦、挪威、荷兰、比利时、法国。德、法签订停战协定,维希政权成立。《德意日三国同盟条约》签订			1940 意大利对英、法宣战
1941	德国进攻希腊、南斯拉夫。德国进攻苏联。进攻莫斯科失败,苏联反攻。德国对美宣战	1941 犹太人大屠杀开始	1941 马尔库塞发表《理性和革命》	1941 日苏中立条约。大西洋宪章发表。日本袭击珍珠港,太平洋战争爆发

续表

年代	政治	经济·社会	文化	世界
1942	德军进攻斯大林格勒	1942 猎杀犹太人。使用毒气室大量屠杀犹太人。反纳粹抵抗组织被检举		
1943	德军在斯大林格勒、突尼斯投降			1943 盟军在西西里岛登陆。墨索里尼下台，意大利投降。美、英、苏德黑兰会议
1944	盟军在诺曼底登陆。希特勒暗杀未遂事件。美军解放巴黎			
1945	美、英、苏雅尔塔会议。希特勒自杀，德国战败。盟军东西两大阵营的分割占领开始。美、英、苏波茨坦会议。纽伦堡国际军事审判开始	1945 盟军开始对德国社会进行"非纳粹化"改造		1945 日本投降。联合国成立

续表

年　代	政　治	经济·社会	文　化	世　界
1946	纽伦堡国际军事审判判决	1946　苏联占领区没收战犯和纳粹分子的资产		1946　远东军事法庭审判（1946—1948）开始。第一次印度支那战争（1946—1954）爆发
				1947　杜鲁门主义发表，冷战开始。马歇尔计划发表。共产党和工人党情报局成立
1948	苏联封锁西柏林			1948　以色列建国宣言。第一次中东战争（1948—1949）爆发
1949	西柏林封锁解除。德意志联邦共和国（西德）建立。德意志民主共和国（东德）建立。西德加盟欧洲经济合作组织（OEEC）			1949　中华人民共和国成立 1950　朝鲜战争（1950—1953）爆发

续表

年　代	政　治	经济·社会	文　化	世　界
		1951　西德经济开始高速发展（至20世纪60年代中期）		1951　旧金山和会
1952	西德缔结一般条约（德意志条约）		1953　海德格尔发表《形而上学导论》	1952　包括西德在内的欧洲煤钢共同体（ECSC）成立
1954	缔结巴黎诸条约。对西德的占领状态结束			
1955	西德恢复主权，加入北大西洋公约组织（NATO）。苏联承认东德的主权			1955　华沙条约组织成立
1956	东德加入华沙条约组织			1956　第二次中东战争（1956—1957）爆发
				1958　欧洲原子能共同体（EUPATOM）成立

续 表

年　代	政　治	经济·社会	文　化	世　界
				1959　欧洲经济共同体（EEC）成立
				1960　欧洲自由贸易联盟（EFTA）成立。石油输出国组织（OPEC）成立。非洲各国相继独立
1961	东德修筑柏林墙，通往西柏林的交通受阻			1961　苏联成功发射载人卫星。古巴导弹危机
1963	西德和法国缔结友好合作条约	1963　奥斯威辛审判开始		1963　非洲统一机构（OAU）成立
1964	东德和苏联缔结互助合作条约			1964　美国介入越南战争
				1965　越南战争（1965—1973）爆发

续 表

年　代	政　治	经济·社会	文　化	世　界
				1966　法国退出北约。中国"文化大革命"(1966—1976)开始
				1967　第三次中东战争爆发。欧共体(EC)成立。东盟(ASEAN)成立
				1968　阿拉伯石油输出国组织(OAPEC)成立。"布拉格之春"
			1971　西德马克实施浮动汇率制	1969　阿波罗11号登陆月球
1972	东、西德之间缔结基本条约，相互承认独立和领土主权			1973　第四次中东战争爆发。石油危机爆发
1973	基本条约生效。两德加入联合国			1975　主要发达国家首脑会议首次召开

续表

年　代	政　治	经济·社会	文　化	世　界
				1980 两伊战争（1980—1988）爆发
				1981 南北会议（合作开发国际会议）首次召开
				1982 福克兰（马尔维纳斯）群岛纷争爆发
				1985 戈尔巴乔夫就任苏共中央总书记
				1986 切尔诺贝利核电站事故。七国财长会议（G7）首次召开
			1979 电影《铁皮鼓》	1987 纽约股票市场暴跌
1987	东德领导人昂纳克正式访问西德			
1989	东德"平静革命"，柏林墙倒塌。昂纳克被撤职			

年代	政治	经济·社会	文化	世界
1990	科尔和戈尔巴乔夫会谈，承认统一德国的主权，东、西德签订统一条约	1991 右翼袭击霍耶斯韦达等地的难民庇护设施		1990 海湾战争爆发。波斯尼亚—黑塞哥维那纷争爆发。苏联主导的经济互助机构（COMECON）解体。华沙条约组织解体。苏联解体，走向独联体
1992	《马斯特里赫特条约（欧洲联盟条约）》签订，批准	1992 极右的"民族阵线"非法化		
1993	德国基本法（宪法）修改，规制难民问题（包括来自东欧的流亡者）	1993 索林根的难民收容设施纵火事件		1993 天主教和犹太教和解
1994	赋予欧盟成员国出身的在德外国人地方选举权			
1995	德国、法国、比利时等7国，人员流动自由化			

译　后　记

　　本书的作者阿部谨也（1935—2006）曾是日本一桥大学社会系教授，他是日本研究中世纪史的一位大家，也是研究德国史的大家。不夸张地说，中世纪史的核心是德国史。

　　没有解读，就没有历史。写作历史的史家在解读，读者在解读，译者同样如此。翻译时每一次遣词造句，无不需要揣摩作者的意图，同时，也不可避免地带有译者对各个历史片断的主观认知。

　　历史是我们的主观解读——基于事实和逻辑。我是一名政治学的学者，这篇"译后记"是本人作为译者的翻译心得，亦是一篇带有个人印记的历史解读——与读者诸君分享，亦供参考。

一、中世纪史的研究意义

　　人类的历史是一部苦恼的历史。在没有结成社会之前，分散的个体苦于在自然面前的渺小和软弱；人类结成社会以后，体格日渐强壮，但苦恼有增无减，因为社会内部纷争不断，同类相残。

　　中世纪的欧洲处于此种苦恼的漩涡之中。彼时的东方社会处于另外一种"专制主义"的苦恼之下，但相较于欧洲，表面上矛盾看上去不那么尖锐，反而露出那么一点平淡的"确幸"——因为"大一统"提供了一种基础性秩序，社会静态有序，降低了战争的风险。中世纪的欧洲则不同。它经常性地发生流血冲突事件，大大小小的战争绵延不断。因此，如果说中世纪欧洲有一种颜色，那无疑是暗红色——那种冲刷不掉的凝固的血色。

然而有意思的是：文艺复兴（起于 14 世纪，盛于 16 世纪）恰恰诞生在中世纪的母腹之中，紧接着到来的，是启蒙时代（17—18 世纪）的曙光。这一历史进程看起来十分吊诡，该如何解释？在这里，我们需要关注中世纪欧洲的权力结构：封建制。对，正是这种分权化的结构，令欧洲在中世纪的母腹中接生了文艺复兴这个孩子，接踵而来的是宗教改革、启蒙运动以及工业革命的兴盛——战争的苦难孕育了理性主义的花朵。

中世纪给我们的，不是一张简单呆板的画像。因为封建制的结构，中世纪就像一个跌跌撞撞的孩童，虽然不断闯祸，但一直生机勃勃，它孕育了各种变革的火种，就这点来说，中世纪没那么"黑暗"。这些火种包括：

第一，城市。最早的城市诞生于 11—13 世纪，城市除了是贸易据点（经济功能），还是自治的先驱（新的政治体制的试验田），并且还是弱者的庇护所——比如，来自农村的非自由民躲进城市，只要经过一年零一天，就可以获得自由的身份（根据自治城市制定的城市法）。

第二，大学。大学和城市差不多时期诞生，逐渐遍布欧洲各地。它们由各地诸侯或者教会设立，但一经设立，大学和城市一样实施自治，有了自己的灵魂。大学是照亮中世纪黑暗隧道的明灯火把，成为中世纪实现自我拯救的力量。

第三，修道院。修道院原本是作为教会抵抗世俗化的堡垒而修建的，它犹如古代社会（信仰至上的时代）在中世纪的一块飞地，目的是为基督教保留下最纯洁的信仰之心。然而，修道院设立后，事态却发生了奇妙的转变。

由于修道士们能够阅读拉丁文的圣经以及其他经典著作，是当时最有学问的一群人，他们所在的修道院当之无愧地成了当时的文化中心（修道院经济也比一般的庄园经济要经营良好）。始料未及的是，宗教改革的思想就诞生在这个中世纪教会的精神堡垒之中——不是通过和外部世界的频繁互动，更多的是通过自省。比如，马丁·路德（1483—1546）在奥古斯丁修道院里经历的"福音体验"就是一例。

这种通过自省获得觉悟的模式后来被康德（1724—1804）所继承。康德在他终身居住的柯尼斯堡这座小城里，通过仰望星空完成了他的古典唯心主义哲学体系的搭建。"世界上有两件东西能震撼人们的心灵：一件是我们心中崇高的道德标准；另一件是我们头顶上灿烂的星空。"他留下的这句名言道出了他贯通精神世界的法宝：自省。

马丁·路德和康德都是德国人。在中世纪以及走出中世纪的过程中，德国以及德国人的地位举足轻重。下面让我们来看看德国史的研究价值。

二、德国史的研究价值

德国位于欧洲的心脏位置，心脏不好，身体不可能好。从德国的历史看，它是欧洲各国中最为纠结的国家——到二战结束为止，它一度是欧洲最成功的国家，也是最失败的国家。德国，一直游走在历史的剃刀边缘。

要说对欧洲历史进程的影响力，除了孤悬海上的英国外，在欧洲大陆非德国和法国莫属。法国有深远的文化底蕴。法国的辉煌大致在18世纪前，到了拿破仑时期，法国的实力到达顶峰，然后遽然陨落。取而代之的是德国的崛起。在德法之间，法国更多地代表了欧洲的古典文明，它犹如一个蓄水池，在欧洲文明中扮演了"立"

的角色；而德国则是一柄不安分的长剑，它挑破一切，更多地扮演"破"的角色。在政治和外交领域，有人把这种不安分称为"德意志民族主义和世界主义之间的冲突"。

为什么会如此？这跟德国的地理位置有关。必须说，越是在一个国家的形成初期，地理等自然因素的决定力量越大，这些因素渗透之后，逐渐沉淀为民族性的一部分。德国位于东西欧的冲要地带，东方文明和西方文明在此碰撞，这注定了德国是一个不安分的、野心勃勃的国家。它的内在驱动力包括：

第一，复杂环境铸就了其强大的生存本能。日耳曼人原本居于罗马帝国的北方，是在刀口舔血的境况中生存下来的，由此德意志民族的血液里流淌着一种不屈的尚武精神。日耳曼人强有力的一个分支——法兰克人，在与众多蛮族王国的竞争中脱颖而出，5 世纪末建立了疆域广大的法兰克王国。同期，西罗马帝国灭亡，欧洲历史进入了历时一千余年的中世纪时期。

第二，中世纪的德意志存在一个困境：太多复杂、多元的因素涌入帝国内部，这些因素各自生机勃勃，但是帝国却没能形成一个强大的中央集权体制来消化和整合这些因素，因此，这些因素是以散乱的方式存在于帝国境内的，并常态化地发生冲突。比如：德意志国王和罗马教皇之间的经常性冲突、帝国体制和领邦体制之间常态化的紧张感等。德意志独特的选侯体制是这种紧张感的一种归结——国王原则上不能世袭，他是由七大选侯选举产生的（有的时候，选侯集团分化，甚至会产生"双国王"体制），这导致王权无法独尊，中央集权几乎不可能。直到普鲁士统一德国，俾斯麦确立起来的德意志帝国体制终结了之前的冲突体制，于是，德意志积蓄的能量空前爆发了。

然而，德意志帝国体制并不是德国的归宿，因为它并不能带来持续的稳定，更不能带来和平。在德意志帝国体制下，积聚在德国体内的能量最终导致德国的军国主义化、法西斯化——德意志民族主义和世界主义在表面上融合了，即通过世界主义（扩张主义）来实现德意志的民族主义。不过，马上碰得头破血流。

三、这部德国史中有些什么有意思的问题？

德国历史的内容实在太丰富，任何一个史家都难以在一本书中描述殆尽。这不仅指史料方面，更重要的是解读历史的角度。没有解读历史的角度，就没有历史，有的话，也是一地鸡毛。

作者阿部谨也在后记中谦虚地指出，他写这本德国史，只是发现了一堆留给自己的问题，他希望读者也能发现各自感兴趣的问题，这就是阅读本书的意义所在。作为译者，我自然也是边翻译边找寻着自己的问题。对于一个多年从事比较政治学研究的学者来说，翻译此书带给我的启示实在太多了。

该书最能打动人心的，无疑是作者身上的人文主义底色。透过历史的苦难，作者一直在找寻拯救的力量。他把希望寄托在了自古至今人类身上一直未曾磨灭的良知上。正是这种良知带领欧洲穿越中世纪的暗夜，迎来了启蒙时代的曙光。具体说来，这种良知体现在各个时代对于个体苦难的救济和平衡上——在 17—18 世纪的启蒙思想家那里，这些良知被概括为"天赋人权"和"社会契约"，并汇聚成一股汹涌澎湃的理性主义思潮和制度实践浪潮——中世纪人的"诺亚方舟"在此。

值得反复强调的是，从古代到中世纪，这种良知一直本能地存在着。人类的第六感告诉自己：没有这种救济和平衡，社会的危局马上就会降临。启蒙思想只不过是对这些本能的良知进行了概括和提炼，并经由政治家们的努力走向了制度化实践。

在阿部谨也的这本书中，个体福祉和社会进步这两者的关系是贯通的，或者说，前者必须融合在后者之中，前者是后者的重要指标。这种贯通与其说是写作过程中的精心设计，不如说是他的人文主义气质的自然流露。在他的书中，伟大的同情心如同空气般无处不在。不讳言地说，国内已出版的德国史中，不少流于宏大叙事，其材料不可谓不丰富，但由于缺少这种人文主义底色，给人颇为生冷的感觉。如果没有人文主义底色，历史不过就是成王败寇而已，这样的"历史书"，能教给我们什么有益的东西？

从这个意义上说，著书立说的知识分子首先必须是一个人文主义者，因为人类历史的唯一出路在于：立足个体权利和福祉的保障，打通个体福祉和社会进步之间的阻隔，实现双赢。本书作者为我们树立了一个好榜样。

现在让我们来关注一下：这部德国史中到底有些什么有意思的问题？阿部谨也写作这部德国史的背景是：柏林墙的倒塌（两德统一）以及欧洲一体化进程加速（特别是 20 世纪 90 年代初欧盟成立）。他希望通过回顾德国历史，为这一趋势寻找背后的注脚：欧洲一体化到底是偶然还是必然？在欧洲一体化进程中，"德国特色"将会发生怎样的改变？

循着作者的思路，我认为以下三个问题比较重要：

第一个问题是，欧洲一体化是对法兰克王国的历史回归吗？ 作者开篇就指出：对照法兰克王国的地图和今天欧盟的地图，两者有惊人的相似。那么，今天的欧洲一体化是对法兰克王国的简单回归吗？当然不是：两者形似而神不似。前者属于权力政治的范畴，后者则是人权政治的产物。

法兰克王国分裂为德、法、意三国，是一个化整为零的过程，目的是让国王的几个儿子可以均等地继承财产。它在客观上造就了一个王国间相互制衡的国际政治格局（不同于东方的大一统格局），此后，整个欧洲在漫长的历史中都采取了这种模式。它是国际政治中均势理论的原型。只不过，这种均势带来的和平常常是短暂的，哪怕是三十年战争（1618—1648）以后——各国签订了《威斯特伐利亚条约》（1648），战祸依然继续发生，直到发生两次世界大战。

二战后开启的欧洲一体化进程则是一个合的过程。民族国家通过让渡一部分主权，形成一个更大的治理载体——欧共体及后来的欧盟。值得注意的是，欧盟的发生机制符合康德在两百多年前写的《永久和平论》中的倡议：欧盟必须是一个"共和国的共和国"。欧盟的成员国必须是民主体制下的共和国，这就保证了欧盟的原则和各成员国的原则是同心圆的关系，两者能最大程度地发挥乘数效应。

让我们重复以下事实：欧盟的形成和壮大是建立在启蒙运动总结出来的理性主义原则之上的。否则，这种统合的结果未必是升华，很可能只是历史的简单重复。也就是说，"合"未必合出一个共同体来，真正的共同体必须有理性的内核，能保证成员之间是合作博弈的关系，只有这样，才可能实现期待中的地区和平和发展。

第二个问题是，德国的民族主义和世界主义如何才能不再发生冲突？ 正如前文所说，在历史上，德意志的世界主义曾是德意志民族主义的实现方式。本书作者阿部谨也敏感地捕捉到这个问题，在终章中，他借用两德统一时德国外交部长根舍的一段话进行了回答。事实上，这段话道出了大国崛起时摆脱"修昔底德陷阱"的出路，非常具有启示意义："德国再也不会孤独地前行了。我们的政治不会再脱离欧洲而存在。欧洲就是我们的命运，以后一直会这样；欧洲是我们的机会，除此之外，我们没有其他机会。"

历史上，德国一度采取了"世界主义"（扩张主义）路线；而如今，德国已经完成了从世界主义向国际主义的转型。那就是：在经济全球化和区域一体化的进程中，把本国利益融入到区域和全球的利益中，与他国形成共赢关系——不止如此，德国还要积极提供国际公共产品。这是今天的德国诠释给我们的国际主义的内涵，也是德国对"欧洲苦难的历史如何终结"这一问题的回答。

第三个问题，如何挖掘人文主义、人道主义的遗产，吸取历史经验和教训？在欧洲苦难的历史中，有迫害，也有救济——人道主义就是在这两者的夹缝中产生的。

作者的人文主义和人道主义精神体现在他对以下两类问题的特别关注上：

一是对庇护权和庇护制度的追踪。德国历史中曾经遭受迫害者的名单非常长，比如：犹太人、吉普赛人、贱民、女巫、妇女、非自由民、农民（农奴）、宗教异端等等。比如，宗教改革的先驱、布拉格大学的校长胡斯被教会处以火刑，而马丁·路德被判"帝国驱逐刑"，这尚属幸运。

那么，在历史的长河中，哪些人曾经以何种方式为这些遭受苦难的人们提供过庇护？作者花了大量笔墨提及历史上的庇护所和庇护制度，比如：神庙、森林、房屋的神圣性（针对逃犯）；中世纪的城市立法（针对非自由民）；国王的特许状（针对吉普赛人、犹太人）等等。

作者阿部谨也同情弱者，认为受迫害者的反抗具有正当性——比如，德意志的农民战争。同时，他也是社会主义运动的同情者。

启蒙运动以后，随着现代国家的确立，庇护权和庇护制度也从传统走向了现代，具体表现为法制化进程。这既包括联合国关于难民和流亡者的国际公约，也包括各国的自主立法活动。二战后，德国为此做出的努力举世瞩目（具体体现在宪法以及移民法中）。在欧洲，德国是门户最为开放的国家之一，对庇护制度的完善也特别重视。德国的庇护制度是基于反思的觉醒。反过来，包括庇护制度在内的门户开放政策也为德国引入了多元化要素，使德国成为一个有创新力的、生机勃勃的国家。

二是对于中世纪以来各种游戏规则背后的逻辑及其影响力的辩

证思考。下面，举两个例子说明：

（1）"决斗权"及其背后的国家-社会关系。决斗（私斗）古已有之，从根本上说，它是公权对私权无法及时救济的情况下衍生出来的一种自我救济权。在中世纪，决斗权的起伏反映了背后的国家-社会关系的起伏。希望加强中央集权的德意志国王想通过法律来解决社会纷争，主张由国家机构来担任仲裁者和惩罚者，竭力遏制乃至取消个体的决斗权。但这一点未必能得到贵族（诸侯）们的认可。第一，他们并不认为国王所代表的国家能够提供公正这种公共产品（对国家的信任危机）。第二，如果要交出自己的权力去成全国王的权威，更是免谈。历史上，德意志国王反复发布"国内和平令"（内容是禁止私斗），意在强化国家的地位，自由民的决斗权最先被取消，接着又瞄准了贵族，但这要困难得多——事实上，贵族手中的决斗权的最终取消，一直要等到1918年。在中世纪及之后的很长时间内，决斗权是贵族们的一种特权。

决斗和今天一些国家认可的"持枪权"有类似之处。持枪权作为一种抵抗权，被美国宪法第二修正案所承认。它的目的，一是为了抵抗暴力（国家的救援可能姗姗来迟），二是为了反抗暴政（即来自国家的可能的危险）。由于持枪普遍化，人民在军事上显得训练有素，形成了一种"全民皆兵体制"，这对于抵抗侵略是一大优势（美国独立战争和南北战争的主力，就是武装民兵），同时也让政府对民众怀有更多的敬畏之心（除了对"选票"的敬畏之外）。自然，风险也是存在的。围绕持枪权，虽然有第二修正案以及最高法院的判例护航，但美国社会的争论不曾停息过。总体上说，维护持枪权是民意的主流。

跟今天法制化（因而也更加"文明化"）了的偏重防卫的持枪权相比，决斗权的破坏性和进攻性令人不安，取消是大势所趋。与此同时，国家是否能提供必要的、足够的救济，尚存疑问。其实，即使在那些法制相对健全的国家，个人以暴力的方式复仇的案例也时有耳闻。也就是说，在取消了决斗权的今天，类似私人复仇的行为并没有绝迹。它是对国家正义的警告，提醒我们：在国家-社会之间始终存在着一道难以弥合的伤疤。

（2）"想象力世界"的衰落与"基督教世界"的兴起。充满迷信的习俗、各种原始宗教和巫术……在基督教普及过程中都遭到了无情扫荡。在基督教的观点中，这些不合逻辑（圣经的逻辑）的事物没有存在的空间和必要性。书中有一段描写非常传神（第三章结尾处）：

"随着基督教对两个宇宙进行一元化改造，这些怪物的样貌变了。今天，它们伫立在大教堂的台阶以及排水口等处，完全是一副被禁锢者的形象。高村光太郎在'雨中唱歌的教堂'中描绘了装饰在教堂屋檐上负责收集雨水的滴水兽（Gargoyle）的样子，它原本可是地下之神……是的，那些装饰在罗马式建筑上的妖怪们，在过去是异教诸神。

"在中世纪，它们遭到了集体镇压。"

不过，作者认为，德意志的国民性中一直保留着这种人类幼年期的迷茫，没有人会因此责怪某个人"不成熟"，这种国民气质在音乐和艺术那里找到了寄托。可以这么说，德国出色的音乐贡献背后，是德意志民族经久不息的苦恼。苦恼是艺术之母，也是哲学之母。作者评论说：看这一点，就知道德国还是一个年轻的国家。

作者进而对基督教文明传播过程中"小宇宙"对"大宇宙"的不断逆袭和征服表达了担忧，他赞同美国科学史研究者林恩·怀特（1907—1987）的观点，认为今天的技术文明的成就固然有基督教的功劳，但是今天的生态破坏也是基督教观念体系（强调人对自然——大宇宙——的征服）种下的祸根。

环境生态问题是否真是基督教观念体系带来的，这一点值得商榷。历史的逻辑是这样的：原始宗教安于本分，其时人类自身能力有限，对自然的攫取也有限。基督教（特别是新教）大范围传播的过程中，各种知识开始普及，人类认识自然的能力快速提升，生产活动加速，于是生态问题开始显露。客观地说，原始宗教和基督教分属两个时代、两种文明形态。如果以生产力的发展为前提讨论问题的话，那么，充满"想象力"的原始宗教时代（古代社会）退出历史舞台是必然的事。基督教时代的错误，不能用退回古代来解决，而只能依靠对自身的反思、用否定之否定来获得解药。

但不管怎样，在技术日益发达的时代呼吁关注人的想象力有重要意义，它是工业文明的一帖清醒剂。因为，技术很可能是另外一种迷信——一种更有蛊惑力的迷信。

译完此书，如释重负，因为翻译难度很大。一大原因是本书是一本浓缩的"德国简史"，为了符合"中公新书本"的出版要求，原作者对篇幅进行了最大限度的瘦身：没有脚注，文中出现的大量人名几乎都没有生卒年份或者西文标注。而且，由于作者兴趣广泛，对文学、音乐等题材涉猎甚广，行文洒脱。但，这也是本书的趣味之所在。

为了使中国读者能有更多的线索去理解和追踪历史，译者为本书中的重要人物、重要事件以及一些专有名词加了夹注或脚注，这部分的文责由译者承担（原文中仅有极少的几处夹注）。

在本书的翻译过程中，东京的水口智先生给予了译者莫大的帮助，在此表示诚挚的感谢！

陈　云

2017 年 7 月 28 日

复旦大学国际关系与公共事务学院